作者简介

姚春敏

女，1972年11月生，山西永济人。现任山西师范大学戏剧与影视学院华北区域文化研究中心主任，教授，博士生导师。研究方向为清代社会史、文化史、明清碑刻文献、民俗文化。先后就读于山西师范大学历史系、北京师范大学历史学院、中国人民大学清史所，分别获得历史学学士、硕士以及博士学位。2012年11月至2013年6月在日本早稻田大学戏曲民俗研究所做访问学者。2019年9月至2020年9月在美国约翰斯·霍普金斯大学东亚研究中心做访问学者。近年来主持国家社科基金项目3项，省级项目多项。在《文艺研究》《清史研究》《世界宗教研究》等刊物上发表论文40余篇，出版《清代华北乡村庙宇与社会组织》等多部专著，主编《戏曲碑刻》等。

明清山西碑刻题名辑要

上册

姚春敏 主编

本书的出版得到山西省文化创意产业学科群资助

自序

纠结了许久，想找一个大腕儿来为此套碑刻作序，然而终因羞于表达而告终。于是乎，自己硬着头皮作序。这套碑刻题名所录碑刻起于明代景泰元年（1450），止于民国二十八年（1939），共305通。此套碑刻实际是笔者和山西师范大学戏曲文物研究所所存碑刻集的一部分。谈到碑刻顿生感慨，三晋碑刻当居全国首位，实际田野调查发现也的确如此，有些庙三番五次地去，总能看到新的老碑又一次矗立（村内百姓陆续送回来的），仿佛长了出来，欣喜得很。这套碑刻的收集原理很简单：一为，尽量有大量题名存在；二为，尽量有拓片存在。拓片经过扫描以后的清晰程度远胜于照片，这是选择这些拓片的唯一理由。拓片多来源于本研究所师生数年辛勤的田野调查，近年来因为有了先进的相机为支撑，故而懒于再拓，颇为遗憾，囿于我们的懒惰，使得读者和很多碑刻失之交臂。此次整理完毕，深感传拓的重要性，以后要勤勉一些才好。出版这套碑刻的目的也很简单：一则，为了认真完成国家社科项目；二则，为了能留一些完整资料，以备后来者查阅。山右碑刻之多已是不争的事实，近年来，碑刻文集陆陆续续问世，良莠不齐，不做点评。只是于我，主观上非常想日臻完善，身为历史工作者，这是责任，也是重托。从田野，到拓片，到文字，到扫描，到点校，到一次复审，到二次复审，到三次复审。个中辛苦与欢乐，也不足为人道也。

此套碑刻集重点集中在题名上。碑刻作为第一手资料，以其原始性及存史之功昭著的优点，往往能补正古籍文献的不足，具有很高的史料价值。碑刻题名是碑刻须臾不可分割的部分，位置多处于碑文后部、碑阴与碑侧部位。内容主要有创修人员题名、工程及刻碑开支以及补记等，意在永为记耳。目前学界尚未有编纂和研究碑刻题名的专著，究其原因主要在于前人在传拓、整理碑刻时，只注重碑阳正文内容，而对那些主要记录捐施名单等内容的碑阴和碑侧的题记则不大重视。其实，碑阴、碑侧与碑阳是碑刻的有机统一体，包含着许多当地社会组织、宗教信仰、民俗文化等信息，是研究民间社会史的宝贵资料。

从这些石刻题记内容来看，大致可分三类：第一类为真正的题名，包括撰文、书丹、篆额者及官员、僧侣、首事、领袖、监修、捐施、工匠以及乡、社、村庄、商号、香会或香社等的题名；第二类为开支碑，记载所修建筑、所撰碑刻以及单位时间内村落和社会组织的开支；第三类为补充碑，一般记述时间晚于原碑刻，并对其补充。将碑刻题名放置于具体的时间和空间场域中，可以辨析区域社会中民间信仰与基层社会组织、地方经济发展、乡土社会网络以及国家对地方的控制等关系。这也是整理这些题名碑刻的意义所在。

碑刻来源于田野调查，十几年来，学生如流水换了一茬又一茬，每一届无辜的学生都被我拉进田野调查的队伍中，这些碑刻和题名碑刻甚至于墓志铭碑刻在与日俱增，于是就建了一个碑刻收藏室，并每周自发与学生共读，体验碑刻治愈的功能，感受它们超越文字之外的力量。感谢商务的编辑们，和我这样一个欢喜时候大欢喜，不欢喜时候大不欢喜的人打交道，难为他们了。商务专门请来了自己的老编辑们对这套碑刻进行了近乎严苛的校对，文字之中见精神，蝼蛄铭记，万分感谢。

最后，依然要说，碑刻校对数遍，作为一种民间文本，它从未统一过，它自己也是争吵和纠结的，所内老教师说录碑错误是常态，无误是神。所以，尽管七八遍校稿，仍有不少瑕疵存在，同仁观之，尽可指摘，感激涕零。还要感激的是，车兄文明教授，延兄保全教授，此为政策支持；感谢张兄焕君、谢兄耀亭、王兄玉来，崔兄武杰，多次复审，不厌其烦，此为行动支持；感谢我的学生，颜伟博士、赵丹荣博士。其余我自己的博士不便致谢，恐以后批评起来拉不下脸面。盛夏时节，又一个平阳酷暑，终于结集，共305篇，其形拟先师孔夫子编纂《诗经》，一言以蔽之，思无邪，只是一个欢喜。是为序。

姚春敏
于平阳府山西师大华北区域文化研究中心

凡例

一、本书辑录明清山西碑刻，分为拓本照片和碑刻录文两部分。主要选取有典型性、相对重要的明清碑刻，其中不少为戏曲碑刻。重点突出题名，特别是捐资人、捐资数额等信息。每通碑刻编纂内容包括名称（全称）、简介、录文（全文），并附碑刻的拓本照片。

二、山西以今山西省辖区为据，地名以现行地名为准。参考2017年《中华人民共和国行政区划简册》《中华人民共和国乡镇行政区划简册》。

三、主要辑录的是明清时期山西碑刻，民国时期的部分碑刻亦酌情收录。全书共计305通碑刻，起自明景泰元年（1450），迄于民国二十八年（1939）。所有碑刻均按照立碑时间的先后顺序排列。无确切年代或难以辨识的则排在最末。

四、碑刻中无确切题目的，以首句或碑刻主题进行拟定。

五、碑刻简介位于拓本照片上方，主要介绍碑刻的来源、规格、属性等，内容为：碑名，如"重修后土圣母祠记"。刊刻年代，如"明景泰七年（1456）刊"。其下为碑刻的高、宽、厚度，尺寸单位用"厘米"，如"碑高133厘米，宽55厘米，厚18厘米"。但个别碑刻缺少规格信息，暂不录入。如有碑额则将碑额录出，如"碑额书'后土圣母'"。最后是碑刻的现存地点，尽可能详细，写作"现存于××市××县××乡××村××庙"，如"现存于吕梁市离石区交口镇石盘村圣母庙"。简介中的刊刻年代，1912年以前的碑刻，立碑时间一律用历史纪年，括注公元纪年。括号内公元纪年前后不加"公元"和"年"，如"明景泰七年（1456）"。如果是1912年至1949年10月1日前，一律用民国纪年，括注公元纪年，其他要求一致。

六、碑文全录。碑额内容已列于简介之中。碑阳、碑阴书于简介和拓本照片之后，加方括号"【】"予以证明，碑阳作【碑阳】，碑阴作【碑阴】，其他则作【碑文】。碑刻题目居中，碑文中的正文部分比碑阴或题名大一个字号。但由于每通碑的长短、布局各不相同，因而字号的变化将视其具体情况而定。

七、本书均使用简体字。对碑别字、俗字、异体字等情形分别进行了处理。数字方面也尽量采用简体字。由于"於"字出现较多，故保持原字，不作修改。

八、本书对收录的碑刻文字进行了点校，尽量保持原貌。标点采用现代横排标点符号。题名、纪年等分段展示，尽量不加标点。多个人名并列时，人名之间空一个字符。录文原则上根据文意分段，首行缩进两个字符，不易分段的则连排录入，尽量保持整齐。碑刻正文与题名之间空一行，如碑刻较短或情况特殊，则无须空行，视其具体情况而定。

九、碑刻上的立碑人、捐资人、捐资数额，以及木工、石工、泥瓦工等全部照录，不予删除。碑刻因年代久远，风雨剥蚀和出土过程中形成的刮痕及漫漶不清，字迹无法辨识者，用缺字符号"□"代替。缺损字数不清或缺字数量较多者，以"（阙文）"标出。

十、部分碑刻拓本照片只存碑阳，碑阴缺失，但碑阴文字仍存的，则照常录入。碑刻中疑为错字的，于疑错字后用"（　）"标出疑是字，以作参考。一些需要特别说明的内容在"（　）"中进行补充。

目录

〇〇一	重修后土禹稷庙记	1
〇〇二	重修后土圣母祠记	4
〇〇三	法王庙创建舞庭记	9
〇〇四	重建普济寺记	11
〇〇五	重修源神行祠记	14
〇〇六	重修东岳庙正殿记	18
〇〇七	重修水神圣母庙宇	21
〇〇八	重修三教庙牌记	23
〇〇九	计开施财功德主花名于后	26
〇一〇	捐银采石修路碑记	29
〇一一	重修东岳庙碑记	32
〇一二	泽州周村镇重修庙祀记	34
〇一三	重建移修玄天上帝庙记	37
〇一四	新竖后土香赀记	39
〇一五	新建义勇武安王庙志	41
〇一六	重修东岳庙记	43
〇一七	重修汤王庙记	46
〇一八	修建玄帝庙记	49
〇一九	增修护国将庙记	52
〇二〇	武池村敕封乔泽庙创建献殿碑记	55
〇二一	增修邑哭头村高禖祠记	58
〇二二	重修东岳天齐庙舞楼三门记	61
〇二三	重修佛堂碑记	64
〇二四	重修晋祠庙记	68
〇二五	水神庙祭典文碑	73
〇二六	商山庙新建砖窑碑记	83
〇二七	创建救苦十王碑记	86
〇二八	阳邑寺新建膳亭乐亭并砖天王殿墙记	89
〇二九	添修玄帝阁碑记	92
〇三〇	妆塑菩萨圣像记	95
〇三一	重修润民侯龙王庙碑记	100
〇三二	佛殿碑记	104
〇三三	重整殿宇补建献亭戏楼碑记	107
〇三四	增建角殿西房碑记	110
〇三五	隰州暨石永蒲太施财乡绅檀越碑	113
〇三六	重修拜殿碑序	117
〇三七	迁修圣母庙记	120
〇三八	冶底村创起关圣帝君堆金会碑记	123
〇三九	新建乐楼施过钱粮碑记	126
〇四〇	娘娘宫中公备物件碑记	128
〇四一	重修东楼小引	130
〇四二	小靳村重修东岳庙碑记	132
〇四三	重修将军神庙碑记	136
〇四四	重修黑潭之玉帝庙记	139

1

〇四五	重修净信寺碑记	142
〇四六	重修元天上帝庙记	145
〇四七	创修乐棚碑记	148
〇四八	重金妆碾玉序	152
〇四九	建立戏台碑记	156
〇五〇	大泽里北石瓮村创建戏楼三间	159
〇五一	重修圣母庙碑记	162
〇五二	重修玄帝庙记	165
〇五三	新建戏楼碑记	168
〇五四	大庙记事碑	171
〇五五	重建庙碑记	173
〇五六	重修净信寺碑记	177
〇五七	中兵村重修碑序	180
〇五八	泽城西南隅五里许□南社重修庙宇□塑金妆碑记	184
〇五九	卦山天宁寺重立常住地亩碑记	187
〇六〇	重修西溪二仙真泽宫记	190
〇六一	重修城隍庙碑记	195
〇六二	补修圣母庙碑记	198
〇六三	重修东岳庙碑记	201
〇六四	重修高禖殿金妆圣像碑记	204
〇六五	重修观音阁碑记	207
〇六六	马王庙施银碣	210
〇六七	重金妆南殿三大士诸佛神像碑记	212
〇六八	净信寺重修佛殿金妆圣像增建社房门亭碑记	216
〇六九	西方圣境灯油碑记	219
〇七〇	创建戏楼碑记	221
〇七一	创立狮子叙	224
〇七二	创建佛庙碑记	226
〇七三	重修岱岳庙碑记	229
〇七四	创建行祠碑记	232
〇七五	创建乐亭碑记	235
〇七六	创建砖牌楼财神庙三星庙碑记	237
〇七七	弘道庵记	240
〇七八	重修庙宇碑序	243
〇七九	重修玄帝殿碣	248
〇八〇	补修三教堂碑记	250
〇八一	创建玄天殿碑记	253
〇八二	重修碑记	255
〇八三	圣母庙置地碑记	259
〇八四	创建关帝庙宇碑记	262
〇八五	重修三大士堂碑记	264
〇八六	重修关帝庙碑记	269
〇八七	创建五龙宫正殿煖阁铸铁旗杆并起建东楼序	272
〇八八	□修黑龙庙碑记	275
〇八九	请积金神会金妆佛像修理南殿西廊外小房二门及起会日期序	278
〇九〇	重修三官庙东丹房碑记	280
〇九一	碑记	282
〇九二	重修娲媓圣母庙碑记	286
〇九三	重修乐楼碑记	290
〇九四	施地碑记	294
〇九五	重修石磬村诸神庙碑记	296
〇九六	重修高禖祠碑志	300
〇九七	罗家庄西社新建乐亭并神堂碑记	303
〇九八	修立黑龙王庙碑记	306

〇九九	重修眼光圣殿碑记	311
一〇〇	王何村补修三峻庙碑记	314
一〇一	重修碑记	317
一〇二	重修碑记	320
一〇三	增修西殿五瘟神客堂舞楼东南楼创修西南楼序	324
一〇四	庞家圪塔村与十字村水井议明碑记	327
一〇五	捐资置地花名碑	329
一〇六	重修碑记	331
一〇七	创建大雄殿神龛碑记	333
一〇八	重修关圣帝庙碑记	336
一〇九	新修道路碑记	339
一一〇	妆绘大雄殿神龛碑记	342
一一一	重修麻衣仙姑庙碑记	345
一一二	姑射山南仙洞碧岩寺创建乐亭碑记	348
一一三	创建日宫月府重修四圣殿碑记	351
一一四	玉皇庙创建东西房碑记	354
一一五	三义庙重修献殿乐楼记	357
一一六	施糪（脊）兽石记	360
一一七	重修成汤大帝庙碑记	362
一一八	重修圣祖庙平头社郑家庄路家河教场平韩家沟碑记	366
一一九	重修圣祖庙南安多社沟北村界口庄碑记	371
一二〇	重修东岳庙记	374
一二一	重建药王神庙记	377
一二二	二仙庙重修记	379
一二三	重修乐楼西廊玉帝庙南街施财碑记	384
一二四	补修佛殿碑记	387
一二五	南楼二次联会牌记	390
一二六	新建献殿碑记	393
一二七	重修真泽宫碑记	395
一二八	重修昭懿圣母祠碑记	398
一二九	重修碑记	401
一三〇	重修庙碑记	405
一三一	创建出厦补修殿宇禅室戏楼碑记	408
一三二	玉皇庙补修殿宇金妆神像碑记	411
一三三	大清国山西泽州府陵川县普安乡下川都廖池村重修碑记	414
一三四	创建山门东西两廊碑记	417
一三五	重修三教庙碑记	420
一三六	重修柏山圣母陀郎龙王诸神庙记	423
一三七	创建福田院诸神殿碑记	428
一三八	补修真泽宫碑记	432
一三九	创建三清殿磨针亭静乐宫碑记	435
一四〇	重修静养洞碑记	439
一四一	重修关帝庙碑记	443
一四二	武邑应感庙地亩碑记	446
一四三	重修龙王庙碑记	448
一四四	增补庙宇神池改作歌舞台碑记	451
一四五	增修白云寺碑记	454
一四六	重修碑记	459
一四七	仙堂寺重修碑记	464
一四八	重修关帝庙记	467

一四九	重修三庙记	470
一五〇	重修龙泉山东岩寺募化乡村碑记	473
一五一	重修三官神庙碑记	477
一五二	重修龙泉山东岩寺碑记	482
一五三	东岳驾前制提炉凤扇碑记	485
一五四	关帝庙创建碑志	488
一五五	补修神殿并舞楼碑序	491
一五六	合村公议打井之事	493
一五七	重修真泽宫后殿碑记	495
一五八	神命整理祀事志	499
一五九	重修化悲岩永静寺碑记	502
一六〇	移修圣母诸神庙记	507
一六一	重修关帝庙碑记	511
一六二	移建神庙乐亭叙	514
一六三	重修乐楼栏杆记	516
一六四	创建观我亭补修庙宇碑序	518
一六五	东石瓮村创修舞楼碑记	520
一六六	重修成汤殿碑记	526
一六七	重修碑记	530
一六八	真武庙重修碑记	533
一六九	重修乐楼供器记	539
一七〇	补修广渊庙宇碑记	542
一七一	补修正殿舞楼山门碑记	545
一七二	重修大庙创修舞楼碑序	547
一七三	重修府君庙碑序	553
一七四	重修高禖祠碣	556
一七五	重修舞楼碑记	558
一七六	创修东西六间山门一间	560
一七七	重修龙王庙碑记	563
一七八	重修石婆村碑记	565
一七九	重修耳殿燠阁并创建正殿燠阁碑记	568
一八〇	补修白云寺碑记	571
一八一	重修簪花楼临河石梯碑记	574
一八二	重修东岳庙记	577
一八三	东大社修新鼓记	579
一八四	创修耳殿碑记	581
一八五	补修汤帝正殿五间碑记	583
一八六	重修源神庙乐楼记	585
一八七	重修三教堂记	588
一八八	补修娲皇庙碑记	591
一八九	重修三教堂碑记	594
一九〇	南山庙重建东正房记	597
一九一	整理乡神岭社事碑记	599
一九二	合社修庙碑记	604
一九三	玉帝庙重修碑记	607
一九四	重修云栖山润民侯庙碑记序	610
一九五	重修灵润公庙香首捐钱记	613
一九六	创修歌舞楼姬氏施地碑记	615
一九七	重修三教堂碑记	617
一九八	重修西看楼上下碑记	622
一九九	重修陂池碑记	625
二〇〇	重修本庙东看楼屋坡并改修东官厅南间	627
二〇一	创建官窑石桥碑记	630
二〇二	补修济渎庙碑记	633
二〇三	重修九江大王庙碑志	637
二〇四	三嶕庙重修碑文	640
二〇五	重修神庙舞楼并创建钟楼鼓楼及各工碑记	644
二〇六	重修土地祠序	647
二〇七	重修观音阁碑记	650
二〇八	赵家庄合社公请摇会碑文	653

二〇九	补修真泽宫碑记	655
二一〇	重修白云寺碑记	665
二一一	重修天池寺碑记	669
二一二	重修黑龙庙碑记	672
二一三	重修二仙馆碑记	675
二一四	重修碑记	681
二一五	重修乐楼记	685
二一六	创修九间碑序	688
二一七	去坐马碑文	694
二一八	重修三教堂碑记	696
二一九	创修歌舞楼碑记	699
二二〇	真武庙创建香亭碑记	701
二二一	重修三峻庙彩画殿宇碑记	704
二二二	重修庙牌记	708
二二三	重修行宫碑记	711
二二四	重修天齐献殿戏楼暨二山门碑记	715
二二五	重修关帝郊禖二殿与表南房墁院心并补修阁庙殿宇碑记	718
二二六	合村公议禁赌立约演戏碑铭	722
二二七	重修天宁寺碑记	724
二二八	乐楼序	727
二二九	纯阳帝君庚建小花亭记	730
二三〇	重修舞楼窑亭记	733
二三一	炎帝庙重修花费碑记	736
二三二	纯阳洞创建香亭碑记	741
二三三	补修昭懿圣母庙碑记	744
二三四	重修灵王殿碑文	747
二三五	村保维社首公议禁赌桑羊等碑记	750
二三六	重修马王庙碑序	753
二三七	重修天池寺禅院并石桥碑	756
二三八	重修玉皇庙碑文	759
二三九	重修二仙宫碑志	762
二四〇	修庙碑记	767
二四一	重修东庑碑记	770
二四二	补修关帝娲皇广生殿并重建乐楼碑记	773
二四三	重修石磐村诸神庙碑记	776
二四四	重修乐楼碑记序	779
二四五	重修骷髅庙碑记	782
二四六	重修东堂阁碑记	786
二四七	新修请宫碑记	789
二四八	整修佛堂碑记	791
二四九	重修关帝庙碑记	793
二五〇	山西太原府阳曲县白马掌敷花乡中兵村重修徘徊寺圣母庙碑序	796
二五一	重建五龙庙记	799
二五二	重修兴龙山庙暨改建□楼碑记	803
二五三	重修碑记	806
二五四	重建后稷庙钟楼记	809
二五五	补修真泽宫碑记	815
二五六	补修真泽宫募化四方布施碑记	823
二五七	补修三峻庙记	835
二五八	重修天齐庙并新建乐楼台碑记	837
二五九	增修马厩记	841
二六〇	重修馆庙募化碑记	844
二六一	施地亩碑	849
二六二	重修二仙馆庙碑记	851

二六三	创立培文会记	857
二六四	重建乐楼碑记	860
二六五	重修玉皇庙碑记	863
二六六	补修三教堂碑记	866
二六七	重修碑记	868
二六八	补修金妆碑序	871
二六九	重修真泽宫碑记	874
二七〇	重修五圣宫庙碑记	877
二七一	重修东岳庙碑记	880
二七二	补修真武庙碑记	883
二七三	重修岱岳寺并兴隆寺碑记	889
二七四	重修炎帝庙暨村中诸神殿碑记	892
二七五	重修关帝庙碑记	895
二七六	重修成汤庙暨创修前院东西看楼舞楼碑记	899
二七七	重修圣母庙碑记	903
二七八	重修三教堂碑记	906
二七九	特告	909
二八〇	重修娲媓圣母庙碑记	911
二八一	西佛堂创修耳楼重修舞楼碑	915
二八二	补修真泽宫碑记	918
二八三	阔修白云寺碑记	928
二八四	重修本村所属诸庙并创建泉子上龙宫三圣庙斋室碑记	935
二八五	新立改规碑记	938
二八六	重修正殿卷棚三门钟楼以及上殿围台碑记	940
二八七	重修西溪真泽祠西梳妆楼碑记	943
二八八	重修崒山庙碑记	947
二八九	重修圣母庙碑记	950
二九〇	创修舞楼东西厦碑记	953
二九一	重建关帝庙大门乐楼暨东西角门东华西华各门钟楼内外廊房崇圣祠大门工程碑记	956
二九二	移修关帝庙重补各庙宇碑记	959
二九三	补修成汤庙碑记	962
二九四	重修三教堂碑记	965
二九五	榆次县罗家庄重修关帝庙新建社房院碑记	968
二九六	重修九江大王庙碑文	974
二九七	重修高禖庙碑记	977
二九八	重修招贤馆碑记	982
二九九	补修关帝庙碑记	989
三〇〇	重修大禹庙观音堂戏楼兼创修庙后地基碑记	992
三〇一	补修真泽宫碑记	995
三〇二	重修古刹天池寺碑记	1005
三〇三	补修井台碑记	1008
三〇四	重修二仙馆碑记	1010
三〇五	重修碑记	1015

〇〇一　重修后土禹稷庙记

明景泰元年（1450）刊。

碑高150厘米，宽72厘米，厚23厘米。

碑额书"重修后土禹稷庙记"。

现存于运城市河津市阳村乡连伯村后土庙。

【碑文】

重修后土禹稷庙记

　　大明正统十有二年，诏示天下郡邑乡村，或有古迹庙祠倾颓，悉皆修理。我圣朝无非使人尊崇礼义，以厚风俗而已矣。兹者，县制西南隅，里曰连百，乡曰梁许。百里有坤柔圣母、禹稷贤君及历代忠臣良将庙宇一区。亘古遗迹，建於龙冈之巅。北椅三级，南对孤峰，左襟汾流，西拒黄河。山川美丽，罗列分张，地势雄伟，巍镇中央，云天咫尺，千里在目，胜概绝伦，清幽无二。惜乎原其所自，先人失识，不知兴於何代，无由可稽。延年绵远，岁月湮没，殿堂疏漏，圣颜剥落，乔木耸盎，廊庑倾颓。嗟哉！胜境嵯峨，神祠萧条，每遇春祈秋报，三社拜香，面觌行礼，耆庶之众，空有踊足之叹，而无刻骸之忱，徒有应讷之言，而无舍财之意，公微私胜，面从心异。时有本社景氏表贵，字克荣，素志於斯，每怀靡及，幸蒙皇恩，陡然情兴感激。於是私家会议昆仲子侄，阖门同心，熙熙皞皞，发一念之丹衷，起千般之计策。至诚恳切，真实无伪，罄施己资，涤虑洗心，斋宿庙中，夏不避暑，冬不惧寒，踵门拜谒，善劝董督，顷刻无怠。是以乡耆薛恩等，亦行愤志，轮次在庙，同寅协和，互相赞助，鼓舞作兴，人皆悦从，有资者施以钱谷，无财者效以工力，心无畏惮，咸来趋事。不逾数载，重修正殿三楹，香亭一座，献亭五楹，乐楼三楹，外门三楹，廊庑二十余间。陶铄脊兽，补塑神像，金妆彩饰，显耀辉光，无一不具，隆古制度，焕然鼎新。功缘有次，三乡士庶诣予馆下，属文镌石，予辞不已。呜呼！昔之修营，或易一瓦，或更数橼，仍旧补凑，然而易完易朽，随成遂败。非若常人之情，始勤终怠，公之赤心，虑始虑终，如金石之坚，鼎镬之固。后之君子，诚能体公之心，继公之志，述公之事。又从而歌曰：胜境苍苍，河汾汤汤，相续无替，愈久悠长。以是为记。

　　景泰元年岁在庚午冬十二月下浣良辰

河津县知县张济　县丞张恺　王时学　主簿郭坦　典史赵礼　庄纲

儒学教谕李孜　训导文□

前庚子科乡贡进士赵璘撰文

前贡士任蓝田知县王禧书丹

前癸卯科乡贡进士杨峙篆额

助缘堂宅舍人张纯

工房司吏张清

兵房典吏陈升　典吏陈辛

在庙协助乡老袁智　姚三　黄忠　薛玉　宋十　李仕方　张讷　薛亨　孙真　师伯通　景威　何顺　李顺　杨纲　景彬　郭云　师□文　薛贵　李恩　王名　陈志刚　张泽　路政　郭英　景顺　郭贵　郭祥　王聚　李温　景恕　韩温　尉本

黄村里匠人史俊镌石　郭敏　孙广　张勤等立石

○○二　重修后土圣母祠记

明景泰七年（1456）刊。

碑高133厘米，宽55厘米，厚18厘米。

碑额书"后土圣母"。

现存于吕梁市离石区后瓦村古坤庙。

【碑阳】

重修后土圣母祠记

上清三洞五雷经箓王府右卿五雷伏魔使行诸司院府事臣孙□际恭闻皇天后土乃天地至尊之圣，诸天朝礼，万神归瞻，盖后土皇□地祇，实万□之□母，众圣□□。谨按《道藏》，□□常居九华王□□宝皇房，承天禀命之期，主阴执阳之柄。道惟尊而□私，□□德□□□。於□□□□效法□□□育，坤元之美流行，品物生成之。母道之仁，岳渎是依，山川咸伏，大悲大愿，大圣大慈，承天效法。后土皇灵，地祇琼□，□□□□，人世祠庙皆然。州之东三里而近青阳都瓦窑坡古迹后土圣殿，至灵有感，地秀人□，□□□军。太阳升霞之度，□□东□环翠而来朝。右有三阳云凤山，乃宋希夷祖师了道升真之仙乡。三清宝阁，万圣琳□□□，斋坛雷声显应，若众真□蓬岛紫府之清都。凡民祈祷，立彰昭应。南有白马仙渊之洞，龙神化现，请雨甘霖。周围九凤之山，其根原而一气连珠，从□方而相朝。其形凤翼，前丹凤之朝阳，北靠吕梁山之弗远，巍雄万丈。先贤有道禹圣治水而经临，前王避暑之境，系地脉□□通其形势。大圣庙重兴，先於景泰六年之春，有本都善人吴冲、吴进孝等因为朔望而焚香，对众而议曰：本庙缺少献殿，可以修建乎？众皆欢悦而应诺。於是同发诚心，采伐木植，烧造砖瓦，选日兴工。同一志之修营，无他意之有慢，尽心竭力，一载完成。时有阴阳生吴仲禄暨吴中建本庙崇宁真君祠在焉，壮观一境之神光，享万年之奉祀。□好善之人有以感通，增百福之门庭，免万祸之灾咎。《书》曰：作善降之百祥，作不善降之百殃，祸福之报，如影随形，信不诬矣。俾同备众善之人，亦足以感发善心而同跻於仁寿之域。予乃三阳之拙道，静座草庵，众谒征文，再三固辞弗获。予嘉其志，始述其胜缘，命匠砾石为记，以彰其善，而勉诸奉善之人必以其心为心，庶无负於道矣。易田积善之家必有余庆，而知众善人者修建圣母殿宇，其身各获富寿，将见其各家子孙之蕃衍，庆流后裔而无穷，岂有涯哉。钦祝：

皇基永固，道德兴隆，文武忠良，四时顺序，五谷丰登，风调雨顺，民安物阜。

时大明景泰七年岁在丙子九月上旬吉日

天坛羽客清虚志元元生撰

本州儒生薛泰书篆

奉训大夫知州范寅　承务郎同知高儒　从仕郎判官周祥　登仕佐郎□目张□羽阴阳典术吴□

本村纠首吴冲　吴进孝　李厚　吴赟　吴鉴　吴中　吴贵　吴合　吴聚　李进广　吴□　李进义　吴进原　吴进发　李刚　李福　吴印　吴闪　吴仲彬　吴仲钦　吴进让　吴进善　吴进强　吴进□　吴昇　吴进□　吴坚　吴□　□□□　□□□　吴仲福　李□　李□　郭□□　吴□□　□□□　□□□　吴章　□表　吴志　李冲　李英　李增　王胜　吴贤　李鉴　李大义　李志刚　吴文贵　吴文选　□□□　吴文栋

本州青龙东都石匠贺□　男贺□□

【碑阴】

重修圣母庙功德碑

本村后土圣母庙地基东西阔□十尺地至高□

助庙底石条柱底功德人李进义　助理人李进广　男李文

纠首施钱扶□□吴印　室王氏　男吴仲方　吴仲质　十哥儿　侄吴仲福　吴仲彪　吴仲□　□□□　吴三哥

施钱扶梁阴阳官吴琮　室张氏　庄氏　男吴骥　吴寿　吴仲义　孙吴□消

施钱扶梁人吴振　室李氏

纠首扶梁功德主□仲禄　室李氏　杨氏　父吴绰　母杨氏　崔氏　郭氏

功德人吴进原　室张氏　李氏　男吴纪　室张氏　孙（阙文）

起盖献殿扶梁人父李海　李源　母白氏　张氏

功德人李进广　室冯氏　杨氏　男李文　李进孝　室任氏　男李淳　室郭氏　孙男李□　□小□　李进义　室高氏　男李章　李震　李福　室白氏　男李文仲　李文威　李文□

撚玉东里外功德主吴冲　室王氏　男吴巨廉　吴巨青　吴巨文　孙吴子刚　吴子□　吴子□　吴子宣　吴子良

助献殿石条人吴进孝　李进广　吴进让　李进义　吴中　吴进义

起建纠首功德主吴进孝　室郭氏　男吴恺　男妇李氏　孙男吴永倡

撚玉正面功德主吴学　室贺氏　男吴进云　吴进雷　吴进威　孙男吴安定　吴茂　吴馗　吴王奇　吴福胜　吴□　男安

撚玉西面功德主李珍　室宋氏　男李志青　李志德　孙男李壮丁　李壮勇

撚玉南面功德主吴□□　室李氏　王氏　男吴仲信　吴仲翱　吴仲彬　室王氏　男吴迪　吴孝

泥瓦献殿功德主吴□　室栗氏　男吴仲青　男妇冯氏　孙男吴□迁　侄男吴进幹　长男吴鹿儿　吴包□

撚玉□□面功德主吴升　室郭氏　男吴仲陈　侄吴仲让　吴仲诚

撚□□外面功德主吴□　室冯氏　吴矛　吴宣　吴唐

助铺□□表墙功德人吴闪　室□□　男□矛　吴池　男□□□　吴文□

撂兽瓦匠李铎同　室□氏　男李文振　李文栋　□□□

助碑包埕功德人吴通故　男吴□钦　吴仲仪承愿

丹青孙志宁　男孙泰　孙斌

乐人刘四同　室韩氏　吴海　吴旺　郭翱　李选

木匠安郴　安磐　安庆

总□首吴冲　吴进孝

立石□□庙女善人王□青

阴阳人吴印书

生员吴雄书篆□□□□□

○○三　法王庙创建舞庭记

明成化七年（1471）刊。

碑高 143 厘米，宽 59 厘米。

现存于运城市稷山县稷峰镇南阳村法王庙。

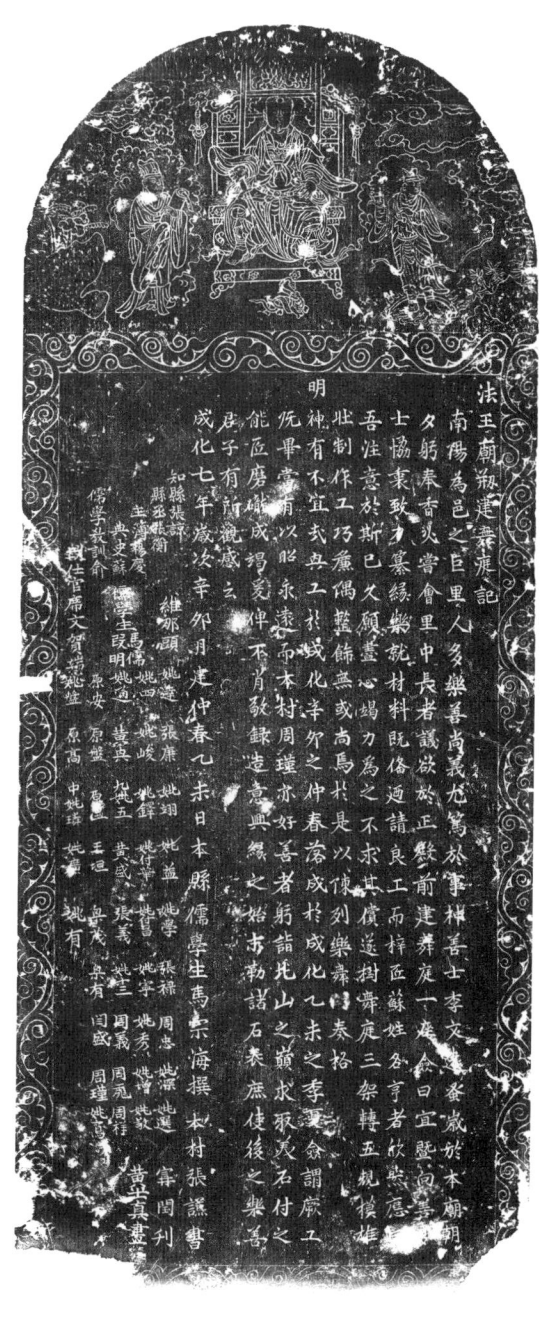

【碑文】

法王庙创建舞庭记

南阳为邑之巨里，人多乐善尚义，尤笃於事神。善士李文远蚤岁於本庙朝夕躬奉香火，尝会里中长者议，欲於正殿前建舞庭一座，佥曰：宜。暨向善□士协衷致力，纂缘乐就。材料既备，乃请良工，而梓匠苏姓名亨者欣然应曰：吾注意於斯已久，愿尽心竭力为之，不求其偿。遂树舞庭三架转五，规模雄壮，制作工巧，帘隅整饰，无或尚焉。於是以陈列乐舞，□奏格明神，有不宜哉？兴工於成化辛卯之仲春，落成於成化乙未之季夏。佥谓厥工既毕，当有以昭永远。而本村周瑾，亦好善者，躬诣北山之巅，求取美石，付之能匠，磨砻成碣。爰俾不肖，敬录造意兴缘之始末，勒诸石表，庶使后之乐善君子有所观感云。

成化七年岁次辛卯月建仲春乙未日

本县儒学生马宗海撰

本村张谦书

宁闰刊　黄士真画

知县张谅　县丞张衡　主簿杨庆　典史苏　儒学教训俞　致仕官席文　贺端

儒学生马儒　段明

维那头姚达　张康　姚翊　姚益　姚学　张禄　周忠　姚深　姚选　姚四　姚峻　姚铎　姚付华　姚付昌　姚宁　姚秀　姚增　姚敬　姚通　黄兴九　姚五　黄盛　张义　姚十三　周义　周虎　周祥　原安　原盘　原□　王坦　梁茂　梁有　闫盛　周瑾　姚鸾　姚盘　原高中　姚璘　姚广　姚有

〇〇四 重建普济寺记

明成化二十年（1484）刊。

碑高110厘米，宽60厘米，厚14厘米。

碑额书"圆满之碑"。

现存于阳泉市盂县西潘乡侯庄村普济寺。

【碑文】

重建普济寺记

上古之时，民淳事简，无为而化。吾道之在天下恒自若也。迄后风气渐开，圣贤迭出。而九流百家各开户牖，始有曰儒、曰道、曰释之名。释氏之祖，所谓佛者，西方之圣人也。自白马驮经，佛法东来，始於汉之明□（帝），盛於梁之武帝。佛教大阐於中华，莲宇崇兴於天下。故通都名郡，遐陬□（僻）壤，皆有佛□（寺）之建矣。孟之县治西北仅百里许，有圣祐都侯庄村，古刹一□（所），名曰普济寺。建自胡元至正之初，后历兵燹之余，殿宇颓毁，基址荒芜。功德主赵公文简有慊于□（心），与其子曰托者，谋诸乡耆，趣事经营，捐财鸠工，重建佛殿五间七架。中塑佛像三尊，香花护法，侍卫森然。左列汉关王，右列伽蓝神。殿东盖禅堂一所，西廊构方丈三间，屏之以周垣，御之以重门。兴工於成化辛卯之春，落於成化甲辰之秋。轮奂一新，金碧争辉，雄伟壮观，起人敬仰。设钟鼓，足以警作息於晨昏；隆□□（香火），足以便祈祷於岁时。朔望□议，足以劝善化俗；朝暮焚修，足以祝延圣寿。此诚盛事也。尚虑世殊事异，论於泯没，遂征文勒石，欲以传於永久。噫！后之视今，亦犹今之视昔。苟后人与今人同志，坏者葺之，旧者新之，以世继世，则今日之盛事，庶为无穷矣。予因所请，□（书）此以纪其事。

时成化甲辰岁孟冬下元日也

诗曰：

修行作善到如今，善化擅那德行深。

今朝圣像皆属理，买满菩提一点心。

本里上铺头社长李子荣篆

太原府盂县贡士刘时勉进学撰

太原府阳曲县晋阳张鸿书

纠首功德主侯庄赵文简　男赵托　赵鬻　孙男赵仲旺　赵仲明　侄男赵清男赵仲广　赵福海　赵福聚　男赵祥　赵定立石谨志

平定州石匠余的兴　余的旺镌刊

平遥县待诏孔俊　张的义

阳曲县铁匠倪贵　男倪仲迪　倪仲夆　倪让

〇〇五　重修源神行祠记

明正德五年（1510）刊。

碑高144厘米，宽72厘米，厚20厘米。

碑额（阳）书"重修源神行祠之记"，碑额（阴）书"源神庙记"。

现存于晋中市介休市洪山镇石屯村源神庙。

【碑阳】

重修源神行祠记

致仕官邑人任九皋撰

儒学生员宋大魁丹书

余考《夏书》及《方舆胜览》，介休，古之名郡，即《禹贡》冀州是也。山明水秀，人杰地灵，非他邑之可轩轾焉。县治之东仅二十余里，曰洪山，即《书》所载狐岐山是矣。西南之麓，胜水所出，池名鸑鷟，混混源泉，不舍昼夜。周流无滞，随处灌溉民田；无分原隰，□而环我城邑。殆夫平秩西成，民得粒食，派分复合，西北入汾，即所谓狐岐山胜水所出是也。诚天作帝造，非人力所能治焉。下而石同建源神行祠，盖亦有年。奈何星霜屡更，庙貌倾圮，墙垣崩坏，而本村居民任文秀、李文斌等各捐己资，乃召工作，丹碧辉煌，炫耀人目，东西起建两廊，各塑诸神，春祈秋报，御灾捍患，配享时祀，而枓栱楹甍，门窗榱桷，结瓦完□，黝垩鼎新。功成勒石，乃请余为记。愚谓碑欲其敷而美，记欲其典而实，乃耻无皇甫湜之宏词、张君房之捷慧，但叙其实事，拜手稽首，愿颂神德，且宣圣惠，永著终古。其词曰：鳌极气分，三才攸位。神道泰宁，祀典修饰。顾惟尊神，祠位雕残。不称显名，启寤诚明。昭格神衷，道宣天休。获此利贞，笃灾愆阳。化为丰穰，人赖蓄积。鼓腹而歌，以乐其生。巍巍神明，兴利生财。作固我邑，拥其嘉休。眷祐于人，永宅厥灵。奕奕庙貌，整顿端庄。神位密清，后祀承则。洁心勤礼，愿垂表经。颂宣圣德，篆刻金石，永世无穷。

大明正德五年岁在上章敦牂季秋重阳后望日立

介休县知县赵俊　县丞张敬　主簿戴端

典史杨注　儒学教谕　训导

本里石匠任思贤　故父任英　王氏　叔任雄

【碑阴】

　　本里纠首任文秀　李文彬　任巨川　杨公胜　杨威　任□甫　田子良　刘翔　任世雄　任送

　　西北坊纠首闫公旻

　　西南坊纠首张公锐　闫佐

　　东南坊纠首宋公原□人　男□□　宋连　宋玘　男宋大善　宋琮

　　武同里纠首卫武　弟卫文

　　汾州□□村里纠首任伦　任公义　任公胜　任公洗　任公□　王楚

　　西南坊□□纠首父闫三　□闫佐　男闫效（阙文）

　　老人刘□　张良里□（阙文）

　　□里助缘人刘公仁　男刘虎　刘□（阙文）

　　本里助缘人任己冲　杨虎　杨连　杨胤　白佑　杨□仁　杨□　杨瑞　杨善　杨己现　杨展　杨梅　杨□　杨宁　杨惟得　杨泽　杨纪　刘公锐　靳□　杨达　靳友　田子川　田子安　武友　孔浩　任良　李金　杨□　杨琏　杨公太　杨公贤　任琮　任连　杨锐　田子现　杨山　杨子英　任大良　程子兴　任思甫　田金　赵文秀　王闰　武从染　男武玉　武旺　杨公然　杨孝　任世彬　武纠　赵文庆　赵文用　赵子林　任济　赵子通　杨己祥　张腾　任梅　田子鉴　□□□　张□　任大胜　杨付　任管用　杨文□　李锐　任海　老人李文□　任□（阙文）　刘清　刘璋　□世通　孙任时兴（阙文）　杨绒　杨□　三家里曹付连

　　（阙文）正统十一年重修庙

　　父任冲巳　任文秀　男任大用　任大贤（阙文）　任思□　任思良　任思善

　　纠首祖父李颜　父李鹤巳　李文斌　（阙文）　李广　李（阙文）　刘鉴　靳时可　祖卫能　父卫仁魁　男卫武（阙文）　祖父任资　父任巳冲　男任逊（阙文）　田厚　宋贵

　　（阙文）宋瓒　宋璋　宋珮　宋广　宋成　宋固　宋大　宋学　宋让　宋威

宋希友　女人宋大姐　宋（阙文）

（阙文）张爱　张敬　张载　闫闰　闫□　王友　宋和　宋新房　宋□□

城东庙温大琦　温大柔

永润里毛文义　田堡里田茂（阙文）　石□里贾相　武朋　铁匠王得友

西北坊（阙文）　伍罗时学　遐壁里　郭信

曹麻里张□庆　张鼎　张□　张伯林　张伯森　赵云　赵连洗

（阙文）□自成　王玘　王会　□大林

丹青张公庆　男冀成见

书丹人教读任巨川　男任良　任（阙文）　李子威　妻王氏　男李绥　李山

城北庙乐人左右　男左仲秀

〇〇六　重修东岳庙正殿记

明嘉靖四年（1525）刊。

碑高55厘米，宽56厘米。

现存于长治市黎城县东阳关乡辛村东岳庙。

【碑文】

重修东岳庙正殿记

黎城县东北二十五里，乡曰辛村。乃古疃旧□（居）□前辈创建，庙曰东岳天齐仁圣帝。前朝世变废矣，惟圣东君岱岳□冲万仙之祖、五岳之尊，人苗治世，掌判幽冥，统辖诸司，权生死轮回之籍，握善恶报应之簿。黎庶祈祷无不感也。前人重补数次，以经年久，风吹瓦木，飘零雨洒，土泥剥落，殿宇倾损。累被日炙漏烂，门窗破碎，尘垢加焉。於是本村田贵，悬记忧思，夙夜遑然，牵心不妥，自舍□己钱财专诚理整。弘治岁庚巳□二月中旬丁未，起工为始，拆毁殿□，砌修完毕。又造奉神供桌三张，趁方桌二张，板凳四条，大门一□。内外八字粉墙俱修周备矣。未及孟夏初旬，其工毕止。瓦木颜料妆补并无起敛於众民之物也。工力以完，今将各色兴过赏，开记于后。永为记矣。

计开

田贵　妻赵氏　男田经　田文　侄田粟　田得良　萱椿母李氏　弟田子忠

瓦匠宋仲良　木匠江□　铁匠王□　阴阳景子□书

补瓦大门楼维那田俊　二门楼补瓦维那赵琰　本村兴工人田俊　赵琰　徐智　景宽　大通寺□细　郭义　苏钦　徐全　徐弘　张英　张纪　张仲　何居义　徐让　田复正　徐恭　李广　张进　任奉　赵厚　田子成　赵聪　申荣　王中　王文　郑稳　徐扑　贾荣　董敏　杨盛

时大明弘治十二年岁次己未孟夏初旬庚子吉旦　田贵立碣

香老赵鉴　田聪　督工修理补砌碾一所　钟一棵　田文施天花格一所

黑羊山轻神雕塑香老维那田子成　田经　助缘释子满□　徐仓　李梅

行神妆修施主张仲　王增

住持满晓施天花板一所　□一把　吴继宗　张廒　张廷习

娘娘妆修施主田稳　江氏　田经　田得良　张郜　何居义　徐□　芦贵　赵代良　张本　郭志

殿墙四围沙壁施主德化坊李经同　男李隆　徐善　徐仲良　武聚□　张全　田恭

正尊妆修施主田子忠　男田得良　田得苗　王爱　徐祯　田粟　何达　贾仓　张廷花

兴工人徐政　徐得仓　史策　苏□经　郑仓　王兴　大通寺张绅　赵升　王智　王雄　贾文礼

时嘉靖四年岁次乙酉九月吉日

吏部听选省□官田经书

原□□□石匠路代良刊

〇〇七　重修水神圣母庙宇

明嘉靖四年（1525）刊。
碑高100厘米，宽66厘米，厚29厘米。
碑额书"重修庙记"。
现存于阳泉市盂县孙家庄镇大吉村水神山烈女祠。

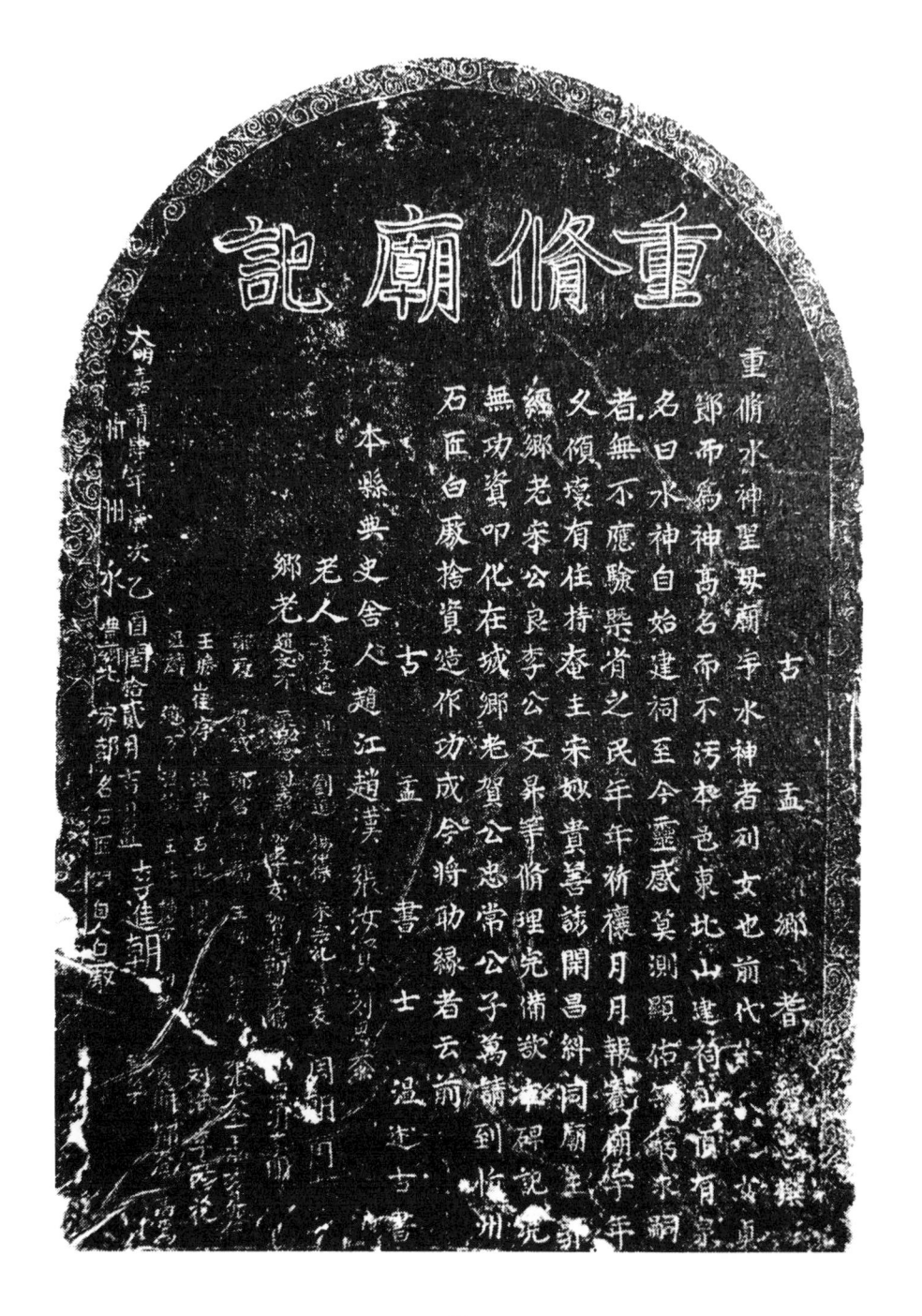

【碑文】

重修水神圣母庙宇

古盂乡耆贺忠撰

水神者，列女也，前代□氏之女，贞节而为神，高名而不污。本邑东北山建祠，山顶有泉，名曰水神。自始建祠至今，灵感莫测，显佑无穷，求嗣者无不应验。概省之民年年祈禳，月月报赛。庙宇年久倾坏，有住持庵主宋妙贵善诱开昌，纠同庙主郭经、乡老宋公良、李公文昇等修理完备。欲立碑记，□无功资。叩化在城乡老贺公忠、常公子万，请到忻州石匠白廒，舍资造作。功成，今将助缘者云前。

古盂书士温述古书

本县典史舍人赵江　赵漢　张汝贤　刘思恭

老人李文通　□显　刘道　杨仲□　宋宗礼　贺表　周朝　周□

乡老赵文才　栗启德　刘□　贺□□　贺进朝　史文信　□□□　□□　□□　贺□　郑仓　贺□　王□　赵子威　张大全　王□秀　张仁　王□　崔序　温书　石玘　周环　□□　刘海　李彦花　温麟　赵万　温论　王□　杨仲□　□□　□朋　郁□　高鸾　李进朝　□□才

大明嘉靖四年岁次乙酉闰十二月吉日置

忻州永丰乡北宋都名石匠□自人白廒

〇〇八　重修三教庙牌记

明嘉靖五年（1526）刊。

碑额书"重修三教庙记"。

现存于临汾市隰县黄土乡谙正村老君庙。

【碑文】

重修三教庙牌记

隰州南隅里石匠何明谨造

释道儒三教者，乃天地之根原。夫本妙道有其三圣之体，以为万物之祖。致其金木水火土以为生，可治於世。周朝至此，善恶而有，其神无人而不形，人无神而不感。至自本郡古迹，本观前面神楼东，有唐师勅封霰雾侯龙王。至此乡鸣有感，在此见得庙堂神楼，年深月久，风雨飘洒，损坏圣像倒塌至今。有本观起缘道士李德真、郭德玄，同本村神首，并众善人等各舍布施，悬挂於世，开写於后。

计开

本村功德主王原豆二斗　王左　王会银一钱　曹文会帽儿一顶□十片　王宿银一钱□一石　王甫　男王世威银三钱　苏永银一钱　贾禄羊一口　王永银帽儿一顶　姚成帽儿一顶　贾铎羊一口　贾申□十石银一钱　苏逊□四石　王庸羊一口　王玄银四钱　王避牛一只　王杰□五斗　王瑛□五斗　刘资银一钱　王福增帽儿一顶　姚旻帽儿一顶　王世名一钱　王恕牛一只银二钱　王福全银一钱　王志成银一钱　□□马通丝二两　男马元海银一钱　王文志麦三斗　王苗麦二斗□八片　王文学银一钱　张得林五斗　苏廷远银一钱　张世威银一钱　张辊帽儿一顶

白儿里下无□村功德主义官曹旻　官曹铎　苏氏　男曹选　曹进　曹廷秀　王府官曹廷美同施□二十石银五两　任仲甫银一钱

黄显村功德主苏景云银一钱　苏廷珪银一钱　苏廷瑞银一钱　苏资银一钱　苏朝银一钱　苏文安银一钱　苏礼银一钱　苏廷全银一钱　苏永□银一钱　苏福成□五斗　苏志明一钱　苏文通一钱　苏文恭□三斗　苏景如银五钱

干谷村施主王胜银一钱　王会银一钱　王廷玉银一钱　王晓银一钱　王文通银

一钱　王有才二斗　李子刚二斗

　　郭家庄施主郭世英麦一石　郭廷章银一钱　郭廷恕银一钱

　　冯家庄施主冯兴银一钱　冯虎银一钱　冯甫□四斗　李兴□五斗

　　下□峪薛志□银一钱

　　黄头村苏泽　男苏宋大木一根银一钱

　　本村起盖三门土地施主贾瑄

　　本村维那曹文通　曹文会　王宿　王会　王洲　张铎　曹会　王苗　张顶　王定　姚旻　王聚保　贾禄　王志成　王永昌　王世名　王世保

　　正德十二年神首王恕　王佐

　　正德十三年神首王瑛　王定

　　助缘善绣　穆普通　李普先　王常住　昙素里　任谅米二斗油一斤

　　介休县秦叶银五分　烧石灰助缘人王□瓦一百五十个　王亨银一钱

　　女善人靳妙善□二石　绛州薛妙真　张妙善银五分　秦妙惠银五分　□黄贤□真人沙清

　　女善人侯妙会丝三两　景妙清银五分　苏妙惠　董妙会　苏妙贞　曹妙真　郝妙善五分　王妙贤米一斗　王妙善帽一顶　张妙绿　李妙善　任妙会米一斗

　　曹文通粮三斗　王雷粮二斗　贾瓒丝二两　王洲粮三斗　张仓粮二斗　王定粮三斗　王住粮四斗　曹洗席一领　王世保三斗　王世伦二斗　王有库二斗　王景如□二斗　王玺　男王廷保□四斗　王世良蜡三两　马骥银五分　霍塔连　曹兹贤

　　玄都观道士黄元晓银一钱　赵元进　□元会　□元镇　马元海　张元瀚　贾元淋银一钱　赵崇倩　苏道源银五分

　　大明嘉靖五年岁次丙戌九月戊戌朔初九日己丑吉旦

　　神首张林　王阔　神首王宿　王虎

　　大□都料苏福有　王虎　苏景和　王□　王方　苏景通

　　忻城里泥工匠冯俊　男冯得林　王永来　马奉先

　　瓦匠吴文钦　男吴天其

　　铁匠赵会　男赵礼

〇〇九　计开施财功德主花名于后

明嘉靖十八年（1539）刊。

碑高170厘米，宽85厘米。

现存于运城市盐湖区三路里镇三官庙。

【碑文】

计开施财功德主花名于后

马世臣谷六斗　王加金谷麦五斗　吴登云谷三斗　董思公谷三斗又椽一根　李进禄谷三斗　吕□□谷二斗　吕进孝谷二斗　马登收谷二斗　王加银谷二斗　陈保谷二斗　陈朝宗谷二斗　邵璲谷二斗　邵仲□谷二斗　李奉明谷二斗　孙文宰谷二斗　吕崇道谷二斗　李朝谷二斗　李付宝椽二根　吴守贵谷二斗　吕养科瓦一百　董守业谷二斗　吕丰满谷二斗　吕东周谷二斗　吕□时谷二斗　吕庄瓦一百　吕孔瓦一百　王付东黍子二斗　董其顺谷二斗　李进福谷二斗　吕左谷一斗　吕汝谷一斗　吕丰实谷一斗　董希言谷一斗　吕士宁谷一斗　吕丰下谷一斗　吕付下谷一斗　吕生谷一斗　吕守才谷一斗　吕守库谷一斗　李春元谷一斗　陈汝温谷一斗　李□方谷一斗　段自应谷一斗　陈汝周谷一斗　陈大和谷一斗　陈汝□谷一斗　李春秋谷一斗　李应元谷一斗　邵积□谷一斗　辛自贵谷一斗　辛守真谷一斗　王千胜谷一斗　董真性谷一斗　邵光实谷一斗　邵积言谷一斗　陈汝□谷一斗　陈汝成谷一斗　□□志谷一斗　吕三省谷一斗　马□科谷一斗　杜九思谷一斗　□守信谷一斗　邵□科谷一斗　段士昂谷一斗　段营荞麦一斗　杨世昌谷一斗　李文魁谷一斗　马守禄谷一斗　马得胡谷一斗　李春方谷一斗　马文科谷一斗　邵思敖谷一斗　邵得泰谷一斗　王汝□谷一斗　牛邦相谷一斗　吕登曲谷二斗　杨文表谷一斗　吕丰积谷一斗　吕丰收谷一斗　吕春阳谷一斗　邵思敬谷八升　景夫道谷七升　吕□稔谷六升　吕丰知谷六升　吕养□谷六升　张尚满谷六升　张化龙银五分　侯汝山银五分　张守智银五分　马宗直银五分　□□□谷一□　吕□体银三分　李□富谷五升　李相谷五升　李孟秋五升　王刚谷五升　吕守道银四分　吕丰春谷五升　陈自应谷五升　吕士顺银二分　邵孙孙银二分　邵邦得谷五升　邵积□谷五升　贺邦夫谷五升　李朝青谷五升　王自贵谷□□　贺宗顺银□□　李登禄荞麦五升

邵宾谷五升　邵积元谷五升　李朝进谷五升　张一之谷五升　吕犒施柱角一根　吕□施柱南北二根

大明嘉靖十八年三月吉日

本村三路里善人吕显施庙椴栏三格　祈保男吕崇道　孙男吕家兴　吕家旺　重孙吕国　吕弘遇　吕睢

〇一〇　捐银采石修路碑记

明嘉靖二十年（1541）刊。

碑高40厘米，宽66厘米。

现存于吕梁市柳林县柳林镇贺昌村三郎堡。

【碑文】

捐银采石修路碑记

今据山西太原府石州青龙东西寺都□柳林村人氏古立神场一处，前后墙壁地基有毁被然，纠首高宰、贺闪等会同发心，各施己资，鸠合众舍人等，改旧存新砖□地基，两边墙壁，屋工彩画，通行道路，筑砌周完。

花名于后

高会　高谷万　高禅　高乾　高伯方　高方　高逊　高邹　高碍　高朝旸　高蒿　田真　贺景异　贺宗昶　贺文仲　贺永良　贺永得　党□　高排　高子恭　高良秀　高辛永　高朝铖　赵敖　高怀秀　高豸　高素　高笑　高恭天　田九聪　贺锐　贺遂　贺寔　贺景雷　贺景棋　党文恭　高永素　高去　高辛侣　高恭彻　高金朝　高金梅　高金恭　高子教　高金花　高恭台　高金尚　田方刘　党世保　贺永春　贺素　贺侣　贺洪　贺连□　贺重遂　赵仁　党文禄　党文威　高尚恭　高子乾　高恭佐　高洪　高令恭　高□恭　高□　杨周　高金丁　高恭移　刘恭秀　刘恭□　□□□　贺□　贺豸　贺景□　贾子□　党文虎　高恭遂　高尚金　高子□　高恭政　高恭珩　白章　高克金　薛自　高孟书　高金毫　高芦　高竹　高□　刘钦　刘芦　张茂　□□□　贺坎　贺世鲁　贺□□　党世衍　党文贵　贺闪　高尚亮　康自□　□□□　高恭□　韩尚方　韩尚义　高□　高□秋　高□　高□　高□　高□　高孟□　田根政　□□月　贺子□　贺□见　金□□　□□□　党恒□　贺□　张清海　贺□

勒工僧人□澄　□禅　德喜

泥工水匠贺拱　贺闪

丹青□世杰　高恭学　张朝京　高□

石匠贺哲　贺世旸　贺崇叙

书撰人田尚□

大明嘉靖二十年三月吉日

立石人高宰　男高尚梅　高尚花　贺闪

〇一一　重修东岳庙碑记

明嘉靖四十五年（1566）刊。

碑高70厘米，宽52厘米。

碑额书"重修岱岳"。

现存于临汾市尧都区吴村镇王曲村东岳庙。

【碑文】

重修东岳庙碑记

　　平阳府临汾县天井乡通利都王曲里，古有东岳庙、三灵侯庙两座，多年疏漏体坏，风雨所侵，圣贤毁坏。今有本社功直□德香老恩赐寿官：孙伯清、段氏，男孙世豪、范氏，孙男孙志和、温氏，孙志美、张氏。范江、朱氏，男范□宁、闫氏，范子贤、张氏，范子奇、刘氏，男范尚仁、张氏，孙男范汝政、李氏，范保安。姚仲实、高氏，男姚的恭、史氏，姚的清、王氏。发心欲要重修，工成浩大，独力难成，不免拜烦十方达官庶士、善男信女，各舍银两、布绢、米麦、木食，修理三五岁哉。二庙圣像，果修圆备。如蒙久许，请挂乡名。

　　本村花名于后

　　范山　董子让　王夫全　范子杰　孙还　范□　范子豪　范增受　范聚良　李彦隆　孙成贵　范彦明　范尚仁　范尚忠　范尚恭　孙世豪　李兰　孙文达　孙文通　范景敖　王隆　范子清　范天有　范天相　吴管儿　范子遢　范会　范世朝　任得江　范子潜　范增福　范的有　范世虎　姚得海　李朝用　王景雄　范景玉　范的金　范世□　范景仁　范世雄　孙尚贤　史朝臣　孙世隆　范成敖

　　本社功德主范山　张氏　男范子清　乔氏　范子□　孙男范李□　王良卿　王玉如

　　清凉寺助缘僧人祖銮

　　吴村镇万仁美　乔虹

　　木匠刘良敖

　　泥水匠范廷节

　　石匠董聚有鑽

　　嘉靖四十五年七月初十日建立碑记开字

〇一二　泽州周村镇重修庙祀记

明隆庆四年（1570）刊。

碑高280厘米，宽78厘米。

现存于晋城市泽州县周村东岳庙。

【碑文】

泽州周村镇重修庙祀记

泽据太行之险，扼燕云，俯瞰中原。镇居郡西，黄沙耸峙，太行、王屋、析城诸山，献嶂列□（峙），乃巨镇也。《金史》曰：晋城有周村镇。以镇表识，泽雄三晋，而镇实一郡冠。隋以前，泽治端氏、治濩泽、治高都。贞观以后，治晋城。徙治不恒，镇属晋城如故。然当秦晋魏之交，东逾桃固，西陟东乌，南越天井，止於斯往来於斯，亘古今之达道也。维昔唐虞化洽，涵濡实深，暨石勒、慕容永僭据，金粘没喝位闻於宋，岳武穆义旗北指，镇之梁兴筑岩响应，人心敢於叛金者，乃不忍变於夷也。崔伯易《感山赋》谓：重沦奸佟之化，孤守而莫变；由渗唐虞之泽，弥久而未坠。可以识当时之人心风俗矣。明兴，元平章贺宗哲弃城遁走，冯胜平定安辑，改忠昌军，仍泽州，晋城并入，镇属於泽。以天下势观之，山右为燕京右臂，教化首善之地也。人文熙洽，科第相望，语泽士之杰且多者，以镇为最焉。故居官以清操自砥若卫吏部，抚民以宽和见惮若阜城伯，政洽两邑若李神木，爱遗二郡若范耀州，家食以文章气节砺若王成考，此皆才华表表，风猷茂著者也。他若张从事两兄弟之庐墓忆亲，梁贞女之死一从夫，野老巾帼，天经地懿之敦，轻尘弱草之不惜者如是。其一乡之中重礼义，尚廉节，相友相助，相亲睦者可觇也。《说文》曰：忠信为周。镇以周名，志俗厚也，区区子隐之迁善改过，为镇之光，直余绪尔。镇故有庙，正殿祀东岳神，按《公羊传》曰：触石而出，肤寸而合，不崇朝而雨天下者，泰山之云也。兴云致雨，生育万物，仁庇斯民，祀之正者也。庙制弘敞，殿之左翼祀增福，右翼祀吴王，各三楹。东序祀二郎，西序祀关王，中为礼拜殿，南为乐舞亭，又南为庙门，楹数咸如正殿。经始莫考，重修於宋元丰五年，靖康丙午，地陷於金。贞祐金亡，庙经兵燹，迄元大德、至正间再修。我朝洪武、宣德、正德初增修，历五十余年，镇人张仲让、司蛟等倡众以新。

工始於嘉靖丁未夏六月，落成於壬子秋九月。庙貌尊严，金碧掩映，肃如翼如，春秋为祈报之所，亦厚之道也。予镇人夙濡厚俗，因庙之成，附记之。若夫以敬自持，重所生之理，毋徒祀东岳以求生；以善自勉，衍所积之庆，匪直祀增福以诏福。法吴伯仲之让，效杨公之忠，秉云长之节，匹休前修，民和而神降之祥，穰穰丰年，永永无穷，是在我镇人之共勖尔。《书》曰：黍稷非馨，明德惟馨。《诗》曰：昭事上帝，聿求多福，此之谓也。其舍施之士有功於庙，於法宜记者，则载在碑阴云。

隆庆四年岁在庚午秋九月之吉

泽学生晋岩梁寀顿首沐撰

学生三峰梁仲秋篆

庠生春野范铣书

郡学生梁策　省祭官萧国臣　医官梁杠　宗人府仪宾司存　本镇堡官范坝　河南封丘县教谕卫绍宠　陕西宁州学正司空　河南洪门驿递运所大使李元善　直隶遵化驿丞茹□　布政司知印茹泾　省祭官郭廷器　范伯良　范应鹤　萧国瑞　郭豪　范轼　郡庠生司洧　司谈　郭都　□□　梁一桂　郭才高　李嗣德　梁浩　范軏　范玑　郭尚纯　萧嘉元　布政司吏司乃钦　茹□　司汝聪　州掾张时宠　司佃　李大儒　郭宠　司时龙　范钿　萧□言　范博　茹芝　卫堂　范应柏　萧国臣　范孟春　张思秋　郭进　萧□□　卫尚真　卫诰　郭轲　郭诰　卫晏　司堆　司时聘　司汝明　范□

社首司根　李元亨　张仓　卫松　郭书　司大亨　卫椿　郭染　郭题　梁九思　张仲让　司蛟等仝施银三十二两五钱仝立石

阳城县南留里石工王玠　侄王国友仝镌

〇一三　重建移修玄天上帝庙记

明万历四年（1576）刊。

碑高 30 厘米，宽 50 厘米。

现存于吕梁市汾阳市峪道河镇马家社村关帝庙。

【碑文】

重建移修玄天上帝庙记

　　地境宋家里，村名马家社。上帝庙先立於村朝西，游人谈曰：此村不兴旺者，为错立圣像也。上帝北极之灵神，不可错也。后民乡人同议，诚心将庙改立於村北面南。本村起意纠首、施钱功德主庆成王府仪宾李大清、乡民郝竫等，同议新修玄天上帝庙，祈保一方宁静，求护祐康，风调雨顺，国泰民安。

　　计开纠首李大洁　　郝学　雷朝忠　郝□昌　张儒　张崇喜

　　先修后改诚心纠首雷朝志

　　施地基功德主郝贵来　母李氏

　　同节坊施钱监生李登

　　书人武添庆

　　时大明万历四年岁次丙子秋七月二十二日起意重修谨志

〇一四　新竖后土香赀记

明万历十一年（1583）刊。

碑高55厘米，宽89厘米。

现存于吕梁市汾阳市杏花镇上庙村太符观。

【碑文】

新竖后土香赀记

郡庠生尽善南里玉洲任瓒撰

郡庠生尽善南里月磐郝桂书

卜山之阳,有昊天后土祠,其来弗克稽矣。原其义,无非酬资始资生德也,故每岁四月八日,各里社首备礼奏乐,以庆圣诞,所以尽人心、答神贶也。然报赛虽在於兹日,而进香则在於六月二十四日也。维时远近殊方,同轨毕至,金帛异文,士女一敬,间有为亲者,为身者,又有为嗣者。虔诚祈祷,无不获应,各输香赀,次第是守。迨万历十年,乃及尽善南里致仕官东溪郝文纯等经理会计,银货数盈一斤之上,除赛享外,置枣园五亩,余膳棹三张,依数罄然焉,未尝纤毫自私也。故志石云:

嗟嗟我公,翼翼小心。礼乐明备,是享是陈。置田制器,无一不清。

昊天不爽,福善祸淫。此心无愧,昭鉴神明。命工勒石,播告后人。

大明万历十一年新正吉旦立

都社首致仕官郝文纯　男监生郝一铮　孙男郝天□　郝天极　郝天□

社首郝文理　郝文准　张守福　李益　郝文迪　郝公仓　郝文秀　高廷宝　郝文正　郝文富　李承祚　谢天禄　郝永忠　李大明　郝思　郝文高　张和　李大雷　郭宗　郝椿　李彦瑞　郝桐　郝□珮　郝永鉴　李承芳　郝永胤　郝永珍　郝辂　郝廷有　郝廷升　郝天章　郝天洪　郝永祐　郝永汉　郝槐　郝镗　郝玉　郝天厚　郝元节　郝天芝　郝天宪　郝天健　郝梦豸　郝善　郝鸣晋　郝鸣杰　郝世宝

守庙道士罗崇泝　张道　田道

石匠郭尚奇刊

〇一五　新建义勇武安王庙志

明万历十八年（1590）刊。

碑高52厘米，宽67厘米。

现存于长治市上党区荫城镇大峪村关帝庙。

【碑文】

新建义勇武安王庙志

本镇先有关王庙一所，创自藩相峪山璩公者。时乃弟鸿胪君宦游，旋自京师，睹其宇殿狭隘。遂扩充之，施地一区。张筵集众，胥为输费以乐厥成，亦地灵人杰之望也。延福族亲，躬逢盛举，不胜钦仰，各捐己资以期共就。因工未葺，复输茔树四株，建香亭以完盛事，福不敢泯其向善之心。谨以名氏登诸石□乃为之铭，以传岁月云。

铭曰：

峪镇之河，有祠穷窿。谁其居之，关王之庙。堂堂义气，耿耿丹衷。复兴汉室，万代争雄。狂澜既回，百川之东。惠流无既，惟神之功。

计开

侯世汉　侯天佑　侯巍　侯岚　侯岑　侯进忠　侯世文　侯世花　侯世课　侯涌　侯继祖　侯克山　侯那　侯孟贞　侯早　侯□之　侯□　侯世兴　侯延福　侯懋功　侯云鹏　侯□　侯应登　侯性　侯处德　侯永宁　侯群　侯永春　侯懋奎　侯延寿　侯杰　侯汶　侯六国　侯希哲　侯腾蛟　侯九经　侯一桂　侯明纲　侯体仁　侯□□　侯□光　侯红　侯亢　侯希古　侯希曾　侯孟夏　侯孟冬　侯孟秋　侯自修　侯□

社首侯华　侯懋德　侯之翰　侯惟一　侯三接　侯顺治

住持道宋□秀　徒陈宝玉

侯于秦书

泥水匠吴松

玉工王一枝勒

木匠张公平

万历岁在庚寅端阳之吉立

〇一六　重修东岳庙记

明万历二十一年（1593）刊。

碑高104厘米，宽139厘米。

现存于晋城市阳城县润城镇润城村东岳庙。

【碑文】

重修东岳庙记

　　润城镇古名小城，脉势围固，水绕山环，人聚风秀，今古无宦。自嘉靖三十八年蒙县主张爷，陕西西宁人，进士出身，嫌村名不好，祈吕仙鸾笔，改为润城。至改后，民淳繁富，人物端清。至万历十八年，本镇一案学进六人，乃生於改润文兆。镇中古有东岳庙三进，东西廊并七十四祠圣像，年远倾毁无□，止存正殿、舞楼、上下三门等，庙俱塌上倒下，风雨难遮。人敬神而必灵，神祐人而赐福。庙新村壮，庙破村穷。人人叹曰意为者惧功大力微，众视捱托，数春不敢擅为。万历二十年，蒙县主叶爷，山东德州人，进士出身，亲诣乡约，见殿塌毁，张诏等禀建，慨得金语重修。本年正月二十一日祭设，请村百众共议为首四十余人。凡布施各坊社首犹秦辙古化善缘成功，有催、有纳、有收、有支销，洗心言誓，不得一人由己。寄居善人张世德施银百金，感镇民诚心竭力，本村随社一千五百家余，喜舍资帛木石等项。家家争先迎送布施，户户夺前造管肉饭。他乡奸黎，鞭惩国税而不纳；我镇良民，善感神社而肯施，真乃神威惊心，首理惟公服众也。旧殿三间，底烂不堪，遗旧物十分无一厘，俱系新建化置，虽名重修，功大即系创建。先将为首勒入卧石。为庙前后俱坏，建一殿而新，不如不建。力出於众，大幸岁丰产营活便者。志限三年内，一进准要完新；志再限十年，内外一通俱要建新。恐为首限内命终之人，名下刻石，伊子随之。伙中定有高明远见、才力精通，若见在不同心、不竭力、不议为者，共誓盟曰：故懒懈怠，犹活妆死，神照不久亡矣。但肯实为，神之祐福，人之大德。昔岁一仙临玉皇庙，遗地理词曲：贫游小道，泄天机妙，此地上空有丹桂长成，树枝叶枯憔，天主庙起高，幽主庙起高，龙吟虎啸，后辈公卿子登云梯上九霄，众皆惊异。建此殿明三暗五，比先高□尺，深周阔大盛前十倍，不负仙遗之词。天齐仁圣帝掌万灵生脱，颛造祸福贵贱，日后定验。生富出贵，村众辈辈荣丰。念我先人遗言，今何不苦为安。已立卧石，拴首远虑修功，勿得滞之。本村善施者，功殿未完，难入卧石，待功完，照布施次序，另有大石刻细云，名留千载不朽。本镇有好事贤能为建者，首名入石，藉众圣事，非予等强为之也。此俗录无文，始遗后人易惺矣。

计开

各有认定所管行头，总议社首四十二人列名於后

十二坊贤能勤劳督运社首三圣坊延人贤　商冲昊　铸佛坊栗汝秀　石乔

神右坊王进卿　延时敏　街市坊延时春　延一元

神左坊王继商　翟继臣　杨梯　镇溪坊张永亨　吴应雷　卢一支

文林坊杨思敏　延时兴　通沁坊王登隆　延景山

临沁坊曹思富　卢鸣霆　佛岩坊张国鉴　张洵

玉泉坊王继美　郝加兴　玄阁坊延贞　延庆　延养志

贮守布施社首张福　阎思恩　杨通

计算支销社首蔡九宗　白邦信

督功社首梁鸾　张科　翟继臣　郝德　杨维芳

总化缘监视社首翟继邦　李国香　石周凤　栗清

建木主祭官陕西宁州吏目栗古溪

本年管社扫抿庙貌修建桥梁社首延寿等二十四人花名在石后面云

遗润（阙文）

大明万历二十一年五月二十一日社首四十二人张诏等仝立

栽树至后

〇一七　重修汤王庙记

明万历二十二年（1594）刊。

碑高170厘米，宽72厘米。

碑额书"高庙碑记"。

现存于晋城市阳城县驾岭乡西洼村汤王庙。

【碑文】

重修汤王庙记

崇薰里君显李永贵书

盖谓神依人而血食，人敬神而知礼，神人之相须□矣。成汤行宫，析城威灵，恃盛封头，地依析麓，尊尚独隆，神灵□赫，庙貌数修者宜也。但□年日旧，风雨时催，其所以换故而更新者无人修也。众社人等共议，举荐南岗张登为首奋然以为之。起自隆庆三年八月十七日，补修正殿二座六间，创立牛王、子孙、五道、舞亭、廊房二十间，成於万历元载秋九月□□。廊庙已完，圣像更新，创立圣水一道，置卖什物等项俱完。以今视昔，大不同矣。南岗之功不为小矣，何也？盖土木之事，自古为难，加以乡村遥野，居民稀散，纠领集一，朝夕傭工，披衣而□，修至四载成绩，是人得以祭其神，而神亦享其祭，神人各得其所矣，其功岂小哉！嗟夫！功献而人亡，深可悲也，不勒碑刻名，诚可叹也。幸庆男张鹏程继父之功，念父之苦，同西□郭朝兴将缘薄照帐修碑刊记。玹落成也，神人胥庆，多福将临，因而表之固宜，今为喜谈而乐道。

时隆庆三年八月十七日

修庙社首郭子贤　张登　邢子连

丹青王钧　乔世英　王校

□匠王守义　王汉林

催工鸣马闫友顺　高小良

僧人李师　王如千　杨满湖

计开外村庄施舍粮数

神前庄许堂施谷豆五斗　南圪塔庄张金谷豆四斗檩一根　张文谷二斗橡二根郭守学豆二斗

封头里南圪塔□□通等施谷一石四斗　赵山施谷豆七斗　张祥檩一根　张应富谷四斗檩一根　郭守道豆二斗

下□里□家河□□茹世金等施谷一石　李□□□□斗　张信□谷八石□一根　张应才谷二斗　郭应□麦二斗

刘福庄众人施谷九石　谷里村李鸠施□二斗　张□□椽二根　张应先□一斗　郭守宪麦一斗

河北里田□□施谷五斗　□□□□二斗　张□檩一根谷一斗　张应仓谷三斗　郭守祖麦一斗

通□□□施谷五斗　（阙文）张□檩一根谷一斗　郑文周椽二根豆一斗　郭□艮麦一斗

□□□□施谷一石　（阙文）张应金谷一斗　□□□谷二斗　□□□施谷麦三石三　（阙文）

（阙文）大麦四斗　□世辰谷一斗

（阙文）施大麦一石□斗　（阙文）大麦一石二斗（阙文）

时皇明万历岁次甲午□夏□六日

社首□里张鹏　程□

水官（阙文）

〇一八　修建玄帝庙记

明万历二十六年（1598）刊。

碑高141厘米，宽56厘米，厚24厘米。

现存于晋城市泽州县大阳镇西山村玄武庙。

【碑文】

修建玄帝庙记

宋家山，古名庄也。去城四十□，迤西十里许，即阳阿镇也。庄居群山叠障中，因以名焉。其风醇，其俗美，人多君子之行，是以阳阿大姓家多与之联姻结娅焉，而民风可知已。山分东西，山之东民多富庶，山之西民多窘索。观风者每病其乾龙迅速、离风冲毒，必建神祠镇之乃可。先时，西券有玄帝庙面东，说者谓：神不得所，民何受福？乡耆郜有贤、宋时、宋加粟迁於山之西北岗，建正殿三楹、东西耳殿各二楹，而神像则未塑也。万历丙申岁三月有三日，会玄帝圣诞之辰，本山善氏杨、赵二姓素耽善事，□（襄）然欲修葺焉。遂语人曰：善在人为，奚论男女？乃普化四方善信家，得其所资，於正殿妆塑玄帝神，东殿妆塑药王孙真等神，西殿妆塑子孙百子等神。兹迩工完，请余为记。余惟洪蒙判而万物各有所统，庙貌建而神灵各有所司。矧玄帝敕镇人间，善恶风化所系，药王活济生民，命脉攸关，子孙锡胤，广嗣宗祀，所赖二氏拳拳注意於斯，盖知重哉！以故殿宇维新，金壁辉煌，神威焕发，感应丕著。作善者有百福之臻，染疾者有勿药之喜，乏嗣者有悬弧之庆，福利宁有既耶？盖不惟四方沾被利益，而本山之民大见□福矣！风水之说，良不诬也。以斯知二氏之善，藉四方之资而善其善，而四方之福因二氏之力而福其福矣！二氏之功胡可没哉？余是之记，一则著神圣显赫之威，感应於有求；一则昭四方施舍之家，垂名於无疆；三则识二氏修葺之功，传世於不朽。故勒之石碑，万代瞻仰云。

沁邑庠生方泉刘登魁撰

后学常好学丹书

宋□福三两五钱　宋继祖施银三两　□□□施银二两　□□□施银一两八钱

赵守良施银六钱　孟门李氏钱一千文　□门孟氏银六钱　□门陈氏银□□　王府□泉施银五钱　宋朋　宋光　宋加谟　郜门赵氏银八钱　裴门何氏银一钱　裴门吴氏银一钱　朱泰□□□施银五钱　□继统四钱　裴绍祖　宋兴　裴门苗氏银二钱　张门□氏银一钱　张门王氏银一钱　李应唐钱三百文　宋长银六钱　□一鹏　张光范施银二钱　张门赵氏银一钱　孟门韩氏银四钱　庞门□氏银二钱　段孟贤　裴孝书　裴孝古　武永安　常好学　都门杨氏银三钱　宋门李氏银二钱　武门段氏银二钱　颜惟精　牛染　宋加庄钱二百文　宋□钱二百文　段子君银一钱五分　裴门宋氏银二钱　王门中氏　颜门宋氏　宋宠　宋加牛　董宠　宋奈　魏门宋氏　赵门王氏　赵门苏氏一钱　张东明　张教　张守国　李廷江施银三钱　赵计登钱五千文　李门孟氏　关门段氏　段门宋氏（阙文）

万历二十六年□月吉旦

女善人宋门杨氏　宋门赵氏

〇一九　增修护国将庙记

明万历二十九年（1601）刊。

碑高 150 厘米，宽 69 厘米，厚 22 厘米。

碑额书"增修将军神庙记"。

现存于晋中市寿阳县平头镇窑子上村将军庙。

【碑文】

增修护国将庙记

本邑社师张汝揖书阴

住持道士郭静深　徒张真□（铭）　高真撰

曲尺庄　下庄等

本邑山人高超书篆　男廪膳生员高可久撰

师祖张通喜　师李玄贵

阴阳刘登朝

张家庄旧有将军神庙，父老以为轩辕□功臣焉，未有考据。弟（第）旧制正殿三楹，孤栖于北阪，颇离民居，晨昏香烛罕至，且日久圮坏，外无垣堵，过者叹焉。有道士郭君静深，见之慨然曰：立庙祀神，古人岂无故哉！谅必有为国捐躯靖乱、竖节立功也者，谅必有为民扞患御灾、福善祸淫也者。今顾坐视倾颓而莫之修理，神不堪栖，其何以报当年之功德，祈无疆之眷祐也乎？於是就村长张汝川、张鸣桂等谋为增葺计。汝川等欣然曰：予辈素有此志，弟（第）无人以竟。君既如此，予辈敢吝财哉！於是纠众捐资，聚工鸠材，即令静深居持於中，以董其事。毁正殿，复廓而构之，易其朽蠹，砌以砖石。内金饰圣真，壁绘出入；外丹垩檐宇，碧绿橒桷。傍添龙王堂一楹，以为祈祷雨泽之所。前添乐楼并门楼各一楹，后添道舍三楹，外筑周垣。经始于万历丁酉，落成於庚子。嘻！良亦□哉！虽神工默相，所借於郭张诸君，不渺鲜也。且事事间灵耀尝示，震叠村翁，风雨时若，灾沴不生，异於他疃，疃人日就富庶，则向者之见，真有感之必应，而毫无爽挫者矣。越岁，请予为记。予曰：崇修庙荐，学者所不道，然所贵於修哉。岂谓鸟革翚飞，跂翼矢直，足以壮人瞻仰已哉！抑岂谓时焚月荐，魅告灾修，足以庇人私愿已哉！惟神正直无私，惟神报应不爽。我诚正人耶，忠孝与友信耶，不必祠神，而神靡弗歆；我诚不正人耶，不忠不孝与不友不信耶，即□建一兰若，岁起一萧坛，亦未之有庆也。将军在庙矣，将军之庙在君之乡矣。君之乡有能矢心报国、奋勇卫民如将军者乎？有能善则为之好，恶则为之恶，不骄不枉如将军者乎？有能移此作庙之费，以□馁人腹者乎？有能推此敬事将军之心，以孝事二人、忠待亲友者乎？有能持此笃信将军之志，以笃信伦常、崇正辟邪者乎？允若兹，则将军之心且乐与同寝而食、共游而息矣。何之而非庙也！何之而非神也！又何必需此虚祠土体为也。予见世之好祟钟神者，多不必尽清人也，故为此言以相勖云。

　　寿阳县知县郭应鹏　县丞高仰　主簿杨美　教谕胡赟　训道（导）赵荐　典史毋采

　　功德主张汝川　孙氏　潘氏　张鸣桂　张进荣　张伟

　　化头张邦秀　张德顺　张邦俊　张惟高　张云登

　　纠首张莱枝　张邦顺　张汝花　张凤岐　张汝周　张云高　张应科　张业　刘刁　张奉　张文翰

　　北燕周村塑绘匠李大义　男李应登　李德徒　刘仁孝　李禄

　　铁匠李桂　王应魁

　　石匠李资　李宾　孟春　□善友　吴静江

　　木匠苏明显

　　住持道士郭静深置买□□地　碾坡地四亩□□　庙前地一亩五分

　　僧人张明太舍银二两

　　万历二十九年岁次辛丑仲吕月谷旦立

〇二〇　武池村敕封乔泽庙创建献殿碑记

明万历三十六年（1608）刊。

碑高198厘米，宽68厘米，厚21厘米。

碑额书"创建献殿碑记"。

现存于临汾市翼城县武池乡武池村乔泽庙。

【碑文】

武池村敕封乔泽庙创建献殿碑记

本村邑庠生心宇乔印谨撰

郡庠生亨宇秦常太谨书

夫和氏之璞，天下之美宝也，待鉴识良工而后明；毛嫱之色，天下之姣色也，待香膴脂粉而后容；岳渎之神，天下之名神也，待宫宇殿阁而后灵。信乎殿宇者，神明妥灵之所，而亦神明保障社稷人民之府也，讵可阙而不建哉？矧我乔泽，滦神也者，初为汉廷名□（辅），智勇过人，勋庸满世，即噀酒一事，其神功骏德不第俯覃黔黎，而实仰彻玄昊，真所谓忠义并著，将相全材者也。逮至宋朝熙宁年间，濯灵越发汪泞闳流，其遗泽浸积於我翼之翔巅下，涌为巨泉，号曰滦池。是池也，源本深而浇灌翼地甚阔，至余疃被水恩尤剧，以故民徼不云而雨、不雨而□（泽）之深惠，倚为一天，咸神而祀之，若布帛菽粟然一日而不可离此神者。夫以滦神功德若此，业已有殿宇以栖之，又可无献亭以享之哉？於是，疃众切水源之思以图报，遂欣然程材鸠工，建庙貌於宋元。迨嘉靖岁，余先君讳璋与秦君柏青、李君玠、李君应坤定献亭地基，而余众又创建於今日，总之酬我滦神功德於万一耳。是工经始於季春之时，不两月，举凡正殿、耳殿、三门、献亭，俱巍然焕然改观而维新之。然营缮之工虽由人造，而其不日之成，实我滦神冥冥中阴佑默助之功居多焉。噫！滦神亦灵应哉！督工者李君成蛟辈惧后来者建修之无繇考证，又惧施□者姓名之不传也，颛属余以记镌石，余因而记之如左。

时万历三十六年岁次戊申首秋月上浣之吉

本村教读国材秦邦栋书

督工人秦良贵　□世荣　乔印　李成蛟　李应坤　秦登科

渠长李琥　李递春　秦常太

见年渠长庞纶　秦诗　秦应选　秦兴晋　李应诏　李秀春　庞绍　梁大宰　秦守道　乔梯　秦观山　乔登显

募缘人秦大安　李泽春

玉工人陈汝湖刊

〇二一　增修邑哭头村高禖祠记

明万历四十年（1612）刊。

碑高109厘米，宽42厘米，厚23厘米。

碑额书"重修高禖祠记"。

现存于晋城市高平市唐庄乡谷口村济渎庙。

【碑文】

增修邑哭头村高禖祠记

　　世传高禖神，司人世胎生之轴，道阐乾坤而男女成也，则释氏轮回之说也；即司胎生培覆之轴，随人缘业而修短分也，则释氏因果之说也。释氏杳哉，幻而不可为据，请以人事质之。夫泫之哭头村，奉白起坑赵卒地也。起以虎狼之众，伏□扼要，□赵卒而穿之，使四十万众骈首就戮，以为京观，故其后长平风雨（阙文）明兴，诏立赵王庙，俾有司时祀之而鬼声熄，土人更因泉为池，立济渎庙其上，而附以高禖祠为祝□一太观。每岁竟春三月，金鼓坝然，荐□燎薪之趾相错也，鬼声更何有哉。盖物鸣於不平而熄於其得平，此子产□所以折伯有也。於时客有过而吊焉者曰：嗟游魂之散□，分而构之，以其君弥怨蘦之为厉，分而重之，以其神□赵人之积□□在池塘之水滨，□哉乎。以多死之地转而开大生之门。於戏，此高禖祠之立也，□为协土宜而造民禧也。授古核今，事有明□，□有於释氏之衍衍，竟河汉而无极哉。第其祠故毕之未甚高□□矣。会邑牧父汝南许公所称乐□君子，嘉惠元元而□利其后嗣者，乃从邑氏李春熙之请，□□修之，以熙之损厚□为前矛，重以沁水名僧普乐者之持簿书而募缘广也。遂恢其址为大宇，於旧济渎庙之北，於时光映层□，功拟七级，□气□□葱哉，为群生育命府也，於以保子孙而利黎民。饶为之作，如是记。

　　总理为首李春熙　□男李之翰施银□□梁四根　冯世德谷一石　□全高施地二分计开施□于后

　　张治亚银三分□油□斤　赵祖益银三钱　郭俊彦银三钱　□明兴银二钱　杨时亨银三钱　□世高银二钱　庞思宠银一钱　隰州府□□□加寺同施格扇一间　张治家银三钱　赵昌祥银二钱　常廷贵银一钱　焦守祥银一钱　赵伯祥银二钱　焦守□银一钱　李□□□钱　肖□官　常时泰银一钱　姬目明银二钱　张廷贵银一

钱　□国祥银三钱　□明兴□六根　□俞月□钱　庞进□银一钱　□□男□李□银一□　□□兴银一钱　缑进义银二钱　□尚明银二钱　□守祖银一钱　王代□银一钱　□明珍檩一根　郜大利银一钱　宁□□建□银一钱　□□旺银一钱　焦一春银三钱六分　冯继先银一钱　□志□银一钱　□□□银一钱　王一夏银一钱　禀生□国□银三钱　禀生常毓和银一钱　李鱼龙银五钱　王惟俊银二钱　□思元银一钱　□□□□□□　赵启登银一钱　举人张□仁银五钱　常毓亨银一钱　张时珍银二钱　杨进享银一钱　邢自高银一钱　□□□银一钱　许国耀银□□　□跟□银二钱　□汝顺银一钱　张时仁银一钱　常毓英银一钱　庠生张有序银二钱　李得新银一钱　□奉禄银一钱　□□□银一钱　韩天禄银一钱　李□梅银一钱　张国纲银三钱　□化龙银二钱谷一石　李全谷一石　李天叙银三钱　朱田相银一钱　李□银二钱（阙文）　张国纪银二钱　庠生邢石头银□钱　李鱼化银三钱　郭宋雍银一钱　王官银一钱　李秉有银一钱　袁宗富银一钱　尚汝明银一钱　医官张思□谷一石　庠生牛文炳银一钱　赵征贤银三钱　张好学砖瓦一千　陈汝贵银一钱　牛力相银一钱　郭宗□银一钱　庞可贤银一钱

万历四十年壬子春三月

邑举人张国仁叔昭甫撰

同邑许治耕书

沁水县行胜寺募缘僧陈普乐创立

玉工尚自力刊

〇二二　重修东岳天齐庙舞楼三门记

明万历四十三年（1615）刊。

碑高136厘米，宽63厘米，厚15厘米。

碑额书"重修钟楼三门"。

现存于晋城市泽州县南村镇冶底岱庙。

【碑文】

重修东岳天齐庙舞楼三门记

我大明山西泽州治之西南三十里许，有镇曰冶底焉，乃山陕通衢，宦商交错日无辙。镇西传有东岳天齐行宫，群山背绕，流水面前，规制隆竣，其中桧竹林森列，金鲤跃渊。记载家大人武进士公戊戌年重修文綦详，诚群景之最胜，高人乐观之所也。创久，舞楼倾颓，三门破坏。偶有里人母病，祷而获祐乃感。乐施好善乡耆董世南、董正谊、董朝边、董朝敬、赵仲义、董宠、董思厚、李添顺咸聚而议曰：吾辈仰足俯给，庆有室家之乐，皆赖天地之恩，叩神灵之庇而获者，可不思所以报答之乎？各先捐资，后复资众，集工料计，称时兴理。起于本年四月初一日，告成于本年仲秋望日。新添孙真人、卫真人、马明王神祠。古像装严，竣极冲霄，翚飞远遂，金碧掩映，诚如家大人之所记也。夫能□（修）饰焕然，神人胥悦，日后嘉禾兆登，灾疫不作，永享百福，申重无疆，又岂不如家大人之所愿者哉？虽然不可度之，神即在，无厌射之心，使世南等诚能推广此敬神虔念，孝父母，敬长上，和邻佑，训孙庶，里有淳庞之俗，人游尧舜之天矣。予芜陋无似，素不知文，乃与正谊为骨肉亲，且与里民有资补情，矧世南等能继董仲继纲维之心以为心，予敢不遵家大人乐闻之志以为志邪！遂不避妄诞，直述所见，用质圣贤。

礼部儒官董正谊银一两　董思厚五钱　□□南文岩银五分　南轩施银一两　南德泉施银一两　□印书银一钱五分　典仪官蔡希颜银五钱　董仲元银二钱　孔匠孔添银二钱　常村□□记盘银五钱　还秀闫应时银一钱五分　张思廉银一钱　成九阁银二钱　董朝边银五钱　董世南银五钱　赵仲义银一两　董朝敬一两五钱　董宠银五钱　李天顺银五钱

瓦匠张光明银一钱　铁匠贾畏成银一钱　铁匠李大京银一钱

石匠还秀闫朝兴　　木匠白汝海银二钱五分　　侄白思忠银□□

泽庠学生杨储□撰文

万历四十三年岁次乙卯年重阳节吉日

紫金坛紫灵观道人张一顺

〇二三　重修佛堂碑记

明万历四十四年（1616）刊。

碑高183.6厘米，宽68.2厘米。

碑额书"重修佛堂碑记"。

现存于晋城市阳城县凤城镇汉上村佛堂。

【碑文】

重修佛堂碑记

赐进士第南京兵部侍郎桐阳卫一凤撰

在晋民风沕穆，不闻有天竺古先生也。至于今梵宇巍峨，巷理祠家置龛，无不诵说释迦教者，倘亦能为斯世、斯民造福也。兴邑北汉上里古有佛堂一所，庙貌日就倾颓，里信士姬长家等，欲修饰之，繇是各捐资力，仍募缘诸善良。所得钱谷若干，兼以本庙柏树银一十四两二钱，除金妆圣像外，建东殿三楹，南殿三楹。起工於万历三十一年七月，落成于四十四年七月。起辉煌之象，较前改观。嗟乎！轮回脱度之说，固不可宗。乃若明心见性，断欲守空，岂易言哉。咨尔众相劝勉焉，蕲无负此举也。谨序。

万历四十四孟秋吉旦

社首姬长家银三两四钱金一匣

青阳王正位银六钱　平□知县崔时芳银一两　台底观吴净身豆四斗　美泉里贾天祥银五分　上孔里贾思茂共银一钱　上李丘崔门刘氏银五分　美泉里贾应山金一匣　东进里李世山银一钱　青杨里原朝宾银一钱　化源里崔传芳银一两二钱　西寨上白至金一匣　福民里成艮银一钱五分　游仙里武守印金五百　通济里王大山银六钱　义城里张克盛金一匣　李丘村于世旺银五分　青杨里卫君相金一百　义城里张孟言银一钱　町店村王大辅银一钱　燕家沟王朝林　王朝用　王朝先　王朝兴共银三钱　大宁里王希韩银一钱　町店村琚子荣银一钱　李丘村郭崇道银一钱　泽州上庄村王守思银三分　沁水钓鱼台刘孟成金一匣　钓鱼台刘得寅　刘得库共银二钱　李思才银八钱五分　王田银四钱树一根　潘大才银四钱树一根　姬崇先银三钱三分树二根　姬子松银二钱五分树一根　姬长书芭一扇　李思秀银一钱　王加贺银一钱　姬二山银二钱　韩登第银六分　张希文银五分　张德海银一钱　张应山银四分半

王进现银三分

　　金妆圣像助缘姓氏

　　宋汝明　宋汝亮共银一钱　郭佳银五分　生员陈燧银二两　陈炯银五钱　姬孟秋银三钱一分　姬崇尧银一钱五分　李国宝银一钱六分　姬崇思银三钱五分　吴士兴银一钱八分　张应宝银四分半　监生王兆星银八钱　贾天佑钱三十文　陈彩银四钱　姬守富银一钱二分　王之先银三钱　姬崇秀银七分　姬从量　姬从义共银五分　李世豪银一钱　原兴银五分　原逢银一钱　姬崇让银二钱一分树一根　李国甫笆一扇方木一叶　李天福银一钱五分　李国秀银一钱　原渭银七分　梁进江一钱五分　李守还银五分　张门李氏银二分　张国太银五钱　姬崇旺银二钱　张时旺银二钱　姬守贵银四钱　姬崇兴银二钱三分　成大交银三分　梁进上银三钱　李守唐银五分　刘得饱　刘得食　刘得义共银三钱　李来生同男李占先银四钱五分　姬孟春银一钱四分　张从宽银二钱三分　姬崇安银九分　原三蛮银五分　梁子坤银二钱三分　李应坤银一钱　董思明银六分　姬长应银一两二钱　姬崇强银二钱树一根　王崇宝银五钱七分　王茂银一两　卫虎银一钱　崔兴银五分　梁守道银一钱七分　李应全银五分　张进表银五分　郭验民银三分　郑天相银一分　姬长本银七钱　姬崇卿银六钱　王崇尧银一钱二分　姬崇全银二钱　吉子荣银一钱五分又四分　于朝臣银一钱五分　王金邦银六分　李世川银一钱　张守库银六分　杨思全银一分　杨好仁银八钱　姬崇云银二钱四分又石柱一根　李君清银三钱五分　刘进贤银二钱　崔志银一钱五分　刘勤银三钱　杨好义砖二百　张雨银一钱五分　陈麦银一钱　张进朝银三分　田道银一钱　闫大江银二分　姬从宽银一两　崔同芳银六钱　李国相银二钱五分　姬崇道银一钱五分　张从贵银二钱　于家兴银六分　张国才银一钱三分　马尚德　马尚志各银一钱　张进孝银一钱　马应雨银四分　刘天赐银二分　王家赠银八钱四分　姬长才银八分　李国长银二钱一分　张崇新银一钱五分　原文秀银一钱二分　姬崇友银一钱　崔其远银五分　张崇秀银一钱　高奇银五分　吴云仁银三分　张君羊银一钱　原戈深银七钱树一根　王正国银四钱五分谷四斗　李国兴银一

钱三分　王书银银二钱　原文德银七分　宋廷山银五钱二分又银一钱　王忠银六分　王国廉　王国宝　王国安　王国真共银一钱八分　乔进道银三分　王化银六钱五分　姬崇福银四钱又一钱又枣树两根　姬国真银二钱　姬守己银四钱　吉子贵银六分树一根　刘子元银三分　王国臣　王国相共银五分　张德臣　张德民共银六分　闫宗廉银二分半　姬崇光银五钱　姬长权银三钱二分　王崇舜银二钱七分　姬国民　姬国良共银一钱　杨计成银二钱六分　张九山银一钱五分　梁一枝银一钱　闫希柳银二分半　张来释银三钱　崔裔芳银三钱　杨好礼银一钱七分　姬崇美银二钱四分树一根　张崇海银一钱六分　王收廉银五分　张应道银一钱　路正银一钱六分　张守仁银二分　崔门卫氏银二分　姬门孔氏银七分　崔门王氏银四分　常门吴氏银一分　张门常氏银一分

木匠王秉忠　王秉民

塑匠乔世蕲　男乔生　□生宁

石匠张思仁　男张尚福

募缘僧开明寺正福　孙园润　曾孙本里九甲效劳妙志银二钱　妙有银二钱　玄孙性财　真云　真雨仝立

〇二四　重修晋祠庙记

明万历四十七年（1619）刊。

碑高160厘米，宽68厘米，厚16厘米。

碑额书"重修晋祠庙记"。

现存于晋中市灵石县马和乡马和村晋祠庙。

【碑阳】

重修晋祠庙记

尝谓庙之制不有创建於前，无以开厥始；不有增修□后，无以□□终。矧兹昭济圣□，东有土地祠，西有马王祠，以及庙南龙王祠，其来久矣。所以呵护万民，福庇一方，将世世永赖者也。（阙文）金碧辉映，何如其壮观乎。迄今殿宇零露，墙壁崩颓，而圣像亦毁坏焉，甚非所以妥神灵而安人心也。适感生员田公讳应登字名魁者，诣其□而嗟然叹曰：斯神庙（阙文）系焉，生民之保障托焉，曷可令朽坏至此乎？遂归集香老而议修复之举，有香老田公讳厚等者曰：诺。复会（阙文）田山等皆曰：此举甚善，无可少缓也。咸同心协力，各笃虔诚，感化一村人等，有财者喜输，有力者乐效。□□登与□□董其功，纠首理其事。鸠工命匠，而不日之间圣像重新，而东西庙墙之砖包门舍俱修，而周围垣墙之补筑，以及乐亭加高，地基整理。至於献桌各备，而殿庭彰其五彩；乐工聿建，而砖门上创三楹，亦倚综理之周，营谋之悉哉。又有龙王庙，亦如前之坏者修之，朴者饰之，庙貌巍巍，俱焕然一新矣。此虽人力成功之速，亦上神默助之力居多也。厥功告成，庶神之可为护者永为护，人之赖为庇者常为庇也。然今日之重新，不有光於昔日之创建者乎。予原未优於文，特因乡人屡谒，姑序其事勒于石，以垂不朽云。

邑庠生张灿然撰

邑庠生田养民书

大明万历四十七年岁次己未应钟望日吉旦

香老田厚　温春　刘应夏　房朝宗　武进贤　田应海

施地人许忠　男许大清西原施地三坰　许大兴　弟许大旺西原施地一坰　其地并无粮草

纠首房朝祖　闫进通　房朝应　田山　闫兴　□津　生员田应登　王滕厚　刘应时　王大兴　温希圣　王大旺　闫进道　温尧　田应享　房朝相　房诰　田应期　田应禾　房森　武时旺　□兴　田值　田二甲　刘兴　程邦辛　房训　房润　□时登　张尧儒　温良　田好　田粟　田井　房谓　田□

泥水匠郑时　温良　郑养旺　温承敬

铁匠陈时爱　张兴　陈科　陈义　陈时德　陈登　陈选　张希明

木匠乔宗禹　乔宗圣　乔宗智　乔宗舜　乔实　乔高　乔□　乔兴　乔厚　乔俊

瓦匠梁大根

画匠曹永祯　李旺春

土工温继宝　田应□　田应亨　武时正　田应通　武时敬　田稀　郑天容　房正　刘□　赵九中　房□

住持道（阙文）

稷山县石匠薛明（阙文）

【碑阴】

田应□银□□　□□银□钱□分　田应□银□钱五分　□□□银三钱五分　田□银八钱　□□□银六钱□　房□应银五钱五分　房朝祖银四钱□分　房朝宗银五钱　王六兴银八钱　王大兴银八钱　王大旺银八钱　刘池银七钱　刘津银七钱　温光银八钱　闫□□银八钱　闫进道银八钱　张与立银四钱　生员张凤翼银六钱　张凫翼银二钱　田尧银一钱　房加增银二钱六分　房朝宫银四钱五分　房朝□银三钱　刘应时银四钱　刘林银三钱　刘应秋银二钱六分　温希圣银六钱　程颐荣银五钱　李大德银三钱五分　田山银三钱二分　程报新银三钱　田应科银三钱二分　生员田应登银八钱　□□□□六钱　田应□三钱　田应高银三钱　田应士银三钱　田应期银四钱五分　田应□银四钱五分　田应光银三钱　田应□三钱　田应节银一钱五分　田应五银三钱一分　田应旺银一钱□　田享良四钱五分　田应地银四钱五

分　田应禾银四钱五分　田应收银四钱二分　田应兴银三钱　闫进选银三钱五分　田应法银一钱六分　复自立银□钱二分　刘英银五钱　武时旦银三钱五分　武时成银四钱　武时旺银四钱三分　关祥银三钱六分　张尧儒银四钱　王滕厚银四钱四分　王时夏银一钱五分　王时登银二钱　王时科银二钱　耿时兴银二钱　耿时旺银二钱　王相银二钱　生员张灿然银三钱　□□银二钱六分　□□四钱三分　武夏银一钱六分　武福银□钱六分　房谓银□钱三分　房楼银三钱　房训银四钱三分　房棣银四钱三分　房森银五钱六分　房识银三钱三分　房□银一钱八分　房□银一钱　房备银一钱　乔□银二钱　乔宗智银三钱　乔周银三钱　乔兴银七钱　田甲银五钱　房□银四钱　田□银五钱　房峻银四钱　乔宗□银一钱　田应旺银一钱二分　田应湖银一钱六分　田应淮银三钱三分　田应祥银六钱　田应补银一钱　田应召银钱八分　田应道一钱六分　房西银二钱五分　田应巷银三钱　田应起银二钱　田应俊银一钱　田应井银二钱　田应□银一钱　田应□□□　田应□□□□　田□□□□　田□□□□□　田□□□□□　田□□□□□　田□□□□□　□□□□□□　田应时银二钱　田□银二钱五分　田粟银二钱二分　田好银三钱　田洗银五钱五分　田井银四钱五分　田植银三钱五分　田俊银一钱　温良银八钱　田才捐银八钱　温时爱银二钱　田应□银一钱　田应□银一钱　田应享银一钱　田精银一钱六分　田深银三钱　刘交银三钱　房根银一钱　房稳银一钱　刘应召银一钱　刘应思银三钱　闫进教一钱三分　曹汝福银一钱　田应全银五钱　陈时爱银四钱　陈时德银五钱　田应艮银三钱　田□泰银二钱五分　陈登银五钱　□只银五钱　刘登银一钱　郑□银一钱六分　□□□银一钱六分　刘□□银二钱　刘应爱银二钱　辛大根银二钱　刘维明银二钱　温□银一钱五分　温□银二钱　田应才银一钱五分　房朝念银一钱　乔宗舜银二钱　乔高银一钱　武廷付银六分　武廷信银六分　王□节银一钱　王时思银一钱　乔□二钱　房朝用银六分　乔实银一钱六分　武时敬银二钱六分　武威银一钱　田标银二钱　田舍银二钱三分　闫厚银二钱六分　刘积银一钱　刘科银一钱　刘登银一钱　杨应贤银一钱　田训银一钱　温恭银一钱六

分　闫登银一钱　房□银一钱二分　房礼银二钱　张□银六分　刘□银一钱　曹□银二钱二分　温□银一钱六分　武臣银二钱　闫科银一钱六分　张□□银三钱　王宰银六分　武□先银七分　刘□银一钱　□□□银一钱　张□银一钱　张□银一钱　闫一兴银二钱　张进明银一钱　闫时用银一钱　房廷义银一钱　武进德银一钱八分　郭天荣银一钱　田广庆银二钱　温和银一钱　广正银一钱　房正银一钱　郑有节银六分　温□宝银一钱　张福银一钱　刘□银一钱　张福银一钱　刘言银一钱　马希银一钱　张典银一钱　杨应选银一钱　程邦米银□□五分　温□敖银一钱　田之俊一钱三分　杨廷节银一钱　田兮银一钱　田□银一钱　田贺银二钱三分　王时兴银一钱　□□银一钱　杨应贤银一钱　刘浩银一钱五分　闫涌仓银六钱　刘士银一钱　□应木银一钱　刘□银六分　房牡银三分　王国俊银一钱　任文马银一钱

○二五　水神庙祭典文碑

明万历四十八年（1620）刊。

碑文连载于九块壁碑上。

第一块高62厘米，宽88厘米。

第二块高62厘米，宽100厘米。

第三块高60厘米，宽86厘米。

第四块高60厘米，宽93厘米。

第五块高58厘米，宽87厘米。

第六块高58厘米，宽77厘米。

第七块高58厘米，宽72厘米。

第八块高65厘米，宽81厘米。

第九块高65厘米，宽53厘米。

现存于临汾市洪洞县广胜寺镇明应王庙。

【碑文】

水神庙祭典文碑

赵城县知县刘为妥神恤民、定画一以垂万世事：

照得霍山明应王水神，北霍渠旧有盘祭，每岁朔望节令，计费不下千金，皆属值年沟头摊派地亩，每亩甚有摊至四五钱者，神之所费什一，奸民之干没什九，百姓苦之。本县一入境，即闻知此弊，及查阅祭品，血食止具一羊，余悉属面鱼、面蛇等糜滥无用之物，无论民财可惜，即神亦必吐。本县深为痛恨，校正月朔，酌定银四两，牲一羊、一豚，果品等物，比旧精洁，不事烦缛，余祭尽皆裁革，据此永行，神其可歆，民不称艰。又访得一等奸民，仍复科派，照旧不减，询之绅衿，皆称无籍，沟头藉口祭减，恐水小，其弊牢不可破。夫祭因水设，以报功德，非先有祭而后有水也。若以祭之烦简，定水之大小，假令陈牺牲于旱荒之野，可得涌泉乎？二簋可用享，又何说也？据此一语，真可发一笑。复行查选历年公直渠长，协同条议，校正季祭，并在渠各项费用，逐一细开明白。总计一年所费银若干，十年一周，每亩摊银若干，值年渠长陆续收入备办支销，再严行禁约，即奸民纵欲如旧科派，亦百法无孔矣。著成二簿，本县除一簿记卷以备稽查，一簿付渠长轮流收执，仍勒石永为定例，以便遵守，倘有故违，定计赃治罪，须如议者。

计开

一项　每月初一日一祭，酌定银四两：猪一口，重五十斤，银一两五钱；羊一只，重二十五斤，银五钱；馒头五盘，各处献食，银二钱；合文一百，砖箔一个，银一钱五分；酒，银三分；油烛，银五分；四处龙王、海场、关神、郭公纸马等，银二钱一分；各门神、上下寺纸箔，银一钱四分；每月常明灯油四斤，银一钱二分；每月细香、盘香，银三分；渠长公费，银一钱；渠司、水巡公费，银四分；廊下沟头公费，银五分；屠户口饭工钱，银八分；厨子口饭工钱，银五分；供役人公费，银一钱四分；调料，银五分；男乐四名，银一钱六分；十五日纸箔，银三钱；渠长公费，银一钱。一年共计银四十八两。

一项　清明、端午、六月、九月四节令，三牲一，设纸马等，银二两六钱。六月加羊一只。八月十五日，已有公祭额设银四钱顶补。

一项　二月初一日开沟祭，各处陡门、大小堰，每一处刀头一斤，银三分；献食，银二分；纸马等，银五分。共酌处银三两，渠长等公费在内。

一项　三月十八日圣诞：财二对，银二钱；宗猪一口，重五十斤，银一两七钱五分六厘五毫，副猪一口，重四十余斤，银一两三钱；宗羊一只，银五钱；副羊一只，银四钱；大盘五卓，蒸炉食二卓，银一两；果子三卓，银五钱；牌花一卓，银五钱；鸡、兔、鸽、鸭、鱼，银三钱；合文一百，砖箔一个，银一钱五分；六处祭品、纸马，银四钱二分。海神：猪一口，重四十斤，银一两五钱；羊一只，重二十斤，银五钱。郭公祠：羊一只，纸马，银三钱六分。另猪一口，重四十斤，作各处刀头用，银一两二钱；酒，银三钱；蜜，银一钱四分；香油十斤，银三钱；大烛一对，小烛五十根，油蜡，银三钱；厨子口饭工钱，银一钱五分；屠子口饭工钱，银二钱四分；调料，银二钱；吹手四名，口饭工钱，银二钱四分；响赛男女乐二十人，银三两；供役办祭人六名，银三钱。渠长等公费，银五钱：渠长二钱四分，渠司、水巡一钱四分，廊下沟头一钱二分。上共计银一十六两二钱五分六厘五毫。

一项　辛霍崛龙王四月十五日圣诞。小胡麻村沟头伺候，各村不用。羊一只，银三钱；馒头三盘，银三钱；纸箔，银八分；油烛，银三分；酒三海，银三分；供事费用，银一钱六分；乐户杂剧，银二钱。以上共计银九钱。渠长等公费系祭物。

一项　八月十五日：猪一口，银一两五钱；羊一只，银五钱。海场：猪一口，重四十斤，银一两五钱；大盘三卓，蒸炉食二卓，银七钱；果子，银二钱；酒，银一钱五分；牌花，银三钱；天财一对，银五分；合文一百，砖箔一个，银一钱五分；香油七斤，银二钱一分；蜜，银一钱；大烛一对并小烛，银二钱；关神等七处，银二钱一分；厨子口饭工食钱，银一钱二分；屠子口饭工钱，银一钱；乐人四名，银二钱四分；调料，银七分；供役办祭人六名，银三钱；渠长公费，银一钱八分；渠司、水巡，银一钱二分；廊下沟头，银一钱。以上共计银七两。

一项　正月元旦备绝大油蜡二对，一对在广胜寺供献，一对在城行宫供献，务点至正月终。银一两五钱。

一项　水巡上下往来，巡水偏苦，量处银八钱。

一项　廊下沟头三名，逐日听候使用，量处工食银二两四钱。

一项　二十四村沟头六十五名，每一名酌处工食银五钱。

王开不用看守陡口，又祭银不足，减工食银八钱，沟头照旧数；方堆陡门平伏，祭银不足，减工食银二钱；明姜陡口极近，不用人，祭银不足，减工食五钱。以上共该银三十一两。

一项　六十五名沟头上庙往来盘费银，每一名三钱，共银一十九两五钱。柴村近庙，盘费作动工用力。

一项　王乐、小胡麻二村，陡口偏苦，量处银一两三钱。内小胡麻止分三钱。

一项　柴村沟头近庙偏劳，量处银四钱。

一项　大棘陡口偏多难看，量加沟头银三钱。

一项　永乐陡口六处，渠堰遥远，顾觅看守，量加沟头工食银二两九钱。

一项　永乐寺渠长巡水住歇，加沟头应承费用银一两。

一项　于村沟头系下节关紧去处，量处银四钱。

一项　与下寺住持房钱银三两六钱，应承渠长、各村沟头歇宿，待盖房后议去。止应住宿，不得骚扰茶水。

一项　置买应用家使银五钱。庙户置买。

一项　看庙僧逐日洒扫、焚香、点灯，量处银四钱。

一项　渠长等修理旱堰约一十五日，费用银二两：谢神二钱，渠长九钱，渠司、水巡四钱五分，廊下沟头四钱五分。

郇堡、郭壁、方堆三村照旧备柴草。

一项　祭祀拜席无额设银两。本渠官地芦苇，渠长率领沟头收贮入庙备用，沟头不得在地科派。

一项　渠长五、六月巡水公费银五钱。

一项　猛水冲破渠堰，修完谢神费用，每次不过五钱，量动支余银。照次登记明白，夫照旧例信地应当。

一项　三年一御祀，朝使盘缠无额设，在值年八月十五日胙肉备办，或在官芦苇变价，不得摊地。

一项　三年淘渠一次，渠长等费用无额设，量给余银一两。渠长一半，渠司、水巡、廊下沟头一半，不得骚扰各里沟头，亦不得假称科派地亩。夫照旧例租种人应当谢神，动支余银一两。以上共费银一百四十六两二钱五分六厘五毫。

——上下二十四村共派银一百五十七两一钱一分九厘五毫，除费外，余银一十两八钱六分三厘，备闰月修理滚堰灰费，并海场、上下庙宇。以上银两渠长等收贮，临时令值月沟头备办，务一一登记明白，不得侵渔丝毫，余付下年渠长收贮轮值，桂林坊渠长修理庙宇支销。

北霍渠禁约：

——各里轮值沟头年分，早备纹银齐付渠长处备办，毋得临期低银搪塞，失误祭祀。

——北霍渠各坊里水地，据志共五万九千二百有余，今止报三万余，虽有口结，隐匿尚多。今后入夫簿办祭者，得公明用水，如系隐藏者，与旧例无夫地同罪。

——值月沟头备办祭牲，务与渠长眼同验过，不得临时刁难，以致复行摊派。

——渠长等备办祭具，时估不一，止就中酌处，不得数内克落，亦不得数外增减。

——渠长每出，已有额设公费，不得骚扰各里沟头酒席；沟头亦不得借应承渠长摊派地亩。

——廊下沟头已有工食等费，不得在各里绰收秋夏。

——各村沟头已有额设工食盘费，不得仍复科派地亩。

——各村沟头已领工食，须用心看守陡门，不得偷惰，以致侵破渠堰。如有侵破，本名承当许□地亩。

——各村沟头浇灌地完，即闭塞陡口，挨次兑流，不许重浇，亦不得以余水骗钱射利。

——三月八月祭祀，渠长率领沟头斋戒致祭，不许杂项员役搀入亵神。

——各村地亩值乡宦生员宗室姓名，令家人代替，其余必须殷实正身，不许无籍光棍包揽。

——下寺之设，原为看守霍泉，应承庙祀往来人等，往常科敛无数，今已酌定住歇公费，住持僧再不许在各里绰收秋夏。

——乐户响赛，已有公费，不许照旧绰收秋夏。其乐妇止供妆扮，不许贪夜入庙亵神。

——北霍渠一带，渠条内载有堆土，地阔一丈二尺，不征粮，被地邻侵种，以致修理渠堰，取土不便。今后许值年沟头耕种，以便修理，地邻不得强种。

——北霍渠一带上下树木，原为护渠，以防浸破，除本县公用，民间敢有擅自伐取者，渠长禀县究罪。

——元旦圣寿节令，渠长不许与道觉等村往来筵会摊派地亩。

——无夫地本不得用水，但既征水地粮，姑将余水照本等日期浇灌，渠长等不得需索揹勒。未征水地粮者，不准此例。

——渠长每年春季率领沟头沿渠空闲处补栽树木，共栽若干，如数执结报县，以凭稽查，如违究罪。

——北霍渠上下一带芦苇，除公用，余存贮以备修庙柴栈之用，庙户收掌。

——二十四村共水地三万四千九百一十一亩，一年每亩摊银四厘五毫，十年一轮，每年该地三千四百九十一亩一分，每亩摊银四分五厘。共摊银一百五十七两一钱一分九厘五毫。

计开

上节柴村五陡口，沟头四名，共地一千九百五十一亩。十年一轮，该地一百九十五亩一分，摊银八两七钱三分。

郇堡村三陡口，沟头一名，共地六百九十四亩。十年一轮，该地六十九亩四分，摊银三两一钱二分七厘。

郭壁村二陡口，沟头一名，共地一千八十亩。十年一轮，该地一百八亩，摊银四两八钱六分。

方堆村一陡口，沟头二名，共地六百三十九亩。十年一轮，该地六十三亩九分，摊银二两八钱八分。

大棘村九陡口，沟头五名，共地二千三百四十亩。十年一轮，该地二百三十四亩，摊银一十两五钱三分。

李宕村一陡口，沟头二名，共地一千七百六十亩。十年一轮，该地一百七十六亩，摊银七两九钱四分。

师屯村六陡口，沟头三名，共地一千一百七十九亩。十年一轮，该地一百一十七亩九分，摊银五两三钱一分。

王乐村一陡口，沟头二名，共地二千二百亩。十年一轮，该地二百二十亩，摊银九两九钱。

小胡麻村与王乐同一陡口，沟头一名，共地七百六十五亩。十年一轮，该地七十六亩五分，摊银三两四钱四分二厘。

伏牛村一陡口，沟头六名，共地二千九百七十八亩。十年一轮，该地二百九十七亩八分，摊银一十三两四钱一厘。

明姜村六陡口，沟头三名，共地八百三十八亩。十年一轮，该地八十三亩八分，摊银三两七钱七分五厘。

中节胡坦村六陡口，沟头三名，共地一千二百一十二亩。十年一轮，该地一百二十一亩二（分），摊银五两四钱五分四厘。

胡麻庄一陡口，沟头三名，共地九百六十亩。十年一轮，该地九十六亩，摊银四两三钱二分。

董村三陡口，沟头二名，共地二千三百三十六亩。十年一轮，该地二百三十三亩六分，摊银一十两五钱一分二厘。

胡麻东西村一陡口，沟头六名，共地二千六百四十亩。十年一轮，该地二百六十四亩，摊银一十一两八钱八分。

上纪落村一陡口，沟头二名，共地一千七百亩。十年一轮，该地一百七十亩，摊银七两六钱五分。

杨堡村一陡口，沟头五名，共地一千九百七十八亩。十年一轮，该地一百九十七亩八分，摊银八两九钱一厘。

永乐村六陡口，沟头三名，共地三千六十七亩。十年一轮，该地三百六亩七分，摊银一十三两八钱六厘。崇祯八年合渠于祭银内，入祭陡口草料银一两。

下节于村二陡口，沟头二名，共地一千一百二十七亩。十年一轮，该地一百一十二亩七分，摊银五两七分一厘五毫。

侯村四陡口，沟头一名，共地三百五十五亩。十年一轮，该地三十五亩五分，摊银一两六钱二厘。

王开村一陡口，渠司一名，沟头一名，共地四百一十四亩。十年一轮，该地四十一亩四分，摊银一两八钱六分三厘。

故屯村沟头三名，共地九百六十亩。十年一轮，该地九十六亩，摊银四两三钱二分。

南卫村沟头一名，共地四百一十二亩。十年一轮，该地四十一亩二分，摊银一两八钱五分四厘。

永丰村水巡一名，沟头二名，并孔村共地一千三百亩。十年一轮，该地一百三十亩，摊银五两八钱五分。

逐月沟头伺候渠长备祭村分：

正月，故屯、南卫村；二月，王开、杨堡；三月，上纪落、胡麻东西（村）；四月，王乐、小胡麻；五月，胡麻庄、伏牛；六月，李宕、方堆；七月，柴村、郇堡；八月，郭璧、大棘；九月，师屯、明姜；十月，胡坦、董村；十一月，永乐、于村；十二月，侯村、永丰。

节令听候渠长差拨。

分胙定规：

——每月朔祭：渠长猪首一枚，羊一肘，猪肉五斤；渠司猪肉胙二斤，羊胙一斤；水巡猪胙二斤，羊胙一斤；廊下沟头猪胙三斤，羊胙三斤；各里沟头六十五名，每名猪羊胙半斤；屠户猪胙一斤；柴村沟头猪胙二斤；庙户猪胙半斤；厨子猪胙一斤；办祭人猪胙二斤；乐人猪胙四斤；余胙并杂脏、祭品，在庙供事人等同用。

一项　三月十八日胙：

正堂大爷宗猪一半，宗羊一半；三爷猪首一枚，羊一肘；四爷猪首一枚，羊一肘；师爷各猪胙三斤，羊胙三斤；正途乡宦各猪胙三斤，羊胙三斤；四斋长猪胙六斤；工房猪胙三斤；渠长猪首一枚，猪胙一肘，羊胙一肘；渠司猪胙二斤，羊胙一斤；水巡猪胙二斤，羊胙一斤；廊下沟头猪胙三斤，羊杂脏一付；各里沟头六十五名，每一名猪胙半斤，羊胙半斤；柴村沟头猪胙二斤；庙户猪胙一斤，祭品一盘；住持猪胙一斤，祭品一盘；屠户猪胙一斤；厨子猪胙一斤；吹手猪胙四斤；乐人猪肉二十斤，羊肉十斤，杂脏二付。

——八月十五日胙：

正堂大爷猪首一枚连肘，羊首连肘，其余猪俱猪胙三斤，无羊胙。别项照三月例酌处。

——节令祭物俱供事人用，不分胙。

——三坊条例载在城大郎庙石碑。

赐进士第文林郎知赵城县事汝南息县刘四端校正立石

赵城县知县邢州吴道明　主簿邓俊科　典史于士杰

儒学署教谕张大行　训导马履祥

山东莱州府高密县知县邑人和阳王应豫

阖学生员杨守节　李附凤　卫之屏　李嘉祥等仝立石

万历四十八年正月吉旦

渠长张五美　李希白　高荣恕　王三乐　崔光前　卫国先　李成廉　续光信

石匠（阙文）

县□

〇二六　商山庙新建砖窑碑记

明天启元年（1621）刊。

碑高53厘米，宽80厘米，厚13厘米。

现存于临汾市洪洞县曲亭镇师村商山庙。

【碑文】

商山庙新建砖窑碑记

洪洞邑之东南师镇，乃晋大夫师旷之古（故）里也。里之东北，旧有商山圣母殿阁，缺东厢廊。里人范弘俭、任时科、任朝京等为首舍资，请道张阳泰募缘，创建砖窑三空（孔）。历年盖卷棚、置官地、栽树木，勤劳於庙。古云：人有善愿，天必从之。神明默祐，降福增寿，积德厚矣。同心喜舍信士，勒碑刻名，千载不朽，义者慕云。

计开

任时达施银一两四钱　□□李敬一施银一两　范弘绩施银二两　范弘猷施银二两　任道统　任德统施银四两　任时恭施银一两　李世馨施银一两　李隆春施银一两　杨成梁施银一两　范弘宪施银一两　范蓁茂施银一两　任承统施银一两　任继统施银一两　任万善施银一两　范治业施银九钱　李惠施银五钱　申东宪施银五钱　杨士美施银五钱　郑良翰施银五钱　赵克新施银五钱　张希孟施银五钱　张加誉施银五钱　任孝加施银五钱　王应昌施银五钱　李敬德施银五钱　范时进施银三钱　范继酒施银三钱　卫承旨施银三钱　范朝义施银三钱　郭起伦施银三钱　王国宁施银三钱　芦克孝施银三钱　李世祯施银三钱　郇有魁施银三钱　王一典施银三钱　张汝贤施银三钱　范□礼施银三钱　范朝宠施银三钱　范弘勋施银二钱　范彦卿施银三钱　范芝茂施银二钱　郭连机施银五钱　张承祥施银五钱　杨运宾施银二钱　郑应凰施银三钱　范继宸施银三钱　田守正施银三钱　王象春施银三钱　张承勋施银二钱　郭应时施银二钱　王应亨施银二钱　张尚忠施银二钱　侯连宰施银二钱　程宗岱施银二钱　燕国安施银二钱　乔起云施银二钱　姚宗贤施银二钱　申东方施银二钱　杨士登施银二钱　范进采施银二钱　申时吉施银三钱　申东琮施银三钱　申□宠施银一钱　张世朝施银二钱　杨朝胜施银一钱　王峰施银三钱　赵爱施

银二钱

　　为首社人李良贤　任时科　范弘俭　任朝京　范弘基　李兴　范弘政　任邦孝范苓茂　任时恭　张承启　杨维墉　秦东月

　　住持道士张阳泰　门徒任□□书　□□□

　　大明天启元年四月十三日立石

　　石匠赵登相　赵登富　赵登强全刊

〇二七　创建救苦十王碑记

明天启三年（1623）刊。

碑额书"立碑"。

现存于临汾市隰县黄土乡谙正村老君庙。

【碑文】

创建救苦十王碑记

隰城东约六十里许，里以村名曰谙真。有古迹金阙寥阳之殿面到五□皆负紫荆，其庙巍峨，其神森严，亦一郡之巨观焉。殿左创救苦十王殿三间，其殿建自万历丙辰之秋，财疏力薄，应无完日。道人梁上宇日夜忧之，不遑宁处，会同本村乡耆苏三，乐恳化十方士庶达尊随心施舍。金碧圣像，□画栋宇。当此之时，阴施阳报，神其统宗，降祸降福，掟若音响。非人之诚何以感神□灵也。若此功成勒石垂名赓续千载永久云。

护印道士梁上宇施银十两 牛二□□□十五石 门徒宋云光 王云辉 门孙苏成器 道□李其□施银□□

□尊施财信吉 苏三乐 男苏鸣凤施银□钱 苏□海 男苏养志施银五钱 曹尚忠 男曹东山施银五钱 王国 男王腊儿 王小腊儿银五钱梁一石 辛□书 男辛主敬粟二石五斗豆二斗 薛光明银五钱 史光前金一千 王运□金一千 刘邦爱银一钱 梁永富 男梁登雨 梁登库银五钱米一斗 王守用银二钱布一匹 曹尚万银二钱 梁永贵银□□□□ 赵九德梁二石（阙文）贾门赵氏（阙文）五斗 释□□□□银五钱（阙文）粟一石 房如惠金八百 本村女善人王氏□□□石 □门并氏化油 （阙文）信铁匠□□□银一钱 王运芳金五百 □□春金三百 □光□金三百 □□□金三百 □□成□□□ 刘登雨银六分 王□胡银六分 王遇春银六分 王遇□银六分 王治金一百 □□□金一百 □□应春金一百 □应登金一百 □□□金一百 王法金一百 运有金一百 王尚迁银三分 王承科银三分 王三畏银三分 （阙文）高进金一百 贾大春银三分 苏新时银三分 芦克全金二百 □界赵□进银一钱 □春通金一百 赵介民金一百 （阙文）

时大明天启三年仲秋□日

道士梁上宇　门人宋云光立

石匠王行□

木匠雷廷兴　男雷鸿春　雷鸿秋

泥水匠赵天得　男赵时俊

画匠徐凤阳　男徐春　徐登　徐科　徐自□□

〇二八　阳邑寺新建膳亭乐亭并砖天王殿墙记

明天启三年（1623）刊。

碑高97厘米，宽61厘米，厚9厘米。

现存于晋中市太谷区阳邑镇阳邑村净信寺。

【碑文】

阳邑寺新建膳亭乐亭并砖天王殿墙记

县庠生员总理寺工纠首邑人用齐杜全罍撰文

住持僧无瑕太□□

祭非其所祭为淫祀,渎於祭祀为弗献。神无德於民,与祀无定期者,祀典弗载。予乡东南□□□四卦李满庄,并予乡三村镇,世传为谷德将军韩厥出焉,名灰泉将军,即春秋晋大□□□□□也。旧庙在寺殿隅,规制狭小。万历四十三年修寺,改於三门内西半,东建白衣子孙□□□□□。灰泉利及一方,大士广嗣天下,每岁三月十五、二十五会焉,是为淫祀乎?是为(阙文)丝布为甚烦扰。且寺去镇远不便,守人皆虑焉。适酒商杜希礼等谒庙叹曰:寺(阙文)以砖矣,天王殿何不砖?且栖神有所矣,祀神有期矣,乐亭何独缺?予应曰:寺(阙文)又募三十金。乡人纵好施,连岁不登,能再举,后图未晚。礼等慨然曰:村中(阙文)十余,募数十金何如?至州果会银三十二两七钱,买树五株、瓦三间,并砖(阙文)就是工也,虽曰神祐,匪礼等不能完。工毕,特将始末志焉。寺之大工(阙文)

施银一两功德主杜怀义

八钱　贾文铁

七钱　王斐　王采　杨金□

五钱　(阙文)　杜天香　杜茂贵　杜苗

四钱　王金满　杨金凤　杜九溪　王一第　杨□

三钱　(阙文)　杜一道　杜秉道　王金英　杜一会　杜邦明　杜一茂　杜一的　杜邦周　杜(阙文)　杜体清　杜体增　杜体良　杜体栋　杜体权　杜彦　贾文魁　张甫　王(阙文)　杜邦海　杜天龙　杜体亮　王相

二钱　杜芬　张科　杜体安　姚登选　杨（阙文）　杜□义　杜仁正　杜国旺　杜一怀　李登　杜一刚　杜应登　杜柱　杜国枢　杜（阙文）　杜天宗　李登亮　张登海　刘邦林　杜秉贤　杜一广　王一文　王金中　王金斗　王金会（阙文）　杜弘用　冯金春　冯金秋　杨登付　杨柳　杨果　冯庆　杜一才

一钱　杜九（阙文）　杜茂春　张应官　师成　杜公正　安臣礼　杜弘盛　杜登英　杜体朴　杜体川　杜（阙文）　杜辛正　王谷　苗汝兴　杜果　杜一中　李天友　杜一宽　杜邦智　杜秉蓝　杜良弼（阙文）　张守月　杜秉香　杜竹　杜五　杜良节　张守志　王乔　王金元　杜一等　王仲武（阙文）

保安州会银纠首杜希礼　杜一道　杜邦弼　杜秉道　王金满　杜体敬　杜国卿（阙文）

总管纠首杜继荣

各社纠首杜一礼　杜威　杜天斗　杜一付　王林　杜一太　杨（阙文）

大明天启三年岁次癸亥孟秋吉旦

住持僧宗显　门徒永南　法孙太宝（阙文）

〇二九　添修玄帝阁碑记

明天启四年（1624）刊。

碑高 97 厘米，宽 47 厘米。

现存于晋城市高平市北城街道王何村三嵕庙。

【碑文】

添修玄帝阁碑记

追自先辈长者，创建此阁以凝风脉，其后里闬中果家基大发，俊秀挺生若然，则从来修补风水之说，信不诬也。今又有乡耆任自新、赵代仓、赵国太，同道人王常赐，复萌举意，欲崇尊神，获呵护，以佑一方，于是虔心纠众，施舍银两，竟恢扩其规模，光大其气象，鼎新如是。则风之培也愈厚，脉之结也弥深，里闬中之丕变，尤有不可量者矣。余身游其际，目睹其休，故将首领者、施银者勒之於石，以志不朽。

为首银六两　任自荣三两四钱　刘□二两　赵代臣一两五钱　张鸿□一两二钱

任奉先　任奉礼　刘尚忠　赵立功　以上一两六钱

任茂容　赵守银一两二钱

任自太　任希皋　以上五钱

师孔法　焦时友　焦万廕　以上四钱

刘尚礼　宁汝登　任茂玉　以上三钱

张昆化　任奉毕　任奉诏　任国相　任自秋　刘尚运　以上二钱

刘尚仁三钱　任加谟　任加俸

鏵件人任加庆　任茂先三钱

金　张崇顺　李好收　赵时旺　任春旺　刘应时　任尚鸾　张希宾　张自友　赵守
　　张汝旺　王尚德　赵一龙　任守田　赵一乡　任奉相　任民旺　以上一钱

志　任奉全　魏国克　郭时奎　任加运　赵国清　马孟收　王家民　王真　谢应
曾　李云山　郭一秋　李云合　王自良　刘自成　任养性　赵思茂　□应长　张希
敬　赵时叙　王新法　任加旺　尚立邵　谢应成　刘之发　秦邦□　□君英　任尚
　　马自立　秦一本　秦光德　任自夏　师明　宋邦□

邑庠生张九叙撰

玉工王国正　张文鳌

木匠冯国宰

住持王守□

龙飞天启甲子应钟吉旦立

〇三〇　妆塑菩萨圣像记

明天启七年（1627）刊。

碑高181厘米，宽69厘米。

碑额书"重修菩萨碑记"。

现存于晋城市阳城县凤城镇汉上村佛堂。

【碑文】

妆塑菩萨圣像记

万历丁酉科乡进士奉议大夫陕西巩昌府管理西碾等处屯兵水利兼造军器同知邑化源崔时芳撰

斯里也，余为诸生时频至焉。传云：西北有汉公主冢。其里名汉上，或取诸此。村之中佛堂一所，从来者远□窃谓汉武好佛而佛教始兴，则是乡之崇事乎佛也，其衣钵较他郡邑尤真，但堂制卑隘往岁□。信士姬君□□率众改作，仍创建两耳殿，东僧舍并南殿各数楹。时议欲更名曰兴龙寺，有释以为不便，遂中止，仍以堂称。顷余谢事者久，厌薄一切，安意逃禅，非佞佛也。凡山村□不云乎，无求莫问朝廷事，有耻难交市井人，三复斯言，谓即此是清净法门矣。兹里人姬君守已、姬崇卿、王崇舜、姬崇让、王正位等踵门告曰：吾乡佛堂之南殿，□华栋宇。虽就圣像久缺，合除本村捐施外，乃募诸别乡镇，得金谷若干，遂□中妆塑观音白衣地藏三菩萨。起工于万历四十四年十一月内，落成於天启七年十月完。金碧辉煌，庶几妥神而福一方矣，敢请为言以记。余谓菩萨者，佛之流也。佛觉也，所以觉迷也，迷何自生？盖夫人一心，情欲纷其内，事物扰其外。有染有着，安得不迷？毋摇尔精，毋撄尔神，絮沾於泥，水印于瓶，乃可云觉。沙门称大士，各持法力：一居南海救苦，一司人间诞育，一主冥府轮回。余以为神道远亦无容深辨，但从来崇奉者，每列其殿於梵刹之前后左右。固知其一本於西方圣人度脱群迷，有异名无异实也。道不远人，能自得师，心即佛，佛即心，佛是性，性是佛，旨哉言矣。诸姓氏得大书者，当无自负也。

天启七年季冬吉旦（阙文）

募缘僧开明寺正福　孙圆润　曾孙本里九甲效劳妙志　妙有银一钱　玄孙性财　真云　真雨同立

抗杆领社内下地一亩九分永远为记

社首姬守己银一两　听撰省祭姬崇卿银一两　王崇舜银一两　王正位银一两　姬崇让银一两

乡进士崔时芳银一两　化源崔传芳银一两　崔同芳银二两　白所蕴银三钱　通洛卫善银一两　姬辰家　徐氏银一两　下郊原文日升钱一千文　东进省祭祀李世山银一两　姬□全银一两　姬长印五钱　杨好仁银六钱　姬徒宽银五钱　姬崇美银五钱　通洛陈鸿续银四钱　生员陈鸿仁　陈鸿化西北厕坑一所　王贵孝银二钱　生员王祚明五钱　翼城马肇图银二钱　张克盛银二钱　大宁张汝林银　化源白沂志银三钱　石朝甫银二钱　石应甫银五钱　通洛张员金二百钱　孙大法金五十钱　崔裔芳银四钱　李占先银二钱　姬国贞银五钱　姬国正银一钱　渠从让银一钱八分　姬崇占银一钱六分　姬国良银一钱　姬国太银一钱　王正国银一钱五分　姬崇强银八分　张国臣银九分　姬崇福银一钱五分又□树二根　张希文银□十文　原文秀银八分　梁进上银一钱三分　梁进表银一钱　梁进江银二钱　马从其银三分　吴世美银五分　梁明其银五分　崇熏白太玉银二钱　张从宽银二钱　姬崇勋银二钱五分　姬国明银一钱　姬崇先银一钱三分　姬崇光银二钱五分　姬崇旺银二钱

省祭王世兴银一钱五分　李承甫银二钱　姬崇道银一钱　姬崇武银五分　李□春银一钱　李朝甫银一钱六分　姬门孔氏男崇一银一钱　崔兴银五分五厘　姬崇□银五分　杨记成银一钱　姬崇恩银四分　王崇□银五分　李新春银□□五□　成宗甫银□□□□　张国法银一钱　姬崇秀银七分　崔志银□□□□　姬崇教银二分　姬崇训银八□　王尚冬银□□　姬崇栋银一钱二分　王之先银一钱　姬崇兴银五分　杨好礼银一钱二分　吉有得银三分　姬从亮银七分　姬从义银八分　得虎银五分

郭廷然银三分　郭年银三分　宋汝亮银二分　宋汝明银四分　张得山银三分　张君其银一钱五分　张得海银五分　王加得银一钱　吉甲旺银一钱　王加禄银一钱一分　马□雨银一钱　□子宋银一钱　王有宝银一钱　张成才银一钱五分　姬须乾

银一钱　卫立国银一钱五分　李茂春银五分　李九春银一钱五分　王九思银五分　李景和银一钱一分　化源田新德金二百个　姬守珮银五分　张应宝银一钱五分　张正兴银七分　张正全银一钱　张应道银一钱一分　韩登明银一钱五分

姬崇运银五分　李坤银五分　潘凤起银五分　王官银五分　栗应贵小钟一果　原文兴银四分　张崇清银五分　姬崇三银三分　姬崇田银一分　张有兴银一钱　张从贵银三钱五厘　姬崇盛银二钱　姬崇高银三钱　韩登第银一钱　李世泽银五钱　原文得银五钱　王进甫银五钱　李天福银二钱　成大友银三钱　杨国法银二钱　马汝连银五钱　马汝得银一钱　马冯兴银五分　章训上门王氏银一钱

王国昌银□钱　张得□银四钱　尹立知银三钱　吴加秀银八钱

本里九甲僧张妙谌银二钱五分　李新春银三钱　羊泉张思仁银三钱　李先春银三钱　于加旺银三钱　李九春银三钱　□□韩登贵银一钱　王永宁银二钱　十王会王永刚银四钱八分　于加兴银二钱　王永安银四钱二分　李国宝银四钱五分　李国兴银三钱　王永康银六钱四分　李进甫银六钱　李国甫银六钱　王正位银五钱

金庄小佛女善人　本村　李门王氏银五分　张门李氏银五分　东进李□原氏银五分　王门田氏银五分　李门曹氏银五分　姬门徐氏银五分　崇熏白门成氏银一钱　姬门陈氏银五□　王门孔氏银五分　姬门宋氏银五分　李门裴氏金三十五个　石门李氏金三十五个　通洛李门王氏银四分　下交原门李氏银五分　王门杨氏银四分　李正杨门姬氏银六分　姬门徐氏银五分　张门李氏银五分　张门吴氏银五分　姬门赵氏银一钱　吴门姬氏银一钱

平头众女善人　张门路氏银五分　白门成氏银一钱　田门吴氏金五百个　白门王氏银六分　白门徐氏银五分　白门赵氏银五分　毕门赵氏银五分　原门李氏金四十个　吴门乔氏银三分　李门成氏银三分　王村女善人　王门卫氏银三分五厘　王门杨氏银五分　王门卫氏银五分　王奉明银七分　马门曹氏银五分　王门曹氏银五分　下佛　刘门齐氏银五分　杨门何氏银五分　王门翟氏银五分

裴门马氏银五分　裴门卫氏银五分　望川　卫大伦银一钱　卫门张氏银五分

成门常氏银五分　刘善　成汝兴银四分　闫门张氏银五分　润城　马门杨氏银二分
王天明银八分

  同男张尚□　张尚福同刊

  石匠张思仁

  同男乔常图

  塑匠乔永□

〇三一　重修润民侯龙王庙碑记

明崇祯元年（1628）刊。

碑高 150 厘米，宽 70 厘米，厚 10.5 厘米。

碑额书"重修庙记"。

现存于临汾市隰县下李乡下李村龙王庙。

【碑文】

重修润民侯龙王庙碑记

隰郡紫川北三十里乡曰李家村，东北山前古有敕赐润民侯龙王庙宇。自李唐创建，宋元重修，盖以此神霖雨天下，润泽生民，故建庙於兹，制辖一十八村。是以历世尊崇，报祀香火延绵不替。其庙正殿三楹，东西廊房并乐亭三楹。余闻昔在庙中有云雾龙蛇，人皆悚栗恐惧，恍乎如在其上，如在其左，□威灵显应可睹已。本州岁值亢旱，官僚士庶诣请郡内，设坛祈祷，即祷即应，明有征验，是神之有灵也又可睹已。庙宇多历年所，迄今倾颓殆甚。阖属各乡社首王国相、张永华、曹养登、王登云怃然曰：民之福依於神，神之灵依於庙，庙既雕落，神何依而民何福乎？矧今仍罹亢旱，三农失望，顾可坐视倾颓而不为重修之举也耶？遂督诸属，各捐资物重修，但工程浩大，独力难成，印□缘簿，募化缙绅士庶众善。鸠工庀材，葺修庙宇，翻盖正殿并乐亭，增兴门，塑五岳四渎，添五龙鬼判使者。烧砖凿石、包台砌路於庙下，塑土地、牛马王二神於两廊，革鼓一架，僧房二间。施地请僧住持，辰晚供事虔诚。自天启三年起造，崇祯元年落成。神像金碧辉煌，巍然炫耀，灿然一新。则神有栖止之所，人有祈祷，神必从矣。工完镌石，题名万载，以志不朽云。

本郡石匠凤岗崔岐书篆

汾邑王九全　王九会仝刊

静慧寺住持僧妙溪　门徒理资　清枝　常留

时大明崇祯元年岁次戊辰孟秋吉旦立

隰州知州姚施银一两

纠首王国相金一千　张永华金一千　曹养登银三钱金三百　王登云金二百　□武尚信　武尚贵　王世相　张盛

施金

生员蒙崇诰三百　刘汉升二百　苏师□二百　苏师武二百

苏师辙　曹思洁承正尊金一千

苏师辙男苏道昌施地二亩谷五斗　秦邦缙二百

史门张氏南　义官窦诚一百

儒士史鉴一石

各里老刘尚礼五百　曹计千三百　苏光祖一百

一管社善友村神首王汝孝　丁大显　王应春　秦元祥等粟十石金二千

二管社骞家庄神首刘光儒　严治心　刘三省　袁国忠　许汝魁　秦养贤　秦煦等粟十石金一千

三管社上下太平纠首王应秋　曹思洁　王福正　成大有　刘永宁　王国贤　王应体　王汝元等粟十石　外王应秋三百　王有全三百　王有兴一百

四管社张村王家庄圪塔头纠首邓福生　刘中兴　刘应其　牛春泰　牛三盛　苏俊民　王汝孝　邓福厚　任登雨　邓养民等粟十石金一千七百　外牛春泰三百　郭廷相一百

五管社前后峪桑株坡纠首刘朝玉　穆逢金　蒙养身　穆汝万　陈继福　张登全　许登科　穆永才　穆永伸等粟十石　外刘朝玉金三百　贺景云二百

六管社硖石村纠首张守仁　张永泰　张永孝　张永康　张永楼　张国柄　张国兴　张国栋等粟十石　外张兰三百　张问仁二百　张守仁二百　张永孝五百　张国柄三百

七管社郑家原白龙武家庄纠首武尚智　刘国兴　刘尚万　刘自新　解演会　邓养志　王登魁　武朝光等粟十石　郑家原武家庄金二千　外刘尚□二百　王自明五百　邓养志一百

八管社横水桥山神峪纠首刘国万　颜春林　李桂中　张国万　贺汝枝　庞邦满　丁希林　白登科　郭九完　郑新科等柴炭八十驮折粟一半共粟十石　刘光云

九管社上下均庄纠首生员任自恭　李成才　任守伸　生员任继禹　冯应亨　任光□　任弘香　许汝辉等粟十石金一千

十管社上下李村安乐沟长寿王国正　贾汝林　刘承科　郭存郊　张国新　刘三□　贾元道　贾汝舟　丁春泰　王永盛　邓希尧　丁士选　丁宜进　丁宜通　丁养成等粟十石

上李村施主王国正一百　贾汝林二百　王焕一百　王灿三百　张国千二百　贾□□二百　韩光全一百　韩邦才一百　高节一百　刘光裕一百　王自明　张登元□□盛　郭存□三百　刘承科一百　许汝明二百　郭存胜二百　张国万一百　曹养明一百　郭□道一百　李□□一百　张国明一百　贾应学　李登才

下李村邓继芳二百　王孝一百　王登雨一百　王登玘一百　崔凤渐一百　王有金一百　王有银一百　韩守信一百　刘一舜一百　张自恩一百　韩登云一百　白登雾一百　王成一百　王有敖一百　王桂枝一百　郝时兴一百　刘进学一百

余附碑阴

〇三二　佛殿碑记

明崇祯二年（1629）刊。

碑额书"佛祖碑记"。

现存于晋城市泽州县柳树口镇北石瓮村三教堂。

【碑文】

佛殿碑记

毋守志舍三门一坐（座）

盖闻杨墨之道不息，孔子之道不著。所以诬惑人心，充塞仁义者也。虽然如来一脉，道最玄而理最微，环世界尽是尊佛者。伟哉！如来无形有形，变化无穷。后天地而生，知天地之始；先天地而没，知天地之终。非日非月，光之所及者远；不江不海，浸之所及者博。於是道浸人心，随世而显化；化度无量，感处而倾心。故高都之东，有毋氏者，其乡名曰北石瓮。其地则脉厚景奇，其人则甡善淳庞。以佛心而化愚迷，度人，人而向善；协心，心而竭诚。於是感戴如来之妙法，属耆老而议曰：当修佛殿以摄人心。遂令人，人而应曰：诚哉是言也！遂於壬戌春，同心戮力，创建佛殿三间。东有圣贤，西有蚕姑，威光普照，福锡一乡。斯时也，功愈还而人愈虔，庶乎有子来之象也。於己巳秋，殿宇周完，人心乐就矣。此虽众力，亦神助也，又非神助也，正感其佛法之妙，有不知其然而然者也。何也？神人一理也。使非众力，胡以为殿？使非佛光，乌显人力？倘所谓神意、人意者，此也。有不为碑以昭世，世之作善不长也，故有短引以为记耳。

苗璿民银三钱　赵凌云三钱　毋从香银一两二钱　毋从贺银一两二钱三分　毋从友银九钱　毋从好银六钱　毋从其银五钱　毋从选银六钱三分　毋从松银七钱　毋从现银四钱二分　田思荣银一钱　毋从奎银一钱五分　刘大禄银一钱二分　何氏银三钱　赵氏银三钱六分　郝孟强银一钱　毋大成五钱　毋从运银八分　毋尚存银一两五钱　毋东俊银五钱　毋东楼银一两一钱　毋东房银一两三钱　毋尚稳银一两　毋东许银七钱六分　毋东宽银一两五分　毋东富六钱七分　毋东荣银八钱　毋东尧银七钱　毋东雷银三钱七分　毋东淮银四钱一分　毋东财银三钱　毋东堂银三

钱　刘守敖银四钱　毋东潲银五钱七分　刘守仓银二钱四分　毋东宣银二钱　毋东川银二钱　毋东轩银一钱四分　赵大林银三钱　毋东昌银二钱　刘守朝银二钱　许希贞银一钱五分　刘守兴银一钱七分　毋东闰银一钱六分　毋东真银一钱　毋东运银一钱四分　毋东教银一钱　赵大全银二钱七分　刘守富银一钱三分　刘守全银一钱　毋进朝银一钱　毋进昇银四钱　毋东和四分　毋东如三分　毋东齐九分　许尚林六分　毋连住七分　孔朝先五分　刘贵库银一钱

毋从选栽东柏树一科　毋东房栽东南柏树一科同赵木林　毋东才栽西柏树一科　毋从松

崇祯二年十一月廿八日立

社头毋从香　毋从贺　毋从友　毋从选　毋从□　毋木许　毋尚□　毋东楼　毋东堂　毋东财　毋东淮　毋东房　刘守敖　毋东川　毋东宪

木匠吕妊成

化（画）匠陈书　王印登

刊匠王应科

〇三三　重整殿宇补建献亭戏楼碑记

清顺治九年（1652）刊。

碑高140厘米，宽57厘米。

碑额书"皇帝万岁"。

现存于晋中市介休市大靳乡小靳村东岳庙。

【碑文】

重整殿宇补建献亭戏楼碑记

县南三十里有都曰小靳村，本村有庙曰东岳圣，其来远不可考，以为邻近各乡之保障。每年三月二十八日，十八村轮供其神，迎献其戏。一隅之民莫不享其灵护，任土贡求，仰神庇佑。历年久远，殿宇不清，缺少献亭、戏楼。有本村乡长阴汝海、郭应科、陶大功、陶应兴、陈天赐率同住持僧海玉会及众乡，募化资财，重整殿宇，补建献亭、戏楼，复整如新，神人共妥，略记其事。

今将施财众姓开列於左

独栾村出银人数

礼部儒官宋国礼施银三两三钱　己丑进士宋奇杰施银五两　宋添德施银三两　宋奇禩施银三两　宋添积施银一两三钱　宋国科施银一两二钱　宋从禹施银一两　宋得超施银一两　宋从舜施银五钱　宋守钦施银五钱　宋坵施银一两　郭奇才七钱　郭希才　宋国智施银五钱　张应汲银三钱　温世恩银一钱八分　王奉元银一钱五分　陶大全银二钱　宋国彦银一钱二分　宋国章银一钱二分　王一寿银一钱二分　宋守采银一钱　宋奇元银一钱　宋学诏银一钱　宋学诗银一钱　李尚秀银一钱　张应孝银一钱　宋国广银一钱　吉汝秋银一钱　宋国孝银一钱　宋朝伟银一钱　孟朝儒银一钱　宋学伦银一钱　吉汝冬银一钱　李尚旺银一钱　宋国祯银一钱　李福兴银一钱　宋学□银一钱　宋国□银一钱五分　宋□吉银一钱　张□□银一钱　宋氏五分　陶氏六分　焦氏银一钱二分

大靳村出银人数

王汝兴银一两三钱　王应好银一两　王应科银一两　李克让银一两　宋大美银一两　宋继舜银五钱　宋继禹银五钱　王永顺银三钱　王国贞银三钱　乔俊喜银三

钱　郭进友银三钱　王永孝银三钱　梁□玉银三钱　王汝业银三钱　王永立银三钱　王国臣银三钱　王汝厚银二钱　梁承兴银一钱五分　王应臣银一钱五分　王承辉银一钱　王汝旺银一钱　王祥奇一钱　王承旺一钱　温国俊一钱　王汝才一钱　王俊福一钱　王永春一钱　李俊英一钱　王承俊一钱　任臣保一钱　郭应兴一钱

槐志庄出银人数

安应夏银五钱　宋守礼银五钱　阳大祯银一钱　安应□银一钱　胡明祥银一钱

侯堡村出银人数

宋朔玘银五钱　周起元银四钱　封九仚银二钱　封殿弼银二钱　周三元银二钱　封学信银一钱　□□喜银一钱

独栾村纠首宋天积

大靳村纠首王应科　王应好　李克让

焦家堡村纠首焦立海　焦国运　焦正光

侯堡村纠首宋朝起

马堡村纠首宋文春　任奉强

西光村纠首宋元贞

陶家庄纠首张时旺　张时福

长寿村纠首曹命□　温希龙

〇三四　增建角殿西房碑记

清顺治十一年（1654）刊。

碑高46厘米，宽96厘米。

现存于晋城市阳城县凤城镇汉上村三官庙。

【碑文】

增建角殿西房碑记

创建大殿在明天启三年，布施姓名失落未开。又建角殿三楹，西房三间，布施姓名开列於后。

原总理社首

王文得施银一两二钱　姬尚海施银一两　王上全银七钱三分　姬尚玺银一两二钱

赵思会银三钱　吉世兴银三钱　姬玮银三钱　王上才银三钱　原明经钜工四日　牛明工三日　生员崔鼎铉施大杨树二棵　崔鼎实银一钱　崔鼎养施大杨树二株　生员陈鸿化檩柱方六叶　陈鸿纪银五钱　姬尚荣银十两　崔璘银一两　姬尚达银一两　王甫银一两　姬尚标银三钱杨木一根　张正全银七钱五钱　姬尚宝银七钱　张正芳银七钱杨木一根　姬尚增银七钱　张正美银六钱　李养金银六钱　姬尚通银五钱　李禄银五钱　姬顺时银四钱　姬顺奇银三钱　王崇福银三钱　姬顺芳银二钱八分五厘　成国才银二钱　韩世宾银二钱　杨俸银二钱　王崇仕银二钱　李国壮杨树一株　杨贵银二钱　李成选银二钱　王京银一钱九分　于加明银一钱五分　窦之美杨木半株　李梅银一钱五分　姬泽远银五分　原其林银一钱　姬从寅银六钱　毛汝兴银一钱　姬崇盛　妻张氏银一钱　贾成光　贾成教银二钱　米侯山银一钱　卫明学银九分　送号十二人　姬璋银二两　王同银二两　姬锦银二两　李养性椿树一株　瓦一千二百钱二百文　毛汝新松椽一根　姬直柳树三株　姬顺亨银一两七钱　韩国宁银一两三钱小杨树两株　王上云银一两五钱　姬善银一两二钱　姬润银一两八钱　张承业银七钱二分　张鼎银五钱五分半　又收□山会本利银二两六钱（阙文）　通共收银三十五两七钱（阙文）

大庙杨国才舍后凹地二段计地七亩杨树一棵　李禄　姬顺亨二人舍南坡道边杨

树一株　卫明法同侄世朋舍柳树沟北一半　王文得舍柳树沟南一半　崔宅舍本庙东房地基

大清顺治十一年岁次甲午孟冬工完吉旦立石

姬尚玺书丹

石匠王进忠刊

〇三五　隰州暨石永蒲太施财乡绅檀越碑

清顺治十八年（1661）刊。

碑高70厘米，宽98厘米。

现存于临汾市隰县城关镇小西天。

【碑文】

隰州暨石永蒲太施财乡绅檀越碑

隰州暨石永蒲太施财乡绅檀越开名於后

直隶大安县知县刘余泽施银三两　信□牛大彰施银五两

直隶河州府□城县知县刘清秀施银三两　牛奎光施银三两

山东府南□长清县知县牛龙月偕男生员牛中麒施银二两

直隶凤鸿府□淮县典史李毓桂施银三两

廪生刘清毓施银一两　张润兰施银二两　民王曰等三两

监生牛居月施银五钱　史志施银一两

监生牛联月施银一两　牛朝进施银一两

钦派山西盘道梁守备刘振邦

信生宋启盛五钱　宋永昌五钱　窦元盛一两　贺栋隆一两　张文达一两　宁天开五钱　张联翼五钱　刘余祥一钱

纠首康成四两　王运奇二两　任元烈二两　王万盛二两　张成斌一两　薛教治二两二钱　张俊仕二两二钱　秦惟熙二两　卜汝庆二两　张守俊一两　杨起龙二两二钱　贾进荣一两五钱　许承鼎一两五钱　王天衡一两　豆国政一两　薛光斗一两　赵进忠一两　王照相一两　吕可信一两　刘光仕一两　贺弘英一两　史继事一两　任继俊一两　贺名儒一两　唐孟兴一两　王运一两　梁和一两　秦之乡　王加让树一株　杨门卢氏□□

解孔道三两　呼国相八两　贺九雾七两　李果先十两　贺君眷四两　贺建辉四两　呼邦体二两　刘邦宁五两　靳自思三两　张新美三两　贺有仓三两　徐汉青三两　刘明日三两　郭明心三两　郭邦科三两　呼邦生一两　刘朴一两　张有仓一两五钱　贺三□一两　王建禄二两　呼邦玉一两　乔应明一两　牛学易一两五钱　郑明云一两　阎学礼一两　刘福全一两　王进宪一两三钱　马养晋一两　李森林一两

刘体然一两　高禾翠一两　张进财一两　任道毫一两　陈学诗一两　王守库三两　史天雨一两　白云一两　尉□强二两　刘希秋一两　张希全一两　曹发春□□□

　　曹代树三两　贺登科　李庆柱一两　呼从玉一两　白仕登一两　张历一两六钱　白永兴一两　康福仁一两　郭登朝一两　田白盛一两　李思宁一两　张自强一两　杨光明一两　刘应兴一两　刘朝阳一两　刘光俊一两　杨登第一两　关易青一两　孟允孝一两　贺有财一两　白光月一两　冯天成一两　白启福一两　杨自日一两　仕国宠一两　侯登林一两　裴尚兴一两　张进□一两　张进宁二两　张进番一两　张时禄一两　苏太绕一两　僧太柄五钱　如□五钱　净善五钱　如智一钱　惟成一钱　李金仁五钱　王真性五钱　孙真戒五钱　王运粹树　张文遵树

　　张世法　薛盈仓　本山隆绕一两　隆镇三两

　　各施银五钱　张弘运　贺守元　杨起凤　张云翼　薛承唐　郝尚义　史弓　邓奇才　豆毓秀　宋元亨　宋元通　刘三乔　李存心　李新科　李登进　王凤鸣　贺乘凤　任大宠　王右奇　武世显　梁光显　严正藏　尚登进　张文鼎　张世才　任泽民　张登鹜　苏兰右　秦际隆　负珠奇　李和茂　石光明　赵应登　孙呈祥　穆光代　穆光翰　贾自安　梁汝迁　呼有誉　贺国治　张肇光　薛国才　张□□　刘子儒　刘国才　王□□　王凤　许启承　王贞　薛登姣　王□□　卜进禄　张天才　任尚元　贺时亮　杨显盛　张国政　侯自进　任道川　霍进臣　霍尚云　宁应春　曾养□　侯学志　王刚爱　王刚全　王凤安　贾自丛　贾自强　卫应礼　张进全　王立凤　贺天有　徐天仓　高天福　杨泰云　武自识　任尚全　李自身　史进学　李时荣　武朝养　冯养盛　李养正　李正威　王孟元　呼必通　贺进福　贺进禄　贺汝福　贺汝禄

　　各施银三钱　刘光丙　刘光云　张振民　徐民善　马天满　郭邦德　薪斗光　窦承岩　杨之俊　亢求福　严启信　豆元蓝　王正　曾加顺　武世庆　尚国显　康永昌　薛福康　王月计　朱守太　李国旺　冯加庆　乔凤鸣　苏求渊　康永盛　张凤麟　武宪　邓承会　许琏　许承业　李邦胜　李洪加　孟之利　闻□宁　邓进仓

满国奇　韩文选　负基隆　王大才　牛天晟　牛天月　牛永吉　樊满仓　申明祥　任道山　贾尔　任一邻　任新会　王守满　张大成　王益才　薛国□　任道宏　任新会　曹自旺　张惟勒　杨承兴　冯宗才　冯俊才　谭正理　刘凤起　薛强初　李自云　李迎祥　亢永礼　秦光严　牛盛兴　刘尚万　刘诚意　郝崇辉　张进　张希曜　李生香　尚有会　冯进仓　孙顺　刘登才　双荣忠　郭新发　郭相垣　姚世德　刘登雨　张兴　张自兴　王登云　王清　豆玄极　贺体泰　左应杰　曹有禄　王进城　吴林　冯体川　许应登　王养财　张光明　王国金　白氏银（阙文）

明创建千佛庵募□住持紫衣沙门道亮　徒兴秀　孙隆鉴　隆镜　隆钟　隆镇　隆钥　重孙传瑚　传玺　传瑱　传理　传珧立石

维大清顺治十八年十二月初八日谷旦

铁笔崔良栋　崔良才仝施银一两镌石

〇三六　重修拜殿碑序

清顺治十八年（1661）刊。

碑额书"拜殿碑记"。

现存于晋城市泽州县柳树口镇北石瓮村三教堂。

【碑文】

重修拜殿碑序

粤自两仪判而郊社立，礼乐备而蒸祷行。所以感覆载之硕德，昭人心之寅畏者也。自古圣帝明主□□治国之功绩，先举肆类之巨典，后人尊之行之，良有由矣。虽然过墓思哀、入庙思敬、体物□□之盛德也。迷庶无知，荷日月照临之弘恩，处处建庙兴寺以酬报，沐雨露灌溉之深仁，在在筑坛设馔以明心，敢有不竭诚竭力以上达哉？于是濩泽之东南隅有毋氏者，乡名北石瓮村，其人淳而厚，其风朴而质，其山川秀气巍巍可瞻，其松柏茂林青翠可玩，洵佛地也。中有南拜殿，历年多而风摧雨洒，基址颓圮而圣像尘埋，可悼哉，亦可修矣。村主众姓人等辈，沐其化、其泽，为之重修焉，奈独力何？乃属耆老而告之曰：当理庙貌摄人心，我辈当同心戮力，共成圣事！众乃欣然鼓舞曰：善哉，善哉！愿输资财以充其用。斯时也，经之营之，有子来之；不日成之，有神速之。效修其拜殿三楹，栋宇雕梁，焕然一新；其圣容，森然如在；此殿此宇，西方极乐景，青羊嘉会图，杏坛洙泗形，即此而复见矣。东有圣贤，西有蚕王，何壮丽乎！诚可志耳。乃属予作文以勒石，但予才鄙识浅，不克此请，奈东楼、进金等恳请何？不得已而勉为短引，以示后之继志述事者，恒为世世鉴观云。

苗宅苗晋元　苗普元施舍杨树椿树二　粮管家一□　毋从田豆二斗　毋从苗豆二斗　陈尚洪施银一钱　毋从强豆一斗五升　毋东楼施银二钱八分　毋东政施银三钱　毋东宽施银二钱六分五厘　毋东科施银六钱　毋东教施银五钱四分　王国安施银二钱　毋东安施银五钱　毋东友施银五钱四分　毋东问施银一钱□分　毋东全施银一钱四分　毋进朝施银二钱八分□基一间林四尺　毋进金施银六钱　毋才显施银四钱九分　毋旺元施银六钱　毋旺显施银五钱三分　毋进忠施银八钱　毋旺贺施银

五钱三分　毋进佘施银六钱九分　毋林显施银四钱九分　毋治庄施银四钱九分　毋旺喜施银六钱　毋进魁施银五钱四分　毋进孝施银二钱五分　毋贵显施豆一斗五升　毋得才施豆一斗五升　毋得□施豆一斗五升　毋旺治施银五钱三分　毋旺安施银五钱□分　毋旺云施银五钱四分　毋得朝施银五钱四分　毋旺明施银四钱九分　毋旺宁施银五钱四分　毋旺得施银五钱三分　毋旺银施银五钱四分　毋旺成施银一钱　毋玉泉施银六钱　毋玉心施豆一斗五升　毋玉春施豆一斗五升　毋玉成施银一钱　毋玉治施银一钱　毋玉龙施银一钱　毋旺清施银（阙文）

石匠张崇银

顺治十八年八月十三日立　术士赵思元撰

为首毋东科　毋进金　毋旺元　毋进忠　毋进余　毋旺喜共录　远为记耳

〇三七　迁修圣母庙记

清康熙三年（1664）刊。

碑高 134 厘米，宽 56 厘米，厚 18 厘米。

碑额书"碑记"。

现存于吕梁市离石区交口镇石盘村圣母庙。

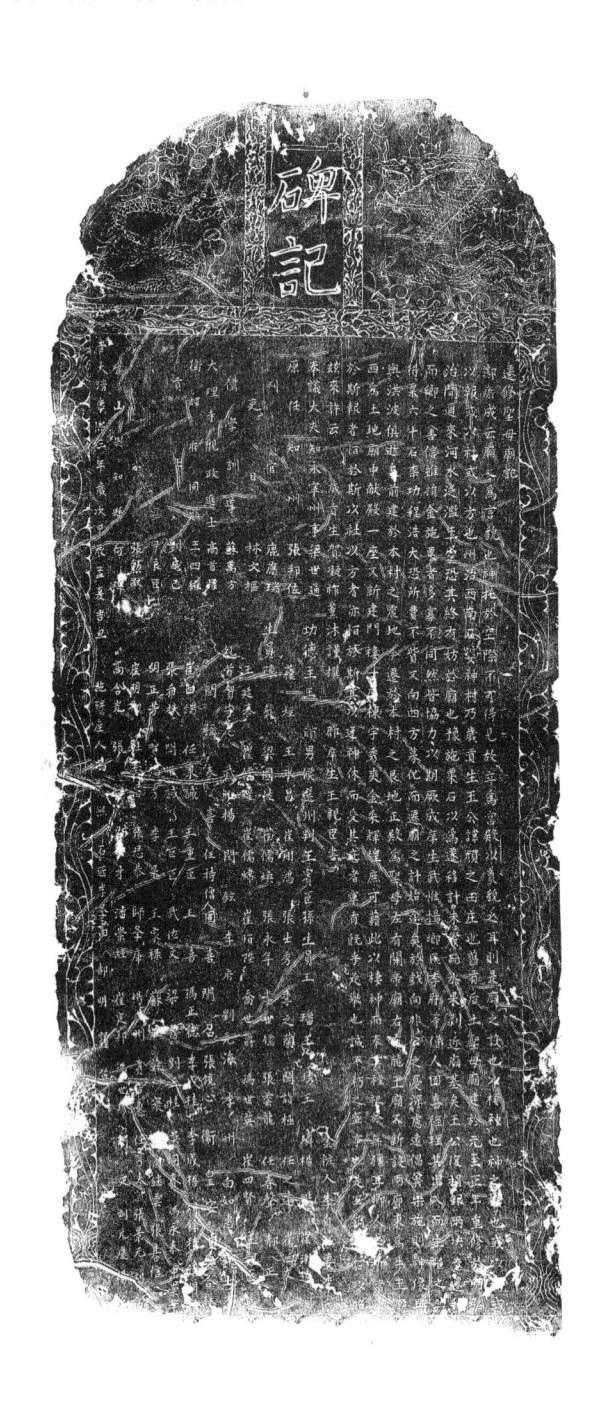

【碑文】

迁修圣母庙记

郑康成云：庙之为言貌也，神托於空际不可得见，故立为宫殿以象貌之耳。则是庙之设也，以栖神也。神之栖也，或以□，或以报，或以社，或以方也。州治西南石婆神村，乃岁贡生王公讳颃之田庄也。旧有后土圣母庙，建於元至正年，重修於明弘治间。迩来河水泛滥，王公恐其终有妨於庙也，豫施粟石以为迁移计，未几，而水果剥近庙基矣。王公复捐银两决意迁移，而乡之善信虽捐金施粟者多寡不同，然皆协力以期厥成。庠生武惟扬、乡民李府等，僧人固喜经理其出入而生殖之，共得粟六十石。奈功程浩大，恐所费不资，又向四方募化，而迁庙之计始遂矣。於戏，向非公之忧深虑远，倡义乐施，则神像且与洪波俱逝矣。前建於本村之震地，今迁於本村之艮地。正殿为圣母，左有关帝庙，右有龙王庙。又新设两廊，东为牛王庙，西为土地庙，中献殿一座。又新建门楼一座，栋宇秀爽，金采辉煌，庶可藉此以栖神，而奉其禋祀於无疆耳。乡人之祈者恒於斯，报者恒於斯，以社以方者亦恒於斯，其以迓神休而受其庇者，宁有既乎。是举也，诚不朽之盛事也。是宜镌□石以昭兹来许云。

岁贡生贺凝祚薰沐谨撰

郡庠生王亲臣书

奉议大夫知永宁州事梁世通　原任知州张邦佐　判官鹿应瑞　吏目林文枢

儒学训导苏万方　大理寺观政进士高首标　卫辉府同知王四维

贡士刘成己　□良臣　张勋猷　萧山县知县何琏

功德主王颃　男候选州判王宾臣　孙生员王璠　王琇　王璘　杨□　崔渐达

金妆人李自旺　妻李氏

生员苏柱　陈篯　汪廷泰　王永昌　梁国佐　崔儒煌　崔翔鸿　崔儒焕　崔儒

炜 张士秀 张永年 崔恒陞 李之兰 李世儒 乔世爵 闫诣极 张云龙 冯世英 任之远 任春声 崔四贤 崔四友 郝正 王亲臣

纠首贺守心 武惟扬 闫铉 李府 刘元海 李州 白如惠 魏士才 闫祢秦喜

住持僧人固喜

闫召 张镜心 卫皇 安贞 安合林 崔四端 张□□ 胡正芳 崔明初 高合光 任秉诚 闫惟诚 贺福秀 王基昌 张□ 王重臣 王巨臣 李昊 张思恭 □□才 王喜 武佐文 王家禄 师学库 潘崇经 冯正德 梁□ 苏旺 杨□州 崔定邦 李成桂 刘三桂 苏□ 贾希惠 冯世珍 李成梧 吴同春 白继云 任亨太 刘定 刘余积 冯永泰 张其信 张景元 刘元庆 张开□ 申崇华 刘库 杨鸿

施碑座人冯熙

石匠李学由 郝明 翟英

时大清康熙三年岁次甲辰孟夏吉旦

〇三八　冶底村创起关圣帝君堆金会碑记

清康熙六年（1667）刊。

碑高 153 厘米，宽 61 厘米，厚 15 厘米。

碑额书"创起关圣帝君会记"。

现存于晋城市泽州县南村镇冶底岱庙。

【碑文】

冶底村创起关圣帝君堆金会碑记

郡庠生卫振垣薰沐拜撰并书丹篆额

汉寿亭侯关夫子庙宇盈天下，人之联会以祀之者亦盈天下。天下人有时不见雷霆，而无时不凛其威者，以雷霆有时而不测也。天下人有时不见侯之庙，有时不祀侯之庙，而□无敢□其思者，以侯之神无时不有，无物不然也。惟其然，以故游于通都广邑、肩毂辐辏之地，名山大川、海岳拱峙之区，有庙宇焉，其享祀丰洁，粢盛蠲饎，岁时交修，伏腊兼举，侯之神依之。即游于穷乡僻壤，三家十室之野，数武之堂，数楹之庙，或能岁而不能时，能伏而不能腊，凄风飘没，古鼎无烟，侯之神亦依之。盖神不因庙祀而存，自不因庙祀而亡，如掘地得泉，在在然也。侯之庙之在泽者，不难以百数；侯之神在泽人心而祀之者，何难以数万记！泽之西南距城三十里许，有村曰冶底者，环山屏绕，清流带引，居民淳俭，事神丰饎。厥乡之西，有古刹天齐宫，松桧参天，巨鲤跃沼。其基弘以厂，其像俨以巍，其丹垩□（彰）以丽，其置交静而幽，廓其有容，辞难一罄。关圣帝君庙既立于是刹之东北焉。余尝一至焉而往过之，见其克禋克祀矣。又尝再至三至焉而往过之，靡不克禋克祀矣。然神之德在人心者罔有罄也，人之尊而祀之者，亦罔有罄也。乡之民有才龙董氏者，思联会以祀之，联会而且以可大可久期之。众莫之定，相谋於乡耆。董君可思者，为是乡之首领，为厥族之独长。众以意告，董君嘉之，危然正色而言曰：求其会之可大而可久者，莫堆金若也。众未之晰，董君曰：吾泽在城之会，不有先我而行之者乎！其始也积本，其后也用息，存母役子，爰以为例。予何敢作，亦述之而已。於是率众攸行，每分捐银五钱，不数日而从者乃以百人，记共捐银五十两整。且议为善行之法：每岁首事者十人，至次岁复以十人继之。各期本息咸明，复更以十人再继，至人数尽则终而复始焉。董君谋得众且甚欢，一旦捐余以文记之。余念侯之功业在三国，忠义在万古；陟降在上帝，享祀在人心。垣也不文不能记，即垣也文无庸记也，独是记此联会之始。乡人酌董君而言曰：率众虑始，贻谋弘远，□（董）君之功。董君酌乡人而言曰：众毛成裘，同心效力，众君之赐。乡人与董君同酌而言曰：其兴也有时，其垂也不替，若启若翼，繄神之力。余亦酌而言曰：侯之神也，洋洋如在也，使承祭也。乡人之诚也，不惜财也，喜乐输也。董君之首领也，能谋始也，能动众也。至于作善降祥，受天百禄，降尔遐福，垂曾孙而不朽，传没世而如新，此皆人心之无□也，皆神力之普存也。垣也焉文，又何记之有，又何庸记之有。

大清康熙六年岁次丁未四月既望立

合会姓氏

董思通　董高印　董思勤　董可思　王朝官　王朝印　赵孟林　董永能　赵孟魁　董承才　董承田　董合成　董高升　董高才　董嗣永　董承□　董高台　□□□　□□□　董高社　董高□　闫福旺　李天才　董高德　董思宁　董文□　任好德　闫召兴　董才高　董登福　董登泰　董登庸　董登友　董志才　董敏学　董时茂　董弘玉　董有保　董志通　董有教　董弘弼　董登贤　董志□　李天能　赵九高　董才明　白思法　董志法　董登政　白加余　董弘明　董法才　董志猛　董志奇　蔡有高　白加聚　董弘江　董三就　董魁星　李加才　董金玉　范九银　董登选　闫海江　白自旺　董金相　董奉奇　董志贤　赵九锡　白加贞　董魁阳　董长运　董计才　董计福　董元德　董元贵　董元禄　董有忠　董元兴　董元福　陈德才　董居□　董元高　闫福魁　董自安　白奉止　白自强　董天明　董元□　赵朝□　董九昌　李兴海　董余庆　李兴江　李兴玉　董自新

为首

董友昆　董奉德　董登科　董弘儒　董才龙

住持僧海琴　玉工闫海江镌

〇三九　新建乐楼施过钱粮碑记

清康熙九年（1670）刊。

碑高 40 厘米，宽 72 厘米。

现存于阳泉市城区小阳泉路新泉观。

【碑文】

新建乐楼施过钱粮碑记

新建乐楼施过钱粮开后

施地延庆

功德纠首商重玘　王福　吕淮　杨清　白世昌　杨应臣　刘广誉　刘调鼎　刘铭鼎　白祉昌　刘列鼎　白射斗　吕梁　崔万秋　白运昌　陈振　杨应宰　商重海　杨进国　崔万春　刘芳誉　尹茂隆　刘光钟　张得方　李登全　杨完　商重华　杨林

石□嘴刘泽深　姚敬　平潭镇李生光　阳泉冯鸣世　姚启印　西河村李廷福　武臣　大阳泉冯鸣世　姚启印　平潭□张国福　西峪杨文山　李家庄王进昌　王登全　义井吕三佐　五渡杨太　范君柱　魏家峪朱显　王奇鸾　黄禄昌　白三元　孙宝　史前　龚仪宾　范银　徐成　刘福　张金　王莱　杨英　张举　吕加官　吕加宦　梁有　商重举　崔万民　崔文　张进夏　商重恩　白□美　商重宝　杨大海　商蓝　吕加音　王治国　刘旺　白喜福　杨太　商重科　商俊　吕恩　杨柱　杨梓　石万民　杨亨　张命英　吕国成　□潭　吕加义　杨重兴　商重庆　商甫　蔡三德　尹伏喜　武贵真　郝来庆　商成　王光秀　施贵芳　麻申　荆三晋　靳宝　杨大才　荆贵禄　张文　刘应玘　郝英　吕成　岳成海　杨春　张金　商重会　马之宝　商重山　商鼎　李贵福　商现　刘泽成　王训　荆三银　杨进宝　路兴　王应魁　张文宝　李实　任光明　商□　商鹏　王天正　张九重　商鹤

阴阳尹一鸾

木工李贵英

泥工崔进宰　赵重礼

石工商兴　商旺　商喜　商乐　张钦　张正

盂县李自生书

康熙九年仲春吉旦立石

○四○　娘娘宫中公备物件碑记

清康熙十三年（1674）刊。

碑高 57 厘米，宽 47 厘米。

现存于临汾市洪洞县万安镇万安村娥英庙。

（碑文）
娘娘宫中公备物件开後
大铜钹两面共重伍斤　黄伞贰柄　高招旗贰杆　五色旗拾杆
戏锣贰面共重伍斤拾贰两　鼓贰面　小铜锣四面每面重贰斤陆两
条桌六张　布围帘拾挂　蒿苇拾枝　供桌叁张　单桌壹张
铁匙拾张　杓子拾个　磁盏贰个　大小碗壹百叁拾个
竹灯笼壹对　　　　　无盖捌个　筯五十双

顺治五年捲棚前栽柏树四株
康熙九年献戏前栽栢树一株

　　　　　新举香老　杜承贵
　　　　　　　　　　姬学恩
　　　　　　　　　　乔鹗松
　　　　　　　　　　　　夏天志

康熙十三年岁次甲寅端阳日立石

【碑文】

娘娘宫中公备物件碑记

二位娘娘宫中公备物件开后

楼轿一乘　黄伞二柄　高招旗二杆　五色旗十杆　大铜锣八面每面重五斤十二两　小铜锣四面每面重二斤六两　戏锣二面共重一斤四两　鼓二面　供桌三张　单桌一张　条桌六张　布门帘二挂　苇席十枝　大小碗一百三十个　铁匙十张　勺子十个　磁盔二个　瓦盔八个　箸五十八双　竹灯笼一对

顺治五年卷棚前栽柏树四株

康熙九年献殿前栽柏树二株

新举香老姬学思　乔万松　杜承贵

旧管香老李天志　杜应瑞　李先香

康熙十三年岁次甲寅端阳日立石

〇四一 重修东楼小引

清康熙十六年（1677）刊。

碑高 34 厘米，宽 58 厘米。

现存于晋城市陵川县崇文镇岭常村西溪二仙庙。

【碑文】

重修东楼小引

乐善好施之举难矣哉！须眉辈每锱铢是吝，况妇人女子乎？若夫不辞耄耋，不畏险阻，不避酷暑，俾诸士女布乃一心，不更难欤！则溯厥东楼维新之由，实段门秦氏之力为最云。

维那北马段门秦氏洎子锦瑞

王门段氏洎子旭

吴水靳门马氏洎子锡之

南诗村李门杜氏等

北诗村刘门谭氏等

秦家庄谭门秦氏等

北师午侯门宋氏等

南师午毕门侯氏等

杨村张门赵氏等

池下范门司氏等

库头阎门王氏等

南北大掌范门赵氏等

西火瓮城杨门邰氏等

姬家圪嘴姬门唐氏等

南大掌靳仲行妻李氏

高平郭增茂　姬九　唐九成

丹水王纪章等

龙尾王志民等　木匠郭崇喜

康熙十六年八月吉日立石

〇四二　小靳村重修东岳庙碑记

清康熙十七年（1678）刊。

碑高 196 厘米，宽 73.5 厘米。

碑额书"皇帝万岁"。

现存于晋中市介休市大靳乡小靳村东岳庙。

【碑文】

小靳村重修东岳庙碑记

间尝推览舆图，见五岳耸峙天壤，不禁东望泰岱，喟然叹曰：德产其独至也夫，德产其独至也夫。胡以知其然也？东方者春，春之为言蠢也，产万物者也。夫万物莫不肇生於春，而春则系之以东，以此知东岳大帝视衡、华、恒、嵩而特尊，其利人泽物之功，较之衡、华、恒、嵩亦最远，所以诸山或□□祠，而此山之专祠在在而有焉，崇德报功良有以哉。小靳村距城二十里，南抵棉上，北俯河汾，自昔稽为风水之关，其在元时亦建东岳神祠而祀之，而且协祀者有一十八村之伙，瞻仰者在千万亿姓之多，威灵显赫，呵护一方，讵非泱泱乎大观也欤！□历久倾颓，势或不免雕朽，子寂兴亟图所以更新之也。事竣□托於余。余维庙宇之始兴也存乎创，而欲其永兴也赖乎修，乃以修而不殊於创，具修而大有裨於创者，诚不可不有以记之。如庙之殿宇犹是耳，而涂壁丹腰则一新；庙之廊庑犹是耳，而营缮补葺则一新；郎（廊）庙之乐楼、禅室，亦犹□□耳，而起盖□□阁、改砌窑洞则无□弗新，然则修之为功於创也，何如乎？故於五岳而独重夫泰岱者，德产之至也；於一十八村而建祠於大小靳者，风水之关也；□□始於往代而增修於今日者，□□□其永兴□而鲜或替也。於□□□□团圞村宋从禹恭进三□铜像一堂，求附斯庙，非以斯庙之焕然改观，□□□□□辍也耶。嘻！以一隅而倾□输助，故□□□而峻（竣）功告成。余□嘉此方之地僻而人好施，寂兴之辛勤而□罔懈也，爰记之，以垂不朽。

大小靳村

王汝业一两五钱　王门焦氏五钱　王国□一两五钱　梁成俊一两二钱　王国祯一两　王夺奇一两　王应威一两　王求春一两　王福清七钱　宋大秀七钱　李门

张氏八钱　王国增六钱　王国良五钱　宋大英五钱　宋继禹五钱　王俊福五钱　王俊禄五钱　王国鼎四钱　王□□四钱　宋大美四钱　王福□四钱　王俊□四钱　王福仁三钱　宋皇福三钱　王福盛三钱　阴阳温国俊三钱　王永璋三钱　王福元三钱　武夺魁二钱四　王成俊二钱二　宋大俊二钱　王成英二钱　王显奇二钱　王鳌金二钱　王化□二钱　王福奇二钱　王正□二钱　王□顺一钱五　王俊□一钱三　任□保一钱二　王国利一钱　宋皇封一钱　王积盛一钱　梁继□一钱　宋霞一钱二　田氏一钱　郭氏一钱　乔俊仪一钱　王聚宝一钱　王福兴一钱　李俊英一钱　王应启一钱　王应成一钱　宋皇龙一钱五　王汝洪一钱　封氏一钱　王俊要一钱　王国英一钱　李氏一钱二　温焦保二钱　王卦一钱二

本村出银人名

任昌祚三两三钱四　陶应秀三两三钱一　陶应兴三两二钱五　陶永庆三两　郭先奇二两九钱　陶应壮二两七钱　陶永杰二两六钱五　阴汝福二两六钱三　李春留二两六钱二　阴崇贵二两六钱　任福俊二两四钱二　郭起龙二两三钱六　郭位二两三钱五　陶应达二两三钱五　郭应秀二两二钱二　陶大德二两一钱六　郭福祯二两一钱三　陈大奇二两一钱五　陶应义二两一钱三　陶永济二两一钱　郭应魁二两六分　焦承林二两四分　高春满二两四分　陈□福二两三分　陈天赐二两七钱四　焦继元一两九钱六　陶应成一两九钱二　高海俊一两八钱四　陶应仁一两七钱七　宋玉纪一两七钱四　任承旺一两七钱二　赵景宋一两七钱　师明兴一两六钱九　郭应好一两六钱八　陶应通一两六钱一　杜玉光一两六钱一　陶□发一两五钱四　陶大美一两五钱二　陶永春一两□钱六　陶大□一两四钱　武深山一两五钱五　王发达一两三钱九　陶永文一两三钱五　焦承山一两三钱　郭应仓一两二钱五　陶永山一两二钱二　任昌胤一两二钱三　陶永芝一两二钱二　陈天顺一两一钱五　郭福才一两一钱四　阴崇德一两一钱　胡应芳一两七分　郭福山一两七分　郭应旺一两二分　阴大祯一两　□玉明一两　焦□旺一两　王芝秀九钱八分　陶星炳七钱九分　郭先才七钱二分　王发兴七钱三分　韩国英五钱　郭□盛四钱五　任□兴三钱　焦自新

三钱　问有鼎三钱　陶大全二钱　陶大要二钱　陈大英二钱　陶大元一钱五　陈大海二钱二　赵一元一钱二

女善人

郭门任氏五分　郭门王氏三分　郭门宋氏三分　郭门王氏三分　陶门王氏三分　阴门侯氏三分　陶门柔氏三分　陶门郭氏三分　宋门焦氏三分　郭门武氏三分　郭门郭氏三分　师门梁氏三分　赵门郭氏三分　王门范氏三分　任门翟氏三分　师门宋氏三分　陶门陈氏三分　焦门任氏三分　陈门李氏三分　陶门任氏三分　陈门王氏三分

大清康熙十七年岁次戊午秋七月十二日上浣之吉

介休县儒学廪膳生员张豫昭熏沐撰

兴国寺书字即住持僧人宗法　门徒道宁

裕子村刻字匠尹进才　男尹忠宰　尹良宰　尹光宰

○四三　重修将军神庙碑记

清康熙十九年（1680）刊。

碑高 115 厘米，宽 66 厘米，厚 21 厘米。

碑额书"题名碑记"。

现存于晋中市寿阳县平头镇窑子上村将军庙。

【碑文】

重修将军神庙碑记

阴阳生刘文灿

上下三村旧有将军神庙一所，建立先朝，於万斯年矣。累代重修，相沿千载。迄至我朝大清，垣墙颓败，砖瓦圮敝，毁坏更甚焉。有住持僧人道新，会集三村众姓人等，量力捐资，起工於康熙九年，落成於康熙十九年五月中旬。上下内外，焕乎一新，於今可以观成矣。后辈善人有接武而修葺者，又予等□所厚望也。奈村众相竞书文，不可尽录，俱置之。略具重修大概，以为立石题名之志。

功德主

张惟孝　胡氏　孙氏施银五两米五石　男张□　张悟　生员张□□　安氏施银四两米二石□斗　孙男张□□　郝氏　保安子　三小子

次功德主

□□政　韩氏施银二两□钱米二石五斗　男张金奎　□氏另修龙王堂钟楼

副功德主

生员刘肇兴　张氏施银二两米□□　长男刘润世　侄□刘□世

张省　张氏施银二两米二石　男□□桂　郝氏　张芳桂　高氏　张仙桂　张氏

张存秀　刘氏施银二两米二石　男张毓　张氏

张□□　赵氏施银二两米二石　男张灼　周氏　张宾　张氏　张库　张氏

张怀　赵氏施银二两米二石　男□小子　□小子

创□纠首

张□□　□氏银一两二钱米一石　男福寿　子圆　子通　子□

张□□　张氏银一两一钱米一石　男张丹桂　潘氏

张其□　张氏银一两一钱米一石　男韩正　□氏

张□□　李氏银一两一钱米一石

张□□　□氏银一两一钱米一石　男张新才

张□□　周氏银一两一钱米一石　男张存仁　张存□　郭氏　张存□　□氏

刘□□　周氏银一两米一石

张□　□氏　先兄张廷银一两米一石　男张得桂　侄（阙文）

张□□　氏银一两米一石　男（阙文）

张□　刘氏银一两米一石　男张□□　张氏

张□　张氏银一两米五斗

刘□宇银一两米五斗　男刘□□　张氏　刘□□　王氏

张腾□银一两　男张□　□氏　张□　□氏　张（阙文）

刘礼银一两　男刘光□　高氏

张□□银七钱　男□□□

张志银六钱　男张正威　辛氏

□官田国弼

经理□首（阙文）

康熙二十八年六月二十七日新修上下石栏杆饭食另金妆三□各一尊

张新祚金东尊　生员刘肇兴金正尊　生员张金奎金西尊　张登会金韦驮

□□匠　□□□

□匠梁才□□德□　□匠王□　男王良弼　石匠李凤　李凰

泥水匠潘成辨　张弘儒　塑匠李应贞　李闻　许天□　许天星

张应豸施南地湾地五亩五分粮一斗一升

贺登山施水潭地六亩粮一斗一升

工钱□费用九人出之开列於后　张新政　张宦　张恐　刘肇兴　张□　张□□
张霖　张毓　张星

时大清康熙十九年岁次庚申月令夷则念（廿）五日立

住持僧人道新　门徒果贵　果法

〇四四　重修黑潭之玉帝庙记

清康熙二十二年（1683）刊。

碑高130厘米，宽64厘米，厚12厘米。

现存于运城市垣曲县解峪乡乐尧村关黑龙庙。

【碑文】

重修黑潭之玉帝庙记

境以黑龙潭名者，元至正年号也。峰头玉帝庙记自明万历年间，建之意者，龙神之雨泽，主之者仍天，实为之与。於康熙五年间，余师道岸祖，首倡重修之议，期於彩饰庙貌，金绘法象。物力固出自众，而首事诸人犹大有功焉，稽之募缘旧本，班班可考也。事竣於康熙二十二年，而余师道岸祖辞世者已久。吁嗟呼！历时远而人易湮，意率类是。及今不铭之石以□共成厥事者，势恐久而无稽，何以劝为善。潭最近放羊坪庄，其居是庄者，有张国英、辛玉鼎、薛玉盘等，亟今托余属文以志之，非以自明其功，将为后之为善者劝也。余体师之始意，备述其重新之始末，并取其督事者若而人，及出财者若而人，详列之石俾传不朽云。是为记。

邑候选训导贡生文擎天沐手撰

邑庠生文衍庆沐手书

作首人

张国英　任东杭　王玉科　王加显　张国安　辛玉鼎　薛玉盘　张心德　辛玉言　白从智　王贵智　梁金盛

本社

张国英二石　薛登选一石　张国文石八　王登科石六　任东□石八　王玉科一石　辛玉鼎二石　梁白章二石　梁金平石七　辛玉言石三　辛玉柱石六　王之顺七斗　梁一英七斗　张心德八斗　张敬德二钱　张明□三斗　王□如九斗　薛玉□石九斗　薛玉印石五　张尧宝一石　辛福宏石五　王业□四斗　梁加□五斗　丁玉明二斗　郭有明三斗　薛玉环三斗　李春容一斗　郭吾川四斗　梁守德二斗

狼腰庄

赵体富七斗　□□□七斗　赵玉□九斗　王国□二斗　王国智□斗　王国□□斗　王加贵一石　□□□□□　车在明石三　张贵宝二斗　郭成富五斗　□夏银一钱　□□□四斗　白崇□四斗　王登殿四斗　李日明二斗　赵体相一斗　文自富四斗　叶白兴银一钱　闫□□□斗五升　马明登二斗　陈平心一斗　王之果六斗　冯积奇六斗　马加兴石三　马鸣玉五斗　□□□一石　□登山五斗　梁生□七斗　梁金盛五斗　王得山二斗　袁复亨三斗　梁太忠一斗　梁太孝一斗　梁有兴三斗　梁春旺三斗　梁有盛二斗　裴玉山一斗　□□□三斗

恩贡生文登七斗　生员文汇五斗　文渤三斗

僧人永盛五斗　僧人广益银一钱　住持僧镇瑞

稷山县石匠王三爵

时大清国康熙二十二年九月吉日立

〇四五　重修净信寺碑记

清康熙二十六年（1687）刊。

碑高215厘米，宽73.8厘米，厚8厘米。

碑额书"重修"。

现存于晋中市太谷区阳邑镇阳邑村净信寺。

【碑文】

重修净信寺碑记

阳邑镇净信寺者，居邑之坤位，殿宇巍巍，廊腰焕焕，朝晖夕阴，气象万千，诚继轨之慈门，一方之宝刹也。考旧碑，盖创于唐之开元，振於金之大定，成於明之正德，凡三振作而始大备焉。迄今百余年间，日月侵驰，风雨凌淬，摧落殆甚。邑人杜毓秀顾瞻叹兴，以为及是不修，其后将不可为经营，故广开琼席，肃布斋坛，援杜学文、杜秉濬、王洛风、杜德、杜尚茂、杨永清、杨希兴、杜体魁、武光祥等而议之，众则勃然兴起，代任其责。且曰：乐亭之废已久，山门外尚缺照壁，盍并举焉。於是康熙己未岁卜日命工，扶其倾颓，易其朽腐，以剚以除，是涂是塈，虽有增革，仍返旧观而已。是役也，瓴甓栌榑之属，匠石墁圬之工，皆计亩以输财，而不烦於募化，再越月而告成事。将见乐亭建而有以奉神明，照壁设而可以蔽内外。万拱千楹，回合斗栱之气；虹梁螭桷，平临沧海之潮。土木大兴，焕金碧於鸟革翚飞；愚蒙丕振，展焚修于朝钟暮鼓。夫孰非殚精鸿力之所致哉。以是知事美于始作，力重于改为。苟以为非一家之所急，相与因循，苟且而置之，将何以使山僧持铎，庆王舍之城；士女焚香，拜维摩之室。其勉焉匪亟，亦欲以追前人作之之心，更冀夫后起之同志者，皆将继述为心，则庶乎相引於无穷焉尔。爰载诸石。

总都扶梁功德主国子监监生杜毓秀施银七两

住持僧文成　徒孙佛宽　永兴　门徒固清

提调纠首杜学文　王洛风　杜秉濬　杜龙政　杜德　杜尚茂　杨永清　杨希兴　武光祥　杜体魁

经理钱粮纠首生员乔毓精　杜秉芳　杜秉思　杨国柱　杨希礼　杨国宰　杜承孔　杜当时　王自治　杨泽　杨希法　程应璋　杨希德　杜光仲　王仲魁　王居尊

杜经　生员乔蕊　杜奇荣　杜栴　李祥云　杜明时　杜良儒　杜允执　杜刚　乔苓　乔著　杜坚贞　杜鸣凤　王自贞　张守文　杜奇治　杜承美　杨俊　杨永亨　杨文森　杨希浩　杜坚光　杜翔凤　杨希圣　杜成才　杜茂荣　杜茂官　杨希仲

甲子科武举王宁撰文

邑庠增广生王居尊书丹

邑庠生杜桂抒篆额

阴阳生杨茂林

大清康熙岁次丁卯暑月之吉

〇四六　重修元天上帝庙记

清康熙二十八年（1689）刊。

碑高147厘米，宽50厘米，厚24厘米。

现存于晋城市泽州县大阳镇西山村玄武庙。

【碑文】

重修元天上帝庙记

泽治北四十里许，有村曰宋庄，盖缘宋氏世居於此而得名焉。其地多崇山峻岭，俗乎为宋家山者，是村西北有庙曰真武，其来旧矣。创始莫纪，大约神道设教，前人所以劝善之意居多。庙自明季兵燹后，风荡雨霆，颓败颠陨，上穿旁圮，迩时井里萧条，欲补葺之，未能也。迨壬戌岁，里人宋公讳之俊者，慨然曰：人依於神，神依於人，庙貌维新，是我之责也。夫爰是募化庀材，瓦栋桷陶填之需，罔不立办，阅数月而工告竣焉。至於金妆圣像，有志未逮。又六年，则继前志而金妆之者，其昆季之龙、犹子若玫、若瑄也。噫，何其后先相辉映哉！余因之有感焉。古者有功德於民，则祀之。自北天元帝之尊盛於武当，乃是□亦傲其意而为之。果何说乎？盖君子之於天也，於帝也，相遇於惝怳之际，泊然漠然於清虚寤寐间，而感应自不能无者，虽祀典所不载，窥之神道设教，劝人为善之意未之或远。今为之云栋藻梁以昭其明洁，为之翚飞鸟革以壮其声灵，为之图绘其耳目体肤以神其变现。侗然南面之尊巍乎宫阙之上。所谓神依於人不信然耶？夫宋氏兄弟叔侄，向善若是。古之人有□曰：国将兴，神必灵。吾亦为之说曰：家将兴，神必灵，将神之所以福人者安在？不如影之随形，响之随声乎？自今真武与宋山永存，愿后之视今亦犹今之视昔。是庙前人创之，今日继之，继今日而代新之者，尤祈望於后之君子也夫。是为记。

郡学生刘肇甲薰沐撰

宋光德捐银二两

宋心荣　宋治法　宋之祥　以上各捐银一两五钱

李复先　宋永章　以上各捐银一两

张元善捐银一两　宋心伯捐银八钱　宋鼎捐银七钱

孙自兴捐银五钱　宋玮捐银□□

郭奇　侯自成　张凤龙　王洪正　张元秀　姚动井　王光顺　杨法　陈奇　张凤荣　赵玉　王之玉　以上各捐银三钱

□心惟　李□秀　张元法　宋之宁各捐银二钱

募化善人宋之龙率侄宋玟　宋瑄　宋琮　宋增　侄孙宋桂芳施银二十两

玉工常俊　□□

康熙二十八年秋九月上浣之吉

○四七　创修乐棚碑记

清康熙三十五年（1696）刊。

碑高270厘米，宽91厘米。

现存于晋城市阳城县河北镇下交村成汤庙。

【碑文】

创修乐棚碑记

邑庠生原抟九撰

邑庠生原正蒙书

邑庠生原景苏篆

旃蒙之春，桃节既望，乡耆原从渭、原其生议建修乐棚。或曰：凡人兴修，视主山来脉，以定吉祥。予曰：然，予邑主山起自析城，钟英毓秀，雾变霞蒸，千峰矗矗，万壑濛濛，脉结予乡，星爽光晶，叠献层峦，沧峣崧岑，灵岩霞蔚，巇嶂烟云，山明水秀，凤翥龙腾，佳气郁葱，膏壤绣林，西流河绕，文腾濩水之骊；南浦峰高，瑞起天岭之凤。洵卿云□□，地灵人杰之乡也。累叶议修乐棚，堪舆云舞楼有□（碍）文风，以致作舍道旁也。但乐台缺棚，每当作乐衎神之期，风噪雨啸，不能炉煋□□宰社戛戛乎其难之。渭、生二公远想出宏域，高标趋常伦，议建乐棚。谋诸阖社，众咸曰善，即举修理。会首原相经等，共襄其事，本社助树株银两。自太簇旬中开工，仲吕旬中告竣。南台建乐棚三楹，堂构昂霄，榱题耸秀，光明俊伟，流芳奕祀。数十载遐想，亲逢旦暮，兹邑人之淑哉，实神道之祐矣。渭、生二公与修理诸公夙兴夜寐，督工馈饷，收攒钱粮，费几多殷忧，受几多劳苦，鸿名光前代，懿绩耀后昆，逢人说项，菩提已结萨婆诃，玉麟祥报，金雀富业，振振绳绳，终享无疆之福。此后顺祇效宝，嘉气会昌，时雨降祉，山云呈祥，勒碑镌名，龙镜滂洋，谨叙。

总理阖社事原从渭　原其生

分理社事原相经　原相台　原士林　原有绪　原焕　原发祥　原象蒙　原贞亨　原硕蒙　原兆魁　原辂　原性蒙　原大恭　原昭　原兆秀　原廷秀　原廷贵　原发润

总理河北岭上社事原必祥

分理原时义　芦泰来　原绪　芦士洪　芦腾凤　原进昇　芦纯　崔生太

催工原藻

河南许良　朱绍宗等施钱一千二百文　宜固里冯玉施钱一千文

泽州马村李九寅施银四钱　在城乔君锡兽二对

阖社助缘人

生员原相经银四两　生员原贞蒙银二两七钱　原门张氏银二两二钱　生员原抟九银二两二钱　生员原成银三两五钱　原相台银一两五钱　原相闻银一两二钱　许尔厚银一两　原廷贵银一两　原门张氏银一两　芦英银一两　原焕银九钱　原士林银九钱　许尔□银六钱　生员原觐光五钱

原公佐　生员原正蒙　原硕蒙　原公亮　生员原景杨　原有绪　生员原有绶　原浑厚　原德化银八□五钱　原景荣七钱

原泽洽　原兆魁　原性蒙　原泽生　原正□　原贞□　原巽　原景问　原廷秀　茹之魁　原发润　原必祥　崔国宪　芦士乾　芦腾凤　芦兴凤　芦纯　芦云　原加祥　原时义　原绪　原时俊　（阙文）　原兆端　原勤□　原文金　原文□　原时□　崔永期　□上□四钱

原昭三钱　原景文　原眷祐　芦□蒙　芦一凤　崔成方　原绩　原治　原有□　原□　原咸　吴广生　茹之轩　原贵润　原中兴　原□　原光四　原发祥　原炳　原存　原士浩　原象蒙　赵秀廷　芦喜凤　芦进周　芦泰容　崔秉林　芦士洪　芦廷凤　芦泰洪　许百盈　原稳　原洪典银□两三钱　原大金二钱五

原文运　原士望　赵贵廷　原壁　原佃　高守印　原□深　袁仲　李可兴　许百蛟　崔国府　吕守章　芦云凤　原相国　□上□二钱五　原大恭二钱

原公辅　原公擢　原公伦　杨复兴　原相业　原已　原维　芦太来　原节　许百贺　原新亭　原景周　原体隆　原美□　原永□　原□秀　原□香　原大必　原德润　原雨润　原知　许尔泽　原文贞　原兆□　赵常庆　原□□　原泽惠　原景

行　原泽祥　原□□　芦□禄　芦题□　原□樊　崔荣土　芦兴□　芦觉　芦□　芦兴□　芦兴□　芦兴□　原□□　原时□　原□□　孙万英　孙万耀　孙辇　原□　原□　原□　吴广福　原□壮　原师蒙　原大禄　原克盛　原珏　原兆□　原兆泰　原泽□　原□　原景□　杨建　赵常茂　原景思　刘兴亭　芦士正　芦云龙　芦仙凤　原时珍　原禄　原□　原恺　□上□□钱五

郭英　原孚　原业荣　原廷赞　原大□　原大有　原□　刘□□　原□泰　原永立　原永福　原相臣　席瑞　席□□　许百□　李日□　原秉德　段□□　原大年　□□　原泾润　原中强　张福全　许尔玖　许安详　许□强　原桂□　原□□　原广员　赵常□　原树　原□　原禾寿　原文□　原文□　原□安　原廷瑜　张如奇　许□戏　许百□　许□齐　原廷芳　原文□　原□□　原兆吉　原兆轩　原瑶　原□　□□　张西□　原□　原泽福　□□盛　席彦俊　刘□彭　□□□　□□□　原伟□　原齐　李□　孙兵□　孙立□　孙裕□　孙□□　孙□□　卫□□　茹□　芦头凤　芦正　芦盛　黄□　李□□　（阙文）

□匠张珍　张□

住持僧人□□法　徒邢玉金

大清康熙三十五年岁次丙子五月长至日立石

○四八　重金妆碾玉序

清康熙三十八年（1699）刊。

碑额书"二仙祠碑记"。

现存于晋城市泽州县柳树口镇范山堂附近二仙馆。

【碑文】

重金妆碾玉序

箪食而充三军饥，瓶水而济万民渴，是皆有以参天地之化，关盛衰之运，其生也有自来，其成也有所为。故观音度群迷，娲皇补巽天，古今所传，不可诬也。子思子曰：天命之谓性，率性之谓道。是性也，寓乎德纪之理，而包涵天地万物之广，诚能尽之，睟然见之。王公失其贵，晋楚失其富，良平失其智，贲育失其勇，仪秦失其辩。是孰使之然哉？其必有不依形而立、不恃力而行、不待生而存、不随死而亡者矣。故在天为星辰，在地为河岳，幽则为鬼神，而明则复为人。此理之常，无足怪者。自开辟以来，西陵以母仪开天下之先，太姒以内则端王化之始，此皆帝王之太后，故能传于万世也。独二仙圣母，虽无太后之贵，实有太后之德，修之于昔，盖已有年。孝感庭帏之变，而节同松柏之操，贞动人主之封，而志夺三军之气。此岂非参天地、关盛衰，真纯而独尽者乎？审若此，则圣母之功德，施之于近，泽被当时；施之于远，庙食百世。尝观潞郡东南隅有银乔山二仙祠，山川环绕，风气攸萃，遂命名石瓮社，与珏山、浮山望而为邻。其社管辖圪套、东、南、北石瓮诸村。东有古佛、关王、土地栖焉。西则圣母、禁王、高禖、蚕王栖焉。其社人之事圣母也，饮食必祭，水旱疾疫，凡有求必祷。而庙自先世创建，殿宇巍峨，圣像森严，其来久矣。但年深日远，社人咸称旧。长神毋自德等偶而会议，于戊寅夏月开工，创立暖宫，补塑金身，碾玉庙宇。社人各出资财，或多或寡，供给工匠，至再至三，众力攻之，稍妆颜而新之。迄己卯冬月始成。于此益见圣母之威灵，使人信之深，思之至。悄蒿凄怆，若或见之，庶几与观音、娲皇永垂万世于不朽云。

僧圆布施银二钱　冯宅施银二钱　申本立施银五钱　许瑗施银三钱　许朋施银

四钱　许魁施银二钱

社首郝正安　毋旺银　许登福　赵余财等

王孟荣施槐树一株　毋玉福施银二钱　许作栋施银一两五钱　毋有见施银五钱　毋国云施米一斗　赵得贵施银一钱

东一社主神

赵朋强　赵朋旺　赵时忠　赵□彦　赵□恭　赵朋志　赵永太　赵□禄　赵自立　赵永会　赵得金　赵永成　赵永贵　赵鹏彦　赵余福　赵鹏贵　赵鹏信　赵鹏印　赵鹏金　赵鹏春　赵得银　赵聚成　赵永安　赵永盛　赵得奇　赵得强　赵永德　赵永保　赵永禄　赵惟忠　赵得祥　赵永正　赵得成　赵得荣　赵得贵　赵永友　赵永祯　赵永新　赵永治　赵永立　赵永见　赵强煜　赵宗顺　赵宗文　赵宗艮　赵宗武　赵郭喜　王正安　毋有全　赵小陆　王正得

圪套社主神

许张喜　许元　许鹏　许芳　许养德　许登治　许登魁　许瑾　许奇　许可喜　许可温　张自富　邰思富　许可用　许必余　许贵　许养运　许可立　许可复　许可恭　许可凉　许可才　许可荣　许可兴　许可厚　许可俭　许必海　许可旺　许养成　许可让　许金才　牛化林　许金璧　许金玉　刘启法　许小河　许门常氏

北一社主神

毋玉旺施银一钱　毋旺海施银一钱　毋旺银施银一钱　毋东治施银一钱　毋玉才施银一钱　毋玉福施银一钱　毋东聚施银一钱　毋有见施银一钱　毋玉德施银一钱　毋玉山施银一钱　毋东玉施银一钱　毋东艮施银一钱　毋玉凤施银一钱　毋得槐施银一钱　毋进权施银一钱　毋旺秀施银一钱　毋得成施银一钱　毋玉明施银一钱　毋玉喧施银一钱　毋玉海施银一钱　毋玉秀施银一钱　毋玉亮施银一钱　毋玉禄施银一钱　毋玉玺施银一钱　毋玉江施银一钱　毋玉标施银一钱　毋玉河施银一钱　毋玉宝施银一钱　毋玉友施银一钱　毋玉法施银一钱　毋玉昆施银一钱　毋玉宝施银一钱　毋玉羔施银一钱　毋玉栗施银一钱　毋玉乙施银一钱　毋心仪施银一

钱　毋广厚施银一钱　毋有祥施银一钱

南一社主神

毋聚余　毋思荣　毋思主　芦国宝　薛作栋　毋聚富　许作虞　毋奇元　郝正荣　郝正宁　芦明聚　毋国喜　芦自金　毋奇友　毋旺会　毋旺能　毋奇见　毋聚金　芦小分　许汝稷　许汝龙　芦明有　毋聚祥　毋奇舟　毋奇聚　芦明贺　毋奇金　毋思官　毋聚宝　芦自法　许作师　郝正喜　郝正国　毋国才　毋国童　毋思才　芦自秀　郝正民　张兴才　毋国海　毋国云　毋聚贵　许作揖　毋自浩　毋□保

为首郝正安施银五钱　毋旺银施银四钱　毋自德施银六钱二分又施米一斗　许登福施银五钱　赵余财施银五钱

大清康熙三十八年岁在己卯冬月吉日

幽居散人许瑗沐手敬撰

玉工李昌喜施银一钱

〇四九　建立戏台碑记

清康熙四十年（1701）刊。

碑高 99 厘米，宽 57 厘米，厚 20 厘米。

碑额书"碑记"。

现存于临汾市霍州市辛置镇北益昌村娲皇庙。

【碑文】

康熙四十年八月初三日建立戏台

郭成谷七斗　王道通一钱　常茂二钱　□经二钱　靳得成二钱　韩文信一钱　季登荣三钱　负士宁四分　张闰娃三分　张玉忠四钱九分　靳国福□钱　靳国爵五钱　郭光明五钱　赵国兵五钱　靳□翠五钱五分　郭忠成四钱　郭明启四钱　靳永启四钱　赵大吉三钱五分　郭养兵三钱二分　郭登吉三钱二分　靳永魁三钱二分　靳国周三钱　张开荣三钱　郭登茂三钱　郭登兴三钱　张佩见三钱　刘汉印三钱　刘汉相三钱　郭登利三钱　靳永□三钱　郭忠相三钱　靳永秀三钱　赵玉标三钱　郭昕建三钱　靳永标三钱　郭明璋三钱　郭忠芳三钱　郭光玉三钱　靳永玺三钱　郭忠荣二钱九分　张佩祥二钱九分　靳永□二钱九分　□□成二钱八分　靳永喜二钱八分　郭养标二钱五分　靳□□二钱五分　郭明旺木头三钱　郭迎春二钱五分　芦太二钱四分　李百荣二钱一分　靳国鼎二钱　靳国季二钱　郭林宝二钱　郭登廷二钱　郭林玉二钱　张文廷二钱　靳永□二钱　杨云申二钱　靳永珠二钱　赵国宁二钱　靳永光二钱　郭忠启二钱　郭林□二钱　郭忠□二钱　靳福太二钱　李百清一钱九分　郭养荣一钱九分　郭忠得一钱八分　郭养忠一钱八分　贾定玉一钱七分　郭明顺一钱六分　靳福科一钱六分　郭养兴一钱五分　靳国玉一钱五分　郭门郭氏一钱三分　靳国禄一钱四分　张师房五分　郭明阳一钱四分　李自标一钱四分　赵玉玺一钱四分　郭养吉一钱四分　郭忠直一钱三分　靳永亨一钱三分　张富贵一钱一分　郭光吕一钱一分　郭明英一钱　郭茂英一钱　石匠李林二钱　泥水匠刘玉才　杨大荣二钱　铁匠张佩兴三钱　木匠郭养志三钱　油匠马元祥三钱　□地赵福益二钱　郭光福六分　张福旺五分　靳国富五分　郭迎贵一钱　郭迎秋一钱　郭天吉七分　□福明五分　郭登林五分　赵三□五分　靳福亮七分　张文魁五分　靳福勤四分　赵国廷六分　靳福光五分　靳永璋五钱四分　郭茂廷四钱三分　靳永远四钱一分　郭养隆五钱六分　郭忠孝七钱二分　靳永汉八钱一分　郭养秀五钱五

分　郭光翠六钱□分　王应全四钱　郭登表七钱五分　郭增魁七钱□分　靳众奇九钱五分　赵国玉七钱

管事人郭万仓五钱五分　郭林福六钱五分　赵福顺四钱八分　靳永太七钱四分　刘汉玺六钱三分　郭万奇五钱四分　靳永增七钱二分　赵玉明四钱七分　靳永忠四钱二分　郭奉太六钱一分　郭养成五钱八分　郭忠亮五钱四分　郭明宪五钱六分　张佩芳五钱五分

首事人郭忠魁六钱一分　赵□美一两　靳永芳一两三钱

价银三两赵玉光　赵洪禄收　庙地粮三升　堡内社院地粮二升

○五○　大泽里北石瓮村创建戏楼三间

清康熙四十四年（1705）刊。

碑额书"戏楼碑记"。

现存于晋城市泽州县柳树口镇北石瓮村三教堂。

【碑文】

大泽里北石瓮村创建戏楼三间

从来可与乐成难□图始，此人情之常也。然未有不图之于其始，而能乐一□□□□□者，此又理势之必然也。如泽之东隅去城五十里许，有石瓮村，水秀山明，竹笆松茂，大去尘嚣之闹，门通竹叶人□，几来禾黍之香，路接杏花酒舍，亦山林中之胜景也。村之右刹有三教堂，一入山门，慈云编覆，如瞻灵鹫之境；佛相庄严，恍入菩提之界。多历年所，未稽创建由来。信男善女，但见希求必获，诚合村之精舍也，实一乡之护佑哉。所少者，春祈秋报之戏楼耳。虽□神所凭依将在德矣，然而酒醴之告寿（祷）实无心。况乎以答神庥，礼甚盛也，以荐明禋，典至渥□，此间人所以歌多黍多稌之诗以报赛田功也，此礼固自古已然哉。今亦何可处废兴旺，□处既近福庇，更深五（午）夜，每思□新之，峰倒囊，实直力短之若。乙酉岁春，偶携本姓兄弟子侄辈皈依之余，予因语之曰：窦氏好施，薛氏喜舍，吾姓中凉，族□□□向不能为此有限功德哉？讵□为善，竟有同心。若兄弟、若子侄，皆莫不欣然而诺。予言：□为是矣，余亦不诿其责。遂为首倡。于是或输红粟，或解青钱，各捐一二资囊，积少聚多，竟成亿万之功德矣。嗟乎！向之难图其始，今不且乐观其成乎？仲冬功竣石勒，咸属予文。予乃山野之农夫也，何知文哉？乃倩在城青云士为余走笔成文，以记其事。复列姓名于后，庶可垂诸久远云。乃第此也，异日年远事湮，风雨倾圮，更有起者，因已修者而为之复修，既新者而使之常新。一若余之不辞首倡也，则神明幸甚，合村幸甚，余不佞又幸甚。

为首全

毋有舜施银二钱 毋有兴施银三钱六分 毋有禄施银三钱六分 毋玉粟施银三钱六分 毋玉亮施银三钱 毋旺□施银三钱六分 毋玉美施银六钱 毋旺银施银七

钱　毋玉福施银六钱　毋有见施银六钱　毋玉江施银二钱四分　毋玉秀施银二钱四分　毋玉选施银五钱　毋玉平施银二钱二分　毋冬玉施银一钱　毋冬聚施银一钱八分　毋冬金施银一钱八分　毋得槐施银三钱六分　毋得成施银四钱二分　毋得仁施银一钱八分　毋玉富施银二钱四分　毋玉凤施银三钱　毋玉昌施银一钱二分　毋玉明施银二钱四分　毋玉旺施银三钱六分　毋玉海施银一钱八分　毋玉山施银二钱四分　毋玉禄施银二钱四分　毋玉友施银三钱六分　毋玉河施银三钱六分　毋玉玺施银二钱四分　毋玉坤施银二钱四分　毋玉标施银一钱　毋玉法施银一钱　毋玉□施银二钱五分　毋玉□施银一钱　毋玉□施银一钱八分　毋玉圣施银二钱二分　毋玉宽施银三钱六分　毋玉乙施银一钱八分　毋玉通施银三钱四分　毋广臣施银一钱八分　毋有祥施银三钱六分　毋有劳施银二钱四分　毋有邢施银一钱　毋门许氏施银二钱四分　逯宅施银四钱

康熙乙酉四十四年十一月二十四日立碑记

请到石匠刘旺乾　刘旺坤二人施银二钱

○五一　重修圣母庙碑记

清康熙四十六年（1707）刊。

碑高160厘米，宽72厘米，厚20厘米。

碑额书"重修碑记"。

现存于吕梁市文水县城关镇南徐村则天圣母庙。

【碑文】

重修圣母庙碑记

　　文邑北郭外，离城十数里，有古庙一区，翼然於西山之趾，岗岩拱翠，峪水环流，洵盛地哉。土人相传，以为始作是庙也，鲁班效灵□以重栾复栋，雾缉霞张，绣桷雕楣，鸾伸鹤翔，盘盘焉，囷囷焉，檐牙钩斗，究不知其何方，诚可谓之美观也。虽然世会迁流，安得轮奂之常臧哉？考其碑碣，修於明，建於唐，迄今年深日久，不无废荒。於是北榆都闫国春、武志夏、李只好等目击心伤，共图盛举，以实斯堂。既而咸克有成，声驰应响，请言於予，以求永彰。噫！予亦何言，抑惟即斯庙之悠远，铭万世之不忘已耳。

铭曰：

溯厥斯庙，汉武之初。坤仪奠位，则天圣母。

伟哉灵宇，壮矣弘模。穷巧极丽，共期永图。

如或继者，代有其人。后之君子，祈无废乎。

大清康熙四十六年岁次丁亥九月上浣之吉日立

癸酉科举人庚辰拣选知县高弼薰沐谨撰

书名人梁应麟谨书

扶梁人等

蔚呈府施银二两　程威施银一两五钱　武克施银一两五钱　闫乐　闫禄　米朝信女曹氏　米胜珠　孟璋　李虎　米立国　米京　米盛　以上施银一两　刘台　闫威　蔚呈凤　闫之虎　冯魁　米成虎　以上各施银五钱　张忠相舍布施银二两

经理纠首人等

孟璋　武志秋　刘芳　李之芳　米富　米玺　陈贵秋　刘现鼎　武志夏　闫国春　李只好　张云会　翟可盛　胡卿　程有德　武志玘　闫国旺　胡安　刘玉璜

管饭人

闫国春　武志夏　李只好　刘芳　武志玾　胡卿　武志秋　米玺　李之芳　张云会　米富　翟可盛　孟璋　闫国旺　陈贵秋　程有德　胡安　刘现鼎　刘玉璜　刘台　张海贵　仇定　刘铉鼎　仇舜　刘玉珍　张虎　蔚呈鼎　蔚呈凤　李虎　和禄　陈贵龙　郭贵　温守义　闫乐　闫禄　闫威　芦正　温守贞　蔚呈有　蔚有真　陈贵虎　郭林珠　闫之虎　程有兴　闫国海　游洪法　房芳　程稳　翟元儒　翟元利　高彦武　闫国玘　程禄　米京　米正湖　赵印　李只贵　张龙　米盛　米成虎　王福奇　张忠宰　张忠相　米奇功　翟元贞　米宗周　米一国　米壮国　米立国　温璋　胡应奇　武开　高豹　武楼　武克　武米　武志友　冯魁　武学文　孔应龙　孔应相　马振　侯光振

木匠张福虎　李养奇

泥水匠郭名境　男郭大臣　路梅芳

石匠王起雾　男永泰　永安

画匠曹六孝　张盛隆　原岚世　李

碑匠高子成　侄高谷

土工刘国富　雷有福　成殷旺　田贵

住持梁运　男应麟　应麒　应凰　孙男豺　豹　虎

新修东院一所　做窑一眼

〇五二　重修玄帝庙记

康熙四十七年（1708）刊。

碑高164厘米，宽80厘米。

碑额书"皇清"。

现存于运城市河津市城关九龙山真武庙。

【碑文】

重修玄帝庙记

闻之北属五常之智，即属五行之水，属五音之羽，即为五色之黑。神之坐镇是方者，遂号称玄天上帝。像绘披发赤趾，杖剑挥戈者，岂无所取义而然哉？盖发首即玄，挥戈即武也。吾邑城头姑射之麓，旧有神祠建焉。重阁层楼，俱相山形而下上；天门金阙，各随地势以参差。以斯处而供斯神，就吾邑中论之，可谓神协其位矣。神协其位者自能常妥其灵，犹之人得其所者自能常遂其生也。但历年多，而殿宇墙垣与夫长廊曲槛之间，不无废坠，使不早为整理，势不至於不闻夜半钟声，徒怅五更风雨也不止。康熙三十四年，我坊善士首倡募化，次第修葺，由朝天宫阙，而门楼，而花墙，而天门栈道，皆巍巍乎头角之嵘岐；由太和宫殿，而享堂，而舞榭，而东廊道院，咸灿灿然规模之壮丽。迨夫神像金妆，台阁玉砌，又岂前日之气象所可得而较论也乎？事竣，属余为文以志之。余观夫庙貌之嵯峨，实借姑射之形胜，西压秦川，东衔稷岭，城市村落布其下，汾水疏属绕其前，郁乎苍苍，茫无际涯，登临把酒，未有不心旷而神怡者矣，亦可谓吾邑中之一大观也。神人以和，非此之谓欤？是为记。

赐武进士出身原任陕西下马关守备邑人师鹰杨谨撰

文林郎知河津县事史可述　儒学教谕举人张元枢

典史陆企渊　禹门渡巡检司巡检刘浦

邑庠生王億书

督工乡老侯锡瑞　杨俊　王之衡　柴建　杨耿元　高飞鸿

管工乡老谢崇桂　王允恭　原德忠　杜呈瑞　杜智　王毓泰　刘定汉　阴思清

柴芳荣　侯民安　赵良贵　吴良相　武正灵　王映辉　崔建　李三白　侯鼎鼐　高

之相　杜铭仁　王尚柱　周起成　曹壮烈　王映垣　李耿林　王晋英　李复　杜上建　解世旺

候选县尉杜尔奎　生员杜尔英

医官王仁　胡贤　刘正志　解振林　闫敏仕　柴景宗　王彦　杜义公

募化善士张冲光

住持道宫李德轩　道人郭德安

康熙四十七年

○五三　新建戏楼碑记

清康熙四十八年（1709）刊。

碑高160厘米，宽69厘米，厚19厘米。

碑额书"新建戏楼碑记"。

现存于吕梁市中阳县城关镇柏洼山昭济圣母庙。

【碑文】

新建戏楼碑记

余令宁邑几三载，於邑之名山胜境，靡不登望而游览焉。独县治东十里许有柏凃山者，其山秀而曲、高而耸，松柏森森，花木萋萋。山之上有昭济圣母祠，神座之下温泉出焉，诚一邑巨观也。每岁桐月之十七日，远近朝山者，香火不绝，以故历代相传，创造增修，不啻再四。丁亥岁，邑人因献戏祷赛之事，而有议建戏楼之举。其时起意乡耆，有杨尔法、靳祥；总理董事者，有廪生王子徽元、太学生陈子才、王子以矩、信士白子玺、杨子宰；而尽心竭力经营辛苦者，则靳子尔睿。兼之阖邑绅衿里民咸乐为输将，共襄厥事。是以不数月而楼台辉煌，庙貌巍峨，小者廓而大，旧者易而新。噫嘻！人力耶？神助耶？不有碑记，何以励后！迄己丑岁，社之众士因春元王讳锵者入京会试，述其始末而托之丐言於余。余职司谏垣，凡义举胜事有关风俗者，无不乐道而表扬之。况宁之士庶，朴而实、俭而勤，为余所素习而目睹者，有此义举胜事，而能不为之表扬乎？余故乐其事、嘉其意，而且以信神力之默佑无疆也，遂不禁走笔而为之记。

康熙四十八年岁次己丑桐月谷旦

赐进士广西道御史戊子科云南正主考前知宁乡县事洛阳吕履恒撰

岁进士候铨训导邑人王纯元沐手书　施银一两　男生员王镜

文林郎知宁乡县事岭南麦天穗　儒学教谕杨震成　训导吕濬明　典史王席珍
起意乡耆杨尔法　靳祥各六两

募缘道士姚清㳕

总理纠首廪生王徽元　监生陈才　王以矩　上各六两　信士靳尔睿三两　白玺六两　杨宰三两

督工纠首生员王宪元　李郏　王链　上各一两　信士李有信　王以惠各六钱

施钱纠首增生郭际熙一两二钱　王崐　王学思　信士王尃　王岑　惠相　刘鸿玉　王令元　王铭　王秀英　郭维忠　陈鸿志　曾世唯　上各一两　王岗　王治　朱印　党维科　王煜　刘世亨　李楠　高□　王铣　张勋　上各六钱　张钦诚　武之让　王沛各五钱　王洋三钱　陈纲　王巍　李长隆　武晋　张勤　上各五钱　王者信　刘纶邦　李元　王淳　白其禄　王峣　张俊　王筹　刘之翰　上各三钱

施钱乡绅刘遵宽二两　曹斌　王镪　杨轮　李植　王佑　陈琰　刘遵宠　上各一两　高运　王镫　刘遵守　陈智　上各五钱　王炜　王之琰　曹薬　上各三钱　张景云　刘鸣玉　上各一钱　永宁武举任万登六钱　太原生员高模六钱　汾阳信士张士广一两二钱　孙复祉六钱

施钱生员武翔　王思恭　李昱　朱孔仁　靳琮　上各一两　刘绍宗六钱　王裕祚　郭卫　卫銮　许建猷　赵萃祥　张景仁　任天受　卫孔衍　许邵　上各五钱　王之沃　卫孔道　刘祚纯　上各三钱　卫鉴　李郁　张时乘　王策　郭行宽　王洪勋　上各二钱　王溥　朱孔令一钱二分　俏主陈瑾一两　杨新锡五钱　朱孔懿三钱　张景玉　郭正　王垒　刘宽　王恒祚　王基　王曾第　王洪睿　王曾禹　王洪恩　周建鲁　周鹤　靳之□　杜□望　上各一钱

施钱信士许际泰　张锭　张振仪　杨守法　上各一两　高庸　朱炘　杨渤　杨辕　王岱　王以义　贺鹏　张贵龙　上各五钱　杨廷龙　李桐　宋琇　高仲　王镒　李俊　李有吉　李有智　王第　上各二钱　张友翰　刘絃宗　李有庆　李有立　白玉　李芳　张□　武有功　郭廪　何忠　刘锡　上各一钱

木匠张提　张景忠各五钱

泥匠朱克信五钱

油匠高枝

石匠杜一良　王节　赵油

瓦匠张景

画匠李斗金

〇五四　大庙记事碑

清康熙五十二年（1713）刊。

碑高37.6厘米，宽60.5厘米。

现存于晋城市阳城县凤城镇汉上村大庙。

【碑文】

大庙记事碑

汉上社事繁费，民力不堪，蒙县主朱老爷严为申禁，仍令各社悉具遵依勒石。今将本庙具禀条约备列于后，禀状人王洪斗、姬广禄、姬月禄、李佐等，禀为公遵，俭约便民，勒石千载，衔结事身等。僻居乡野，土瘠民贫，村有神社，每岁挨攒，浩费百有余金，以致菽粟匮乏，供赋艰输。幸蒙老爷福星降临，痌瘝民瘼，张示谕民。凡祀神者，不在奢靡庆繁为要。身等农民，感颂无既。今蒙洞悉，是以爱民之至意也。今将遵俭缘由，理合开明具禀，乞老爷天裁电鉴，恩准勒石，群黎均感，公恳老爷殊准勒石，永成定例。今将本社应行逐件俭约，公同议定，永远遵行。

——正月十五日修醮灯山今减止用僧人供献；

——二月春祈将祭猪乐妓减去止用祭羊乐人；

——清明将祭猪蜜食减去止用祭肉十斤献食；

——三月初三日祀蚕姑神例用素供一桌；

——三月十八日祀高禖神今减止用祭猪献戏；

——四月初三日今减止用祭猪献食照旧；

——四月初五日祀黄龙神例用素供僧人；

——复祭白龙尊神今减止用祭猪献食；

——六月十三日旧用祭猪献戏乐妓五六十名高棹供馔悬挂陈设围子共费银五六十金今减止用祭猪供品土戏乐人六名；

——七月初七日祀牛王神止用祭羊一只乐人四名将猪戏具减如违公举于罪；

——秋报祀神旧用猪羊献戏乐妓费银十两有奇今减止用祭猪土戏社首合猪乐人四名。

以上十一条遵谕俭约，其余奢费以及备席，会社永行禁革。

康熙五十二年岁次癸巳三月初二日阖社四坊公立石

〇五五　重建庙碑记

清康熙五十二年（1713）刊。

碑高165厘米，宽64厘米，厚23厘米。

碑额书"饮水思源"。

现存于临汾市翼城县武池乡武池村乔泽庙。

【碑阳】

重建庙碑记

邑庠生员□衡任廷铨撰文

廪膳生员南捷丁枀升□阅

里人逸民西峰崔岐裔书丹

闻之名山川之环列天下也，其有能奠方域、产财用、兴云雨、润泽民物者，考之祭法，宜在祀典。翼东南去县治十余里，□而峙者曰翔山，泉而流者曰滦池。宋大观五年六月六日勅封汉滦将军主之，其神为乔泽。诏至时，有卿云飘渺于翔之巅，辉映於池之上，三日乃已，人以为神之凭依在此。凡□水旱则祷之，寒暑□候则祷之，□疾祟降则祷之，咸若有答焉者。祠宇创自三村，首南梁崔庄，次涧硖，又次为清流。每年春三月纠□村以奉祀事，敦请县□□□主，十二村鳞次焚香灌鬯，罔敢不恪。奈历年久，遭风雨虫鼠之侵害，庙貌毁堕，曾不及浮图列刹，□壮□居。余三村临祀，蹙然不宁，若不克承，且惧无以妥神而传后。康熙癸巳正月，三村渠长崔岐裔、丁玮、侯武麟等协议重建□新。征土工、木工、石工，备器执用，逾五月而告竣焉。以记嘱余，余念翼土瘠民贫，迩来唐风迨湮，民□□于顽而化理为难，独东山一带颇守义奉公，家尚孝友，而仁让之俗不改於旧。起视四民乐业，桑麻井然，鸡犬安然，民帝力而歌击壤者，要皆乔泽神之赐也。神之德不啻山之高，水之长矣。吾侪生当盛世，百灵效顺，万物嘉遂，饮水思源之□，□输将而忠於君，洁豆笾而孝於亲，循□□法以事其长上，庶入庙以敬，神之来格也必矣。不然，□君遗亲，俗不长厚，虽金碧辉煌，牲帛杂陈，神其吐之乎。余爱宣神德，复书所以事神之道於石，以示后之俨於祀典者。

康熙五十二年岁次癸巳十二月吉日

督工渠长丁玮　张鼎彝　郑生蔚　吕秉权　陈培基　崔岐裔　牛裔长　崔祖恒　崔□□　任盛太　柴宿奎　侯武麟　任俊仝立石

【碑阴】

　　涧硖村渠长陈培基　张鼎彝　丁玮　郑生蔚　吕秉权等五十七甲尚银五十五两三钱一分　看水郑时豫

　　南梁崔庄渠长崔祖恒　崔岐裔　牛裔长　崔宗周等六十四甲尚银五十五两三钱一分　看水崔秀　石质

　　清流村渠长侯武麟　任盛泰　柴宿奎　任俊等三十二甲尚银五十五两三钱一分　看水王君福

　　柏树二株共卖银二百零二两

　　三村共纳银一百六十五两九钱三分

　　二宗共银三百六十七两九钱三分

　　使用开后

　　使银六十二两七钱二分　木植

　　使银二十七两六钱三分　椽

　　使银三十五两七钱　木匠工食

　　使银一十六两八钱　锯匠工食

　　使银一十二两　泥水匠工食

　　使银二十八两　土工工食

　　使银五两五钱　铁匠工食

　　使银一十二两一钱　条石乱石

　　使银一十四两一钱三分　钉子并铁

　　使银三两五钱　绳麻工钱

　　使银九两四钱　石灰

使银三十两四钱五分　砖瓦宝屏

使银四十七两五钱　夫役牛工

使银一十六两二钱　妆神像彩画殿宇

使银四两二钱　看水工食

使银四两五钱　土坯

使银七两八钱　挂匾

使银二两五钱　碑石

使银八两五钱　犒劳各匠酒饭

使银一十一两八钱　谢神戏猪并各村送盒酒费用

使银四两　麦口桐油纸觔等项

玉工李治资　吕兆麟　吕王佐仝刊

〇五六　重修净信寺碑记

清康熙五十三年（1714）刊。

碑高 240 厘米，宽 80 厘米，厚 11 厘米。

碑额书"重修碑记"。

现存于晋中市太谷区阳邑镇阳邑村净信寺。

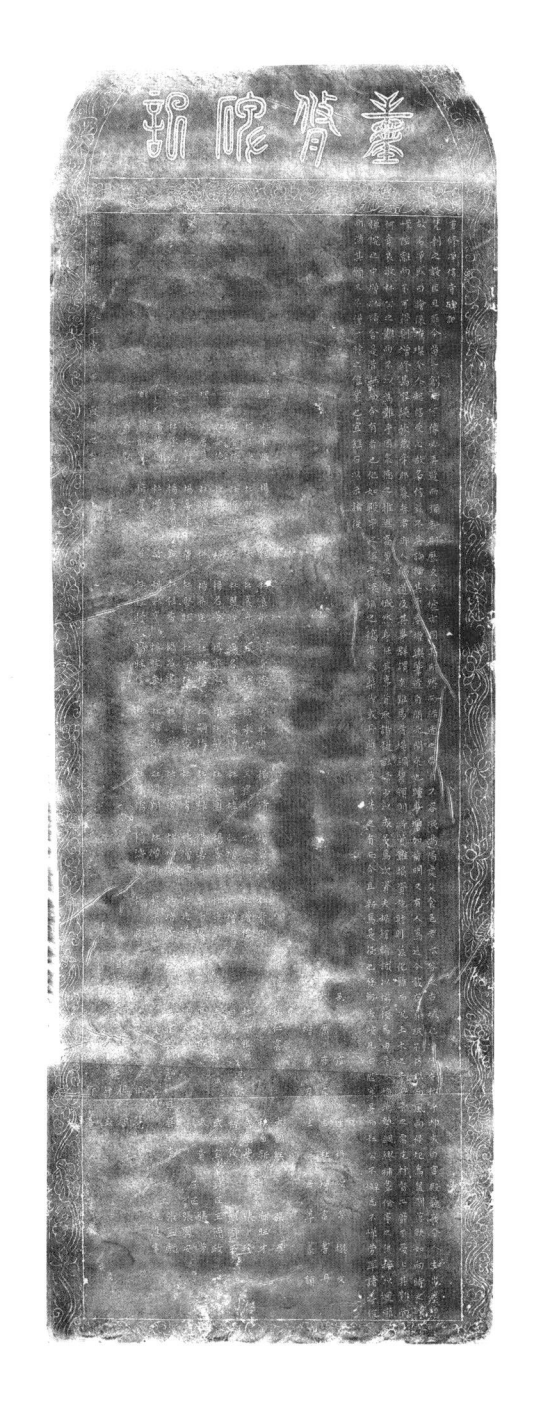

【碑文】

重修净信寺碑记

梵刹之设，匪且匪今，苟一创而可传，必再造而弥新，则历久不墟，亦固其所然，而缔造之劳，自不容泯焉。阳处父食邑者，太谷之古城也。净信寺位乎坤，或曰宫殿巍峨，令人生出尘想，故名净；或曰绘像璀璨，令人起信受心，故名信，兹不具论。论其原委，权舆肇造，自开元间来也，踵事增加，前明又有人焉，迄今载在贞珉不朽。然而风雨侵圮，鸟鼠剥落，欲如向时之峥嵘陆离而不可得，则增修焉容缓欤？岁辛卯暮春者，乡人偶道及其事，群谓有难焉者，提纲挈领则纠首难，捐资施财则募化难。而况土木之费，丹青之需，庀材督工，靡不戛戛其难。而何幸良敬杜公之难而不以为难乎！因众德之推，继高曾之志，慨然身任其事。首取诸税亩，积少以成多焉；次资夫振铎，输诚以恢怪焉。由是各抱地势，绸缪补葺，俯亭之后，接以回廊，禅院之中，增以精舍，是昔无而今有者也。他如殿宇之颓者，榱桷之槁者，或筑作，或丹雘，亦莫不昔之有而今且新焉。是役也，发轫告竣，凡四历寒暑，而杜公不懈志、不惮劳，率诸善信而满其愿，又不仅一时之伟业也，宜镌石以示诸后。

邑庠生杨文命撰文

太原府庠生杜增富书丹

邑增广庠生王居尊篆额

阴阳生杨仁震

总经理纠首

杜良敬　杨名誉　杜全德　杜奇德　王居尊　杜若桂　杜承孔　乔华国　杨旺宽　贾永弘　杨文命　杜朝柱　杜福增　杜逊　杜增荣　杨喜荣　杨喜顺　杜增英　杨震裔

经凑布施并管饭纠首

杜良敏　杜良舟　杜翠时　杨名芳　杨希廷　杜坚旺　杜桂香　杨永亨　杜桂抒　杜奇德　王琮　杨名栋　杨登泓　杜映桂　杜荣桂　杨名建　杨旺朱　杨旺信　贾永祯　杜承孔　杜福增　杨旺敏　杜嗣梅　贾永茂　杜默　杜福泓　杜昌云　杨世清　王建祚　杜可桂　杜来凤　杜承禄　杜云秀　杜呈瑷　杜凤翔　杜增儒　杨崇德　孔全德　杜增华　杨喜顺　杨喜祥　杜增德　杜增馨　杜增郁　杨溥裔　杜贵乡　杜增伟　杜增兴　杜发蒙　乔斗照　杜廷逊　杜培菁　杨宗溥　杨游

木匠杜奇祯　白福才　王居显　冯大成　冯大印　王建兴

泥水匠武国旺　穆自新　武国华　穆俊　武永宝　武金贵

塑匠吴奎

丹青张五　郑旺才　张珍　郑国玉

铁匠王德政

石匠张芳　男张凤安

土工张孟麟　姚进亮

住持固积　会秀　门徒祖慧　祖智　行玉　行善

龙飞康熙五十三年岁次甲午葭月之吉

〇五七　中兵村重修碑序

清康熙五十五年（1716）刊。

高175厘米，宽70厘米。

碑额书"流芳万古"。

现存于太原市阳曲县泥屯乡中兵村徘徊寺。

【碑文】

中兵村重修碑序

尝思莫为之先，虽美不彰；莫为之后，虽盛不传。是知有人焉，以启其绪；必有人焉，以继其绪。维我阳邑，乡曰中兵，旧有殿廊，□依祈谷。溯当年而画栋为章，不异蓬莱之盛境；□今日而朱梁落彩，实同瓦砾之毁宇。不有继者，谁为更其始；不有襄者，谁与成厥事？是以僧人复禄与乡耆义士晏义、杨义壮、□□共议而圮者再建，募缘而旧者更新。□其门而鲜明夺目，入其室而色泽怡人。烟水溶溶，照耀於檐阿之上；云山郁郁，逞妍於斗柱之间。翻清风以飘彩，绕明月而争辉。层峦耸翠兮若逼重霄，中外辉煌兮真如阆苑。况燕燕时随，殿阁□竣，舒歌调矧，莺莺日窥，楼台中巧弄笙簧，岂犹然瓦砾之毁宇，已复作蓬莱之盛境。苟□继起之有人，何以□先而辉映。功既告成，问序於余。余惟人因物异，物借人灵。古往而今无穷，山河如故；景迁而人再理，模象常新。敢竭鄙诚，恭疏短引，非润色□□肆好，聊志实以垂不朽云。

本邑向阳镇儒学庠生王纶谨撰

义从贤　男扬　严四两一钱　义自加　男采祯　采祥　采福二两九分　义生□一两四钱七分　义成一两九分　义平时九钱二分　义□八钱五分　义士晏八钱　义孔德五钱二分　义世四钱九分　义旦仁四钱六分半　义光三钱三分　义喻三钱二分　王宗碧三钱　田秀实三钱　义从贵二钱八分　义定二钱六分　义诸二钱五分　义飞□二钱四分　□□二钱一分　王思盛二钱　义孔英二钱　义代二钱　义旦直二钱　义位一钱九分　刘治一钱九分　义信一钱八分半　义平□一钱　义恩通一钱七分　义旦信一钱七分　义孔惟一钱六分　义亮一钱五分半　义框一钱五分半　刘禾奇一钱五分　义从有一钱五分　义桂通一钱五分　义士英一钱四分半　义化桥一钱四分半　义章　义书一钱四分半　义瑞一钱四分　王孝□　王光一钱四分　王加□　王

加□一钱四分　义万一钱四分　义从德一钱三分半　郝直一钱三分　义孔禄一钱三分　义士成一钱二分　义宗一钱一分　义礼圣一钱　义士□九分　义士节九分　卢名祯八分半　王加□七分半　卢选七分　王思孝六分半　义士官六分半　义□□六分半　义□孝六分半　义和□六分半　义士□六分半　义士□六分　义□六分　义自盛六分　刘瑛六分　义自明六分　义昇五分半　义仁央五分　武盛四分半　王加禄四分半　义孔富四分　义现四分　义元四分　义孔利三分半　王加禄三分半　义敬三分　刘春明三分　武法三分　王加成三分　义□一分半　张三元七厘　义照七厘　义大锁六厘　王麦五厘　□□头粮社银每五粮一钱五分　义从宝四钱　义自□二钱　义荣祯二钱　义北一钱五分　义士明一钱五分　义□峰一钱五分　田□宝一钱五分　义威一钱二分　义自如一钱二分　义□一钱二分　义璜一钱二分　义士晏一钱二分　义生荣一钱二分　义孔英一钱　义士□一钱　武□一钱　义士□一钱　郝□□一钱　张二元一钱　杨云一钱　义自虎一钱　庠生义杨四钱　赵世章一钱　刘尔□一钱　义化富九分　义东祥八分　贺忠宁八分　王加福八分　义东福八分　王交八分　义且仁七分半　贺忠相七分　卢化祯六分　义□六分　义礼耀六分　义且信六分　义孔德六分　刘祯六分　王思盛六分　义自□六分　郝登五分　义万五分　义□贵五分　义位五分　义士显五分　□□秀五分　□度五分　王福五分　义敬五分　周富五分　义□四分　□□四分　义□四分　义（阙文）分　义兆福三分　王思顺三分　王思通三分　王思孝三分　义□盛三分　义且□三分　孙要三分　义桂□三分　刘自义三分　□□□三分　义贞三分　王三才三分　王自生三分　义孔旺三分　义士三分　义士官三分　王宗碧三分　义瑞三分　义士英三分　义孔□三分　王加英三分　义□三分　王加禄三分　王宗喜三分　义士成三分　王加要三分

　　经理总纠首庠生义杨　信士义士晏

　　经理散纠首信士义俞　信士义章　信士义威　信士卢□祯　信士义世　信士义荣祯　信士义北　信士王宗美　信士义士明　信士田秀□　信士义孔耀　信士义生荣

信女义门郑氏　武门赵氏募化各村众姓施砖一千　信女义门郑氏犒工四人

木匠义士文一钱二分　铁匠义士杰一钱　泥匠张九宽一钱　画匠李旺龙　王□明

舍碑人义且银　义士孝　义思孝　义□武　义成文　义柱　王加全　义孔德　义孔禄　义孔耀　义□　刘诒　义□　义自盛　义且直　郝荣贵　义士　王加福　义存玉　义自信　义士官　王加美　王□龙　王思孝　王三□　义且仁

石匠蒋凤云　泥匠郭应亭

本寺住持复禄　门徒崇德

泥屯村古觉寺僧人义喜　门徒复祯　复礼　法孙栗仁　□义

时大清康熙五十五年仲秋吉旦立

〇五八　泽城西南隅五里许□南社
　　　　重修庙宇□塑金妆碑记

清康熙五十七年（1718）刊。

碑高144厘米，宽50厘米。

碑额书"昊天上帝位铭"。

现存于晋城市城区西上庄社区庞圪塔村玉皇庙。

【碑文】

泽城西南隅五里许□南社重修庙宇□塑金妆碑记

村后旧山神庙，槐树一株来镇风脉。

尝闻遐迩乡庄无不立庙，大小村社有欲求神。建庙祠者，原为崇祀之灵坛；设法像者，乃欲钦奉之祈谋。庶神有凭止，民有仰处。吾村东北右有玉皇上帝大殿一座，左角殿内，高禖神祠，启我后人，瓜瓞蛰斯；右隅殿中，关圣夫子，灵光不艾，保佑一方。每年春祈秋祭，行神赛愿，胥有赖焉。第年代久远，冬被狂风而吹摧，瓦坠脊毁；夏遭暴雨而倾淋，禄朽脊滚，非可以妥侑神明也。适有郡人弘业贾君者入庙消暑，见其殿宇残破，若不预为修理，将必致倾圮。是以作善倡先，会同合社，商及诸君，照依地亩，起派收谷，共集八石六，每岁积累不计石数，零星置买脊兽椽檩，重修庙宇，改造规模，是可以格神耶？睹外形而巍峨，维壮庙貌之观瞻；觑内像而黯淡，尚欠丹画之庄严，不可谓之完全。然必善始善终，斯可名之克成。又有洪昇姬君者，思起善念，输财募化，不惮劳心。余也生居里社，幸荷神庇，补塑绘黝，悉为金妆，仰干俯叩，神喜人悦。工修告竣，焕然聿新，众君乐善好施之诚心，亦不可泯也。谨序俚言，工完勒石，俾为后人稽致云耳。

施主姓氏芳讳

张大宅太氏陈银一两　王二宅太氏张银一两　比丘尼真性施金六箱　梁宅谷一石　吴宅银二钱　宋显魁银二钱　王庆银一两　赵永宁银四钱　李生桂一石五斗　庠生李世泰谷七斗　张柱金面五十斤　杨印生银二钱　王统治银七钱　王守义银六钱　翟金国谷一石　王惠银二钱　王裕贞银二钱　庞得江银一两三钱五分　贾弘业银一两二钱　李君显方砖三百个　陈法贞银九钱　杨奉荣银八钱　王文义银七钱七分　姬弘昌银七钱四分　魏彦贵银七钱四分　史君忠银七钱二分　姬洪昇银六钱四

分　左君相银六钱四分　姬思贵银六钱　张魁金银一钱五分　魏君锡银一钱　闫金银一钱　王敬银七分　叶维子银五分　宋璧银七钱五分　陈得贞银五钱　韩景太银五钱　张美银五钱三分　韩子福银五钱四分　韩裕林银四钱四分　韩景润银四钱五分　庞得水银六钱三分　李如金银三钱八分　李有禄银三钱七分　魏君佐银三钱　侯子玉银三钱三分　晋和国银三钱五分　朱才兴银二钱七分　刘才旺银二钱七分　魏君相银三钱　梁建极银三钱八分　□挥银四钱　王万□银二钱四分　王国才银二钱四分　杨裕清银二钱五分　王奇才银二钱　魏君臣银二钱　魏金成银二钱　焦逢雨银二钱　侯现祥银二钱三分　韩汉卿银二钱　叶旺银二钱二分　弓德银一钱八分　王思彦银二钱　韩正奇银一钱四分　姬云元银一钱三分　陈有福银一钱三分　张建奇银一钱　左印禄银一钱　郭君雨银一钱　郭昌臣银一钱　张忠孝银一钱

维首庞得深　贾弘业　姬洪昇　史君忠　左君相　杨奉荣　王文义　宋璧　陈法贞　姬洪昌

众女善人化谷五石

康熙五十七年八月十二日吉旦立

堪舆阴阳典魏洪弼沐手撰书

住持僧真强　徒湛明

玉工张忠孝镌

〇五九　卦山天宁寺重立常住地亩碑记

清康熙五十八年（1719）刊。

碑高190厘米，宽70厘米，厚19厘米。

碑额书"重立常住地亩碑记"。

现存于吕梁市交城县天宁镇卦山天宁寺千佛阁。

【碑文】

卦山天宁寺重立常住地亩碑记

万卦山天宁禅寺，交邑名胜地也。其养赡地亩，坐落各方，屡被奸民侵占。故明古江吴侯知交城县事时，锄奸剔弊，查明各处原额地亩有被豪民占去者，悉断归本寺，卷立该房，复立石殿左，将本寺各处地亩四至，悉载碑阴，以为永据。县北数十里山怀寺圪垛，系本寺之常住地，其地亩四至明载旧碑，奸民苏应忠等因其窎远，从旁窃占。康熙五十八年，太原督粮理事府加一级洪公来署交城县事，寺僧寂禄陈碑控告忠等串通本处豪棍，借细渠以混天堑，指砌石以赖大山。公因委员查勘，细阅图形，援笔立判，判云：地以圪垛名，肖其形也；冠圪垛以寺，言有主也。详其形，味其名，不问知为神业矣。况四至俱属天险，并非人力所能移。煌煌碑文，确有可据，忠等既无印册，又无契照，安得混赖。仍着本寺承业立案，嗣是而后有再起争端，妄生觊觎者，尔僧执此判以往诉，官虽易，法不易也。禄唯唯受命，窃思有寺无僧，终归无寺；有僧无食，究至无僧。藉非我洪公洞触神奸，使强民效尤，侵夺无已，其不至荒乃寺，以废兹胜境者几何。於焉勒石，一以垂遵守於来兹，一以颂神君於不朽云，其本寺各处地亩四至仍载碑阴。

大清康熙五十八年岁次己亥十二月谷旦

邑廪生胡从彦撰

阖邑士民纠首

张鼐　陈梦求　丁祖汤　胡从彦　孙世周　闫琛　田祖稷　闫建都　丁作翼　孙德棻　王上选　陈君求　李英　张尔涵　丁光汤　孙全斌　刘宗汤　杨耀宗　张希圣　李若汉　胡珍　徐作珩　常太枝　武敦　白振新　张志远　胡子璞　李斯刚　解立中　刘光祖　覃锡嘏　丁如汤　覃浩　覃敷瑞　孙筠　任一章　胡开弟　高

日邕 李点 丁作慧 任弘略 田斯吕 崔崟 丁光前 徐献斌 张师良 曹廷献 武璲 丁师宽 陈名□ 李治邺 康君卫 王倕坤 郝汉侯 陈名榜 闫显仁 荣泰 李其欣 郭永安 张成德 徐养湖 吕贺 田文彩 覃志云 郝岗 杨二发 解明 任伏兴 徐大昇 李若兴 韩承会 李玉景 李敷发 李遇先 陈大节 徐进虎 韩万禧 王元 丁作蕃 刘元吉 徐应圣 路端 郑一桂 张懋笔 覃训 田栗 孙有仁 武英 路允玉 薛瑞 刘玉鼎 江宗海 管世隆 潘惠迪 胡文光 王秉忠 麻制美 李广生 李辅文 丁作明 徐进吉 赵国瓒 石廷章 李奇玉 燕□ 胡世芳 游云发 曹廷龙 徐起法 李祚新 陈自成 荣富成 王化龙 王允昌 陈玘 王允兆 闫进昌 荣进香 王希福 李成相 路日茂 王在先 陈自富 □□□ 闫进贵 荣衿 王允惠 张为仁 王允选 李阳 王聚

住持寂祯 本塬 寂禄 寂禅 照地 照昌 自成 照现 照成 照虎 性善 圆达 普信 普□ 普润 普悟 性德 圆道 道喜

玉工高尔华 高文龙 □献祯 高成龙镌

〇六〇　重修西溪二仙真泽宫记

清雍正元年（1723）刊。

碑高197厘米，宽65厘米，厚19厘米。

碑额（阳）书"□福"，碑额（阴）书"□修□记"。

现存于晋城市陵川县城关镇岭常村二仙庙。

【碑阳】

重修西溪二仙真泽宫记

自二氏之教浸淫於人心，而天下之崇奉其说者，每乐辉煌其宫，金碧其像，即至爇其顶、燃其指而不顾。及问老氏之能为民御灾乎？曰：未能。问佛氏之能为民捍患乎？曰：未能。彼不能为民御灾捍患，而梵刹道院且所在多有，所在庄严也。矧夫神之有功於民，顾可令其妥灵之所，风雨攸剥，鸟鼠攸居，漠然於心而不为之动念乎？吾邑岭西灵山之麓，旧有冲惠、冲淑二真人宫，宫之创始，相传有宋居民张志之母，夜梦神语而建之。厥后志子权，权子举与其族人愿、阎、椿等又皆奉敬神意，恪承祖德，增修而式廓焉。盖自皇统以来，颓之者不一候，葺之者不一人，皆有碑记可考。昨岁夏霪雨连绵，庙之正殿、寝宫并东梳洗楼，或被云穿，或留雾宿，或墙垣邪欹而将倾。社首张泰等瞻礼之余，心甚怵然，惧其一旦颓圮，无以妥神灵而奉香火也。因共请之邑侯蒋父母、邑尉沈父母，谋所以修葺之法。於时倡首绅士则有冯君镐、王彧、王纶、宁璿等，耆民则有王沾、王德峻、张泰等，斧斤山林，陶冶甓瓦，榱桷之挠折者易之，甋砖之破缺者更之，金碧之漫灭者丹之垩之。是役也，经始於康熙六十一年七月廿七日，告成於雍正元年八月一十七日，阅十三月而工始竣。落成之日，咸谓督工维那与捐资姓氏不可湮没而无传，因属余为文以记之。余谓二仙尊神，不同於二氏之虚无寂灭以为教，亦不等於凡为仙者之飞升蝉脱，仅遨游於三岛十洲而已。其事继母也昭其孝，其饭边卒也昭其忠。祷雨泽者，俾之滂沱；祈子嗣者，锡之兰桂。其有功於国与民，不甚彰明较著哉。以视夫不能为民御灾捍患者，其相去何如也？今兹之役，余固乐从诸君子后，摭其实而为之记，且以望后之善人信士，因时而修葺之。则真泽仙宫直与灵山并峙，千古而不朽，而吾邑之人沐神庥而被神泽者，亦将子子孙孙历万祀而无既云。

大清国雍正元年岁次癸卯八月二十七日立

邑弟子辛卯科举人戊戌拣选知县徐审薰沐敬撰

邑庠生冯潮书

文林郎知陵川县事加一级纪录四次蒋景楷捐银二十两

儒学训导张倬捐银四两　陵川县县尉沈之苞捐银八两

岁贡生候选训导冯君□奉银一两五钱　岁贡生候选训导王彧（阙文）

生员（阙文）仝立石

二仙尊神亲临各庄显化泽福于后万姓均沾

【碑阴】

各村庄众善信布施

高平县狄阳村□□奉银二十一两　长治县□□村王门曹□□□银□□　□□县□□□生刘□□银六钱　生员都□银□□　平城镇银□两□钱　附城镇银□两□钱　礼义镇银六两六钱　瑶头村银一两六钱　平川村银□两五钱　南马村银四两　梁泉村银□两□钱　余家平银□钱　义井村银一两二钱　申庄村银三钱　远望村银二两　平居村银一两五钱　□庄村银六钱　□山村银二两七钱　南窑村银一两　安阳北窑银一钱　中长脚银□钱　石井村银四两五钱　长□脚银八钱　侯家庄一两三钱　宋家坡银二钱　杨寨村银二两三钱　侍郎庄银九钱　小赵村银二两八钱　北川村银六钱　宋家岭银六钱　土门河银三钱　□庄村银一两七钱　安阳村银三钱　南□村银五钱　□□村银六钱　□坡村银□钱　和□村银五钱　北石门银六钱　朱鸾岭银五钱　秦寨村银一两五钱　北赵村银一两四钱　赵豁池银八钱　□水村银一两四钱　下河村银四钱　张家庄银五钱　原家庄银五钱　郭家庄银六钱　艾苍村银八钱　嵩山村银一两　赵□村银一两一钱　廖池村银四钱　□□村银五两　刘家庄银一两四钱　野□□银一两一钱　矿池村银一两一钱　牛家川银一两七钱　簸箕掌银一两二钱　张村村银一两一钱　窑子上银八钱　赵丈村银三钱　东平村银三钱　南赵村银

二两　石境栈银四钱　石圪□银□钱　东八□银四钱　井郊村银九钱　□□□银□两七钱　石□村银□两八钱　大会社（阙文）　长□□银□钱　□□社银□两　都家庄银□钱　大□□银□两　燕□□银七钱　□□庄银□钱　南瑶村银六钱　□凹村银□钱　岳家□银四钱　圪□掌银四钱　杨□堂银一两五钱　寨子村银四钱　西八渠银□□　东八渠银□钱　八渠河□银三钱　□头村银□钱　□□头银二钱　脚儿头银六钱　冶南村银一两三钱　大掌村银一两三钱　东壁村银二两八钱　社南底银一两五钱　□□村银八钱　北四摇银一两二钱　□河村银四钱　王家□银四钱　□□□银□钱　北□□银五钱　□□堂银□□　□□□银三钱　（阙文）　□□□银一两四钱　□□□银二两一钱　冶□村银三钱　申家沟银三钱　泉子村银二钱　□□村银五钱　蒲水村银二两二钱　□□山银二钱　□□山银二钱　西山□□□村银二钱　神冶村银三钱　西石马郊银一两八钱　炉子脚银一两□钱　凹□庄银□钱　小□池银一两　四义村银□□　郊□村银一两七钱　圪塔村银一两四钱　□□里银七钱　西鹞子延银七钱　东鹞子延银一两三钱　东庄村银一两一钱　九章村银一一钱　王郊村银一两　沙□池银一两一钱　南□村银六两五钱　□河头银一两一钱　□蓝泉村银二两四钱　营里村银一两二钱　吴□村银四钱　曹庄村银一两三钱　圪□树银三钱　尉寨村银三两七钱　石子岭银一两九钱　甘井掌银一两六钱　大石头银一两七钱　南四□银二两八钱　罗□掌银三两　□家庄银三两　新庄村银一两　青山底银一两　□□村银三两四钱　南川村银一两一钱　后川村银□钱　汤庄村银六钱　（阙文）　□□村银二钱　申家河银五钱　四□村银四钱　□□村银三钱　西牛皮掌银七钱　史家庄银三钱　东牛皮掌银□钱　和家脚银三钱　川子村银三钱　□义村银六钱　秦家庄银三钱　圣公寺银二钱　前后寺背银四钱　北炉河银六钱　南炉河银二钱　上文书掌银五钱　□圪□银五钱　下文书掌银五钱　三道河银八钱　东石门银八钱　上郊村银二两五钱　白浦掌银二钱　白山掌银八钱　路城村银一两　义门村银八钱　沙场□银四钱　石掌河□村银四钱　（阙文）　里家掌银三钱　徐家岭银六钱　黑王门银三钱　柏杨岭银一钱　卫家岭银四钱　柳树河银

□钱　□□村银五钱　田庄村银三钱　□□□村银三钱　马家庄银九钱　瑶子里银四钱　崔村村银一两五钱　垒马沱银□钱　西□村银四钱　（阙文）　长□村银九□　申家河银二□　陈丈沟银四钱　□山头银三钱　李□村银□钱　□□村银三钱　□河村银六钱　□□村银一两七钱　□□村银一两　□山头银三钱　（阙文）　牛家村银五□　桥西村银一□　冯家□银□□　（阙文）　七□村银五钱　□□西窑村银二□　河头村银三□　河□村和□安奉银三两五钱　周玉□奉银二两二钱　□里村银一两二钱　东观坨银八钱　西观坨银一两　牛坡村银六钱　后郭家川银六钱　前郭家川银一两一钱　高平县野州镇玉工张景龙奉银二钱　王得荣奉银五钱

　　西溪村张户人等公议禁止，立石之后，外有宫观社庙永不得侵取，松坡一木系是征粮，倘势压，神报理说，遗后自酌，不可违禁。

〇六一　重修城隍庙碑记

清雍正二年（1724）刊。

现存于晋中市介休市城关城隍庙。

【碑文】

重修城隍庙碑记

贾子曰：礼义者，导之未然之前；法禁者，制之已然之后。若夫礼义不及防，而法禁不能制者，其惟鬼神可以治之乎？方今国家祀典，学宫而外，尤重城隍。有司既有常举，而里巷小民祈请赛会，祗畏弥甚，不独一邑为然。本邑庙址，创始洪武中，厥后屡圮屡修，至本朝顺治间，增建寝宫、献亭、乐楼、两廊及斋宿、官厅、道院，规模益备。历五十余载，渐就颓削。是时方重葺学宫，一二有志者，乃遂奋然并修隍庙。鸠工集众，越十年既竣，请余序记其事。余揖而告之曰：辛苦诸君子，克僝兹工，邑之观瞻於斯乎在，且亦知所以立庙之意乎？余考城隍二字始见於《易》，犹言城池云尔，非以为神也。而后世乃立庙专祀，至随郡县差其阶秩，以为是置司能生杀祸福人者，余不知果有是否。然人亦既信其真能生我、杀我、祸福我也，虽有愚顽强悍之夫，一闻城隍之名，辄骇汗慑伏，於是知庙中不必有城隍，而人心自有城隍也。故曰圣人以神道设教，岂不然乎？介本唐魏遗民，驯扰易治，然岁时敛财立社，奔走兹庙，殆无虚日，则其慑伏敬畏，亦概可知矣。而频年来太平日久，休养生息，介之人莫不安居而乐业，谨守礼，重犯法，即以为神之赐又似无不可者。顾庙毁不葺，如神灵何，固宜诸君子之呕呕而议修也。是役也，经始康熙四十八年，落成雍正二年孟冬。虽丹垩彩画颇恢于旧，而高明肃穆俾入其中者，拜跪瞻仰，益有所惊心动魄而不自已。然则城隍之祀，真当与学校并重而修而葺之，其於立庙初意，乃为大有功也，又岂□观瞻之美已哉。既以为诸君子告，因笔而为之记。其诸君子及倡义捐资姓氏，兹不□载，载在碑阴可考。

赐进士第钦取吏部候补主政戊子科顺天分试勅赠文林郎知直隶大名府浚县事加三级又加二级梁通洛谨撰

雍正癸卯恩科礼部进士马尔璨谨书

纠首董协清　董砚龄　梁于朝　梁于蕃　张珮　董奕著　温文琳　阎秩叙　董协和　侯国桢　薛全性　吴邦相　宋福龙　阎绍祖　郭翰唐　勤□高夺魁　梁含芗　郭崇盛　王祚新　赵连玉　李进才　侯英才　阎维祖　王璋　郭崇茂　赵有昌　胡进祚　郝喜周　李天英　刘嘉德

师祖薛守椵　张守极　侯守朴　张守材　张守椿

师郭太煌　郑太炜　梁太蒸　张太烜　卢太炉　刘太煊

徒张清馨　张清坅　郭清封　宋清墉　郝清埌　胡清培　宋清垣　任清圻　武清圿　张清垍

孙宋一钐　武一铉　董一铸　文一锦　文一鋑　乔一铎　温一矿　任一铥　钮一锽

曾孙张阳俊　武阳光　董阳治　雷阳□　任阳□　任阳□　王阳川　常阳□

选择阴阳官王家佐　胡圣选

住持道士郝清埌　胡清培

徒武一铉　董一铸　温一矿　宋一镇

孙张阳□　刘阳□　郝阳铸　史阳涌　文阳溶

石匠赵古凰

徒王金珮　张奇新　杨秀生　张琼　张秉让　赵弘祚

大清雍正二年八月吉旦仝立

〇六二　补修圣母庙碑记

清雍正六年（1728）刊。

碑高 145 厘米，宽 65 厘米，厚 17 厘米。

碑额书"一时千古"。

现存于太原市阳曲县泥屯乡中兵村徘徊寺。

【碑文】

补修圣母庙碑记

余乡有圣母庙，古会千载，求子者於斯，祈孙者於斯，攘往熙来，实繁有徒。而地之所□□□不广，每岁至四月十八，出入其中，几无所容。顾仍旧不可谋为改作，此住持僧智尊者不忍坐视，引为己任。而又以力非众弗举，爰与同乡耆老商酌共议募缘於外。期月之间，遂展西廊□南殿，又盖鼓楼一间，前日之狭陋难容，至此焕然改观，顿见廓然。功成勒石，因作俚言以志不时之盛。

本乡庠生义振纲谨撰书

义扬五两五钱五分　义严五两二钱四分　义美四两九钱一分　义威三两二钱三分　义荣祯二两九钱五分　义君宝二两六钱三分　义士晏二两四钱四分　义生荣二两三钱二分　义璜二两二钱五分　义荣福二两二钱三分　义荣祥一两八钱八分　义九龄一两二钱三分　义九星一两一钱一分　义自信　义自有一两九分　王思顺一两八分　义孔英一两七分　义谐一两一分　义孔变一两　郝云秀一两　义孔成　义孔功九钱四分　义孔德九钱二分　王直九钱二分　刘尔智九钱　义孔立八钱三分　义士举八钱一分　义万七钱九分　义孔道七钱三分　卢威七钱一分　义壮　义仕七钱　义丕六钱九分　义孔旺六钱八分　王加要六钱七分　义蓝子六钱六分　义孔耀六钱五分　义士印　义士官六钱五分　义孔威六钱二分　义士文六钱二分　义自备六钱　义孔学六钱　义且宝六钱　义且才六钱　义存有五钱九分　义士武五钱九分　义楼五钱八分　义君臣五钱八分　郝云贵　郝云生五钱八分　义□□五钱七分　义会五钱四分　义英五钱三分　武威五钱三分　义亮五钱三分　义玫五钱二分　义宗　义当五钱　义士成五钱　王宗碧五钱　刘尔奇四钱七分　王宗美四钱七分　义孔贵四钱七分　义孔福四钱六分　王加成四钱四分　王加禄四钱四分　王加英四钱四分

王栓子四钱二分　义昇　义明四钱一分　义自盛四钱　义成□三钱七分　义（阙文）各三钱六　义（阙文）三钱五分　王玺三钱四分　义士（阙文）三钱四分　义且银三钱三分　王三光三钱三分　义贞三钱二分　王加福三钱二分　武法三钱二分　义存富二钱九分　张三元二钱七分　义俊二钱五分　义自秀二钱四分　义存华二钱四分　义和二钱四分　杨云二钱四分　王福二钱三分　义存玉二钱□分　义睿二钱□分　刘尔衍二钱□分　王起和二钱　义士杰一钱□分　王自生一钱七分　义敬一钱六分　义勋一钱六分　刘浴一钱六分　义士冕一钱二分　王加顺一钱二分　义士印一钱二分　张任一钱二分　义瑞兴九分　义士学八分　刘伏明八分　王忠五分

经理纠首义万　义美　义平时　义荣福　义士晏　义杨　义仕　刘智　义自胜　义孔耀

阴阳生常洪德　木匠义士文　义士全　徒卢仔旺　铁匠义士杰　泥匠王应聘男王接喜　画匠刘益灿　侄刘仁　刘德　铁笔匠白珩　徒许秉忠

经理陆事义孔英　义威　义自信　义生荣　郝□秀　义□宝　义加龄

住持僧明性　徒净一　孙智全　智尊　智真　曾孙德泽　德洪　德法　德济　德润　玄孙行空　行祥

时大清雍正六年孟夏吉日立

〇六三　重修东岳庙碑记

清雍正八年（1730）刊。

碑高152厘米，宽63.5厘米。

碑额书"（阙文）归"。

现存于晋中市介休市大靳乡小靳村东岳庙。

【碑文】

重修东岳庙碑记

　　从来地固因神而灵，而神必得庙而安。庙自前人而创，尤赖后人而修，是修之有裨於创也，宁固□哉。粤稽东岳尊神，职司阴界，善恶隐受，其赏罚灵佑，阳间祸福，显施於贞淫，是鬼神之威灵，诚有补於天地之造化也。故承祀者有一十八村之众，钦仰者在亿万兆姓之多。然是庙也，由来已久，余尝读书於此，而见夫外无关锁之壁，内无安静之所，而且垣墉倾倒者具多，因喟然叹曰：庙貌之光彩，一方□兴关系焉，胡为不增饰乃尔也。此不特人不乐也，即神亦不乐耳。于是两村纠首诚心起造，咸愿重兴，□士乎乐助资财，共成胜事。第见广廓者其禅门也，彩饰者其墙壁也，重修缔造者庙中之禅室也。刻壁雕墙，实足壮庙貌之光；修堂葺室，克当结万善之缘。由殿宇而廊庑以及乐楼、献亭，皆辉辉乎有焕彩之观焉。斯时也，其人乐甚，其神乐甚，而吾游览其地，亦无不乐甚。但厥工告成，应宜勒石，永垂不朽，烦略为叙文，以为是庙光，于是乎记。

大清雍正八年岁次庚戌五月中旬一日吉旦

本村北头增广生员王镇谨撰并书

大小靳村香老纠首

北头香老王琇奇　焦玉鼎

东岳庙香老乔玉儒

纠首宋继荣　王琇奇　王贵奇　梁大魁　王奇瑞　生员王景奎　武光汤　乔玉儒　王之睿　王景辰

南头香老王之秀　陶星炳　郭福瑞　陶永库　陶应合　王国荣　郭成万

纠首陶星炳　陈宗智　郭承耀　陈宗贤　阴存贵　陶永禄　陶永鼎　陶玉鼎

郭承映　陶玉禄　陶有玺　陶有恩　焦如满　郭承迁　陶玉玺　陶玉珮　郭仓玉
李进才　陶玉珍　任贵芳　阴茂盛　郭积文

刊字匠王印奇二钱四分　梁星玉二钱四分　王印章二钱四分　梁礼二钱四分

木匠荣世庆施银五钱

磨匠乔福奇施银三钱

泥匠张一杰施银二钱

瓦窑匠宋学监施银二钱　郭自海　郭自学施银二钱

施照壁地坊人陶星炳

阴阳温训

住持僧人心福　门徒□□

〇六四　重修高禖殿金妆圣像碑记

清雍正十年（1732）刊。

碑高 95 厘米，宽 38.4 厘米。

碑额书"重修高禖神殿碑记"。

现存于晋城市阳城县凤城镇汉上村大庙。

【碑文】

重修高禖殿金妆圣像碑记

　　盖闻神依殿宇而栖止，殿宇以华丽而安神。斯殿建於顺治十年，考其由来七十有九年矣。迄今已久，被风雨倾颓，殿宇毁坏，圣像不彩，难以安神而安圣也。时有吾兄姬同禄、姬铎禄、姬厚禄等偶起重修之心，金装之念，聚于昆仲。与溶等议曰：吾董乃村里人望也，竟以缩首畏事，目睹殿庙之不修，神像之不彩，而不为董理其事，岂不齿于人乎？于是募化阖村众姓，各输己意，量力施银，将殿宇起盖，圣像重新。予等督工犒匠，不惮劳费。今功已告竣，入庙者不觉欣然曰：殿宇光辉，圣像焕然。虽众人之功力，实神灵默佑之功也。自此虺熊占吉，载生载育，螽斯振振，绵绵瓜瓞，于斯万年，于穆不已。吾非能文之士，不忍湮没众人之功德，不过俚言俗语以记之乎。

　　陈珨银一两　生员璩秉乾银二钱　白映奎银二钱　李世端银二钱　王汴银二钱　崔若峼银七钱五分　李朋银六钱　王圣宽银五钱　姬重禄银五钱　张鸣鹤银五钱　姬栋禄银五钱　王寰银五钱　姬邦贵银五钱　姬邦静银五钱　姬进实银五钱　张子坤银五钱　姬谞银五钱　张仲银四钱　姬广禄银三钱　王福兴银三钱　李铎银三钱　吉全银三钱　姬万禄银三钱　卫维时银三钱　姬康禄银三钱　原金祥银三钱　李唐贵银三钱　李坤银三钱　姬邦正银三钱　王孝银三钱　姬忠实银三钱　姬如彦银三钱　姬邦福银三钱　杨均银三钱　韩一长银二钱五分　王忠银二钱四分　张加禄银二钱　王坤知银二钱　崔若峰银二钱　李佐银二钱　李文泰银二钱　李其银二钱　姬邦柱银二钱　王珮银二钱　成福荣银二钱　王宗银二钱　姬邦价银二钱　姬满室银二钱　姬邦佐银二钱　姬满铉银二钱　李黄银一钱九分半　姬千禄一钱五分　李佑一钱五分　宋安一钱五分　姬银禄一钱五分　王荣一钱五分　韩绪纬一钱五分　姬来禄一钱五分　李信忠一钱五分　姬贵宝一钱五分　王典一钱五分　李鸾一钱五

分　成福贵一钱五分　王瑾一钱五分　韩绍纬一钱五分　李全林一钱五分　姬典实一钱五分　于洧一钱五分　李世贵银一钱五分

　　白二本　王乾知　姬德禄　赵癸成　姬新禄　姬锡禄　李唐翰　张全德　姬朝禄　姬安禄　张廷有　白茂　王实　王守　郭全　姬建全　成福顺　韩继纬　姬满湖　姬德禄　李全琢　高全　张缙　于润　周品　卫何香　李禄　成廷贵　马兴运　申贵喜　□湧　李王记　姬万春　张广义　王子旺各银一钱

　　董理里人姬铎禄银五钱　姬同禄银五钱　姬厚禄银五钱　姬维禄银五钱　姬泰禄银五钱　姬怀禄银五钱　姬建昌银五钱　卫溶银五钱　于秦银五钱

　　住持惠潼

　　玉工李永海

　　石匠卫何应

　　时大清雍正十年岁次壬子三月吉旦

〇六五　重修观音阁碑记

清雍正十年（1732）刊。

碑高162厘米，宽58厘米，厚15厘米。

碑额书"重修碑记"。

现存于临汾市汾西县加楼乡李庵庄观音阁。

【碑文】

重修观音阁碑记

距城北二十里名曰李庵庄。离村数十武有观音阁一座，由来已久。其地凭山临河，层峦叠翠，松柏森列，石崖千峰，东沾汾水佳风，西接姑射秀气。而且阁下有一石洞，相传曾有一僧坐化此地。幽静恬雅，风致高旷，斯亦汾邑一大观也。迨其后年深日久，风雨漂（飘）摇，颓圮倾坏，殆所不免。有李翁文旺者，系本村人也，平日存心长厚，好为舍施，目击心伤，不能自安。兼之善妻庞氏，同怀淑心，并作佳事。于是领袖多方，善与人同。自起工以来，十年有余，李翁之夫妇不知几废其心思，几竭其才力，朝夕不安，寝兴不宁，然后倾者竖之，圮者补之，颓者坚之，坏者修之，庙貌正侧依然如故，令人望之莫不心旷而神怡。一以使神有所依，凡民之水旱疫疾，有求必应。一以使后之人登斯阁者，披览遍阅，咸晓然曰：某也捐输若干，某也补助若干。千金不为多，一丝不为少，庶众人之善心于以彰，而李翁之夫妇功益远。故为之勒石。永垂以示不朽云。

邑廪生郭凌云撰

共费用银八十五两　内使布施银一十三两四钱

今将布施人等姓名开列于后

神符里施银一十三两四钱　道口村闫门马氏施银四两

界头村化主庞法虞　庞继光　庞继明　刘家庄贾门李氏施银一两

桑补村王门郭氏化银二两　后家炉陈门李氏　王氏化银一两

洪元村王门陈氏化银一两　李门李氏施银七钱

对竹村乔门任氏化银五钱　杨家圪塔王门韩氏施银三钱

柏枝元李春富施银一两　王门付氏　刘门杨氏　王特贞

瑶头村杨修训化麦三斗　冯村侯甸玉化银八钱　陈门王氏化银一两　王门李氏东元村刘门马氏化银一两五钱　王君美施银五钱

王君禹　王门李氏　王淑库　刘门王氏　刘门任氏　刘门陈氏　王门刘氏　王门王氏　王门齐氏　王存福　王存禄　王存元

本村李文胜施银一两　李门刘氏施银一两　李门刘氏施银四钱　李枝林施银三钱　李文显　李文忠　李士元　李贵顺　李门李氏　李门郭氏　李门李氏　李门陈氏　李开翠　李士环　李门崔氏　李文财　李文用　李进和　李复云　李武臣　陈玉尹　李大功　李士科　李益花　李益贵　李大虎　李复雨　温希龙　高玉卯　王节义　李复旺　高生云　高生雾　杜门李氏　李进双　李如章　李如俊　李如益　李如表　冯奉良　孙善

时大清雍正十年岁次壬子桐月吉旦立石

化主李文旺　妻庞氏　男武侯　孙述先

石匠卫宗义镌

〇六六　马王庙施银碣

清雍正十二年（1734）刊。

碑高 41 厘米，宽 57 厘米。

现存于临汾市洪洞县万安镇垣上村马王庙。

【碑文】

马王庙施银碣

大清雍正十二年仲春念（廿）五日吉立

合村创建主修人范承亮

香老范时太　范承余　范承观　范承兴　范承枝　范明臣　范之城　范加昇　范金广

管钱粮范承余　范金元　范明礼　范居正

首事人范明仪　范之如　范金荣

首会人范时光　范加志　范加如　范明恺　范毓胜　范明照　范居荐　范之洪　范生亮　范承奉　范承相　范承廷　范明志　范明后

住持心志　心□　心□　心纯　心容　徒□庆　□涌　□智　□福

戏楼后滴檐地属范居正

〇六七　重金妆南殿三大士诸佛神像碑记

清雍正十三年（1735）刊。

碑高182.6厘米，宽62.6厘米。

碑额书"碑记"。

现存于晋城市阳城县凤城镇汉上村佛堂。

【碑文】

重金妆南殿三大士诸佛神像碑记

庠生璩秉乾沐手撰

菩萨者，引一切之迷人而导之於觉者也。盖众生具其理而未觉，菩萨觉其理而诲人。当年释迦降生西域，赞襄大道，菩萨之功也；普济众生，菩萨之力也。世人受其利益而不敢有忘，所以生於前者，修殿塑像为之导其后；生於后者，踵事增华为之继其前。如汉上众公非耶？今观三大士菩萨殿宇圣像，不稽其创建始于何代，昉于何年。但观碑记，由天启七祀金妆一新，迄今百有余岁矣。虽菩萨智慧光明，历劫如一，谁敢妄言有蔽。而圣像辉煌，年深日久，安能今之犹昔不再重金，非所以重佛道敬菩萨者也。吾母舅姬铎禄、姬厚禄、姬泰禄，素禀良善之性，屡行修理之功，与昆兄弟诸友姬同禄、姬准禄、姬怀禄、卫溶、于溱、姬建昌议曰：吾等复事金妆圣像如何？众佥曰：唯唯。於是九人作首募化，本村信男善女舍财施银，将一堂圣像百有余尊重复金妆，绘彩更新，金光灿灿。入殿者遂觉灵台欣骇，银海生花。虽众姓之资财亦九公募化之力也。功成勒石，舅氏命予作序，予不斐，不敢却辞，遂撰俚语以记之。将施财姓氏列於左方，以勉后之善者，相传於不朽云尔。

约副姬泰禄盥手书

陈珩银二两　白映奎银五钱　王喜泽银五钱　生员璩秉乾银三钱　李世端银三钱　闫秉□银三钱　李洪周银一钱　李瑞彩银一钱　李朋银一两　王福兴银五钱　王圣宽银五钱　姬重禄银五钱　姬栋禄银五钱　张鸣何银五钱　姬康禄银五钱　王寰银五钱　姬万禄银四钱　李唐贵银五钱　姬进宝银五钱　姬邦贵银四钱　姬邦福银五钱　姬谐银五钱　吉全银三钱　李佐银三钱　卫维时银三钱　姬邦柱银三钱　姬邦价银三钱　姬邦正银三钱　李坤银三钱　李文泰银三钱　王孝银三钱　李唐翰

银三钱　王珮银三钱　王琮银三钱　张钟银三钱　姬忠实银三钱　张子坤银三钱　韩一长银三钱　李鸾银二钱九分　姬邦静银二钱八分　王乾知银二钱　姬蒲室银二钱　姬建全银二钱　李玉琢银二钱　杨均银二钱　李凰银二钱　姬邦佐银二钱　韩绍纬银二钱　王瑾银二钱　张子伦银二钱　张广义银二钱　于洧银二钱　姬如秀银一钱八分　李玉琳银一钱七分　姬来禄银一钱五分　姬银禄银一钱五分　王忠银一钱五分　姬满铉银一钱五分　马兴良银一钱五分　原金祥银一钱四分　姬典实银一钱二分　张加禄银一钱一分　韩绪鐺银一钱一分　白皓银一钱　王典银一钱　李佑银一钱　王坤知银一钱　姬新禄银一钱　姬锡禄银一钱　姬千禄银一钱　王荣银一钱　刘进孝银一钱　张邦成银一钱　韩继纬银一钱　白茂银一钱　原品银一钱　张缙银一钱　李世贵银一钱　马兴姬银一钱　姬亿禄银六分　王燕氏银二钱　姬郭氏银二钱　姬柳氏银二钱　姬李氏银二钱　姬杨氏银二钱　杨姬氏银二钱　姬王氏银二钱　姬田氏银一钱一分　姬李氏银一钱　姬卫氏银一钱　姬贾氏银一钱　李闫氏银一钱　程杨氏银一钱　张原氏银一钱　张李氏银一钱　张王氏银一钱　张毛氏银一钱　张梁氏银一钱　梁张氏银一钱　王张氏银一钱　姬白氏银一钱　姬李氏银一钱　申成氏银一钱　成王氏银一钱　姬杨氏银一钱　姬薛氏银一钱　王李氏银一钱　王梁氏银一钱　于王氏银一钱　于杨氏银一钱　姬梁氏银一钱　姬凌氏银一钱　姬成氏银一钱　李崔氏银一钱　姬宋氏银一钱　姬李氏银一钱　姬吉氏银一钱　姬程氏银一钱　姬吉氏银一钱　韩杨氏银一钱　马姬氏银一钱　李成氏银一钱　赵段氏银一钱　同遇银一钱

　　石匠卫何应银六钱　李玉玘银二钱

　　住持僧惠瑾银一两　惠泞银三钱

　　以上共收布施银三十三两八钱

　　以应零使银六两六钱九分七厘

　　油画使银二十五两

　　碑漆零使银二两二钱九分

以上共使银三十三两九钱八分七厘

除使过内短银一钱八分七厘总理完

下底村油画匠梁永金妆韦陀佛一尊

总理社首姬同禄银五钱　姬铎禄银五钱　姬厚禄银五钱　姬泰禄银五钱　姬准禄银五分　姬怀禄银五分　生员卫溶银五钱　于溱银五钱　姬建昌银五钱仝立

大清雍正十三年岁次乙卯孟秋吉旦

〇六八　净信寺重修佛殿金妆圣像增建社房门亭碑记

清雍正十三年（1735）刊。

碑高232厘米，宽75厘米，厚13.5厘米。

现存于晋中市太谷区阳邑镇阳邑村净信寺。

【碑文】

净信寺重修佛殿金妆圣像增建社房门亭碑记

天下无历久不敝之物，则创於前者必当修於后；亦少万全无憾之事，则缺於古者不妨建於今。盖世运之变迁无常，人事之维持宜力，此革故鼎新，补偏救弊，诚后人之所不□□者也。阳邑为太谷名镇，其寺净信，肇于开元，历宋元明，修建大备。南襟凤凰之山，北带象乌之水，层峦耸翠，堪与齐云落星，并传飞阁流丹。若较临春，结绮更甚，雄镇一方，声闻四境，固合镇之宝刹，亦三晋之巨观也。然而世远年遥，不无颓坏，摧残剥落，有待增修。粤自康熙五十三年杜君良敬等修寺，诸事备举，以大殿稍完，人力告瘁，故阙而未修。迄今又越二十余年，鼠雀侵毁，浸浸乎风雨弗蔽，栋挠之凶，其能免乎。诸佛圣像，昔极炫烂庄严，而日久尘封，裂冠毁冕，亦迥非昔比。游者、览者，遂不禁盛衰之感焉。住持僧祖慧每有妆修之愿，又念是寺为合镇公所，酬神献戏岁岁不绝，奈无社房以为共事之地，殊觉未便。且后院乃一寺之主，栋宇嵯峨，规模壮丽，大有可观，而门户未设，无以蔽内外而肃几筵，尤憾事也。思欲一齐创建，以补前人之所不逮，第功程浩荡，孤掌无如何耳。乃於雍正十年自出资财，烹茶煮茗，遍请各社纠首，告以修建之意，众等唯唯，咸曰：兹举甚善，愿竭力成之。乃推杜君若桂、杨君震裔等经理其事。始从地亩输金，继则沿门募化，终恐金妆不足，复於合镇男女另化一番，计得布施银六百余金。择日兴工，大殿重新瓦栈，圣像补塑金妆，东北艮位盖社房一所，南建门亭二座，两厦并峙，势若双峰插天。其余若院宇、若垣墙、若脊岭，阙者补之，陈者新之，废者举之，腐者易之，较向之规模愈觉其尽善矣。不诚可以补前人之不逮，而创於前者有以修於后，缺於古者有以建於今哉。事既竣，乞文於余。余实不文，然惧慧辛勤之苦，与诸纠首戮力之劳，并善男信女乐善好施之心久而不传也，爰据事直书，以勒诸石。

经理纠首杜若桂 监生杨震裔 杜良仪 杜章 杜福泓 杨宗溥 杜荣桂 杨名建 杜景懿 杜贵荣 王世奇 杨旺珠 杨资润 王建祚 杜景兴 杜荣秀 杜兰馪 杨旺忠 罗万象 杨世清 杜全晋 杜增明 杜廷桥 杨喜端 杜呈瑾 杨世翰 杜承禄 杜增伟 监生杜增郁 程维翰 杜资膏 杨时裔 杜可枢 杜增然 杜斗枢 杨喜祥 杜增馨 杨靖臣 杜承忠 杜培清 杜廷选 杨喜清 贾志谊 杨台臣 杜金桂 杜金荣 杨喜植 杜培秀 孔继脉 监生杜发蒙 杨喜官 杜培祯 杨喜雨 杜培和 杨喜雯 杨宗万

助车牛人杜金桂 杜荣桂 杨世妍 杜福泓 杨喜端 杜景懿 贾永懋 杨世藩 杜廷桥 程有忠 杜增福 王博 王世俊 杨宗昱 杜景荣 杜增秘 杨奇裔 杜廷选 杨喜清 杜可干 杨世袭 杜斗枢 杨喜植 罗万象 杜重旺 杨世才 杜斗耀 白子会 杜培菁 贾复谊 杨喜需 杜呈瑗 刘鸿肇 杜富祯 杜呈瑾 监生杜发蒙 贾宪谊 杜培秀 杨志奇 杜培精 杨宗奇 杨游 孔继尧 杨鼎臣 杜培和

住持僧祖慧 门徒裔□ 裔□ 裔□ 法孙绶先 会秀 法孙□鉴 曾孙方定

阴阳杜德浩 木匠白世茂 王□显

泥匠杨永凤 丹青关瑞 张□宽

邑庠增广生员王溥撰文

邑庠附学生员杜发谋书丹

邑庠附学生员杜蔚乔篆额

创建门亭社房管饭僧祖慧

铁笔张凤安暨男应时镌

时大清雍正十三年岁次乙卯蒲月之吉立

〇六九 西方圣境灯油碑记

清雍正十三年（1735）刊。

碑高50厘米，宽65厘米。

现存于临汾市隰县城关镇小西天。

【碑文】

西方圣境灯油碑记

详夫要登菩提觉岸，只须□□□先；欲越三界昏衢，莫若慧烛□□灼破。兹者西方圣境先有常□过荒而倾废数年。今雍正十年，有合郡诸善士，随心上□□心□立倾，檀信当来，菩提果中有分功德。时雍正乙卯年戊□月癸巳日。

郡庠生冯遇主沐手书

众信士施银十五两

范正祥　秦忠　邓光英　负选　冯若　□怀忠　张国谟　张恕强　□□□士□　□存□　张□亮　郭正忠　李朔　曹如荣　亢常美　石明亮　□通　□□□　梁廷章　刘□明　□丞仓　亢星奎　杨成功　李通　陈绪祖　李辅　刘富国　刘慧　冯弼　赵名金　□常有　张学礼　□宜　张梦德　牛万忍　负造福　郭生义　任承福　秦玠　李敷功　毕之兰　□之富　□□觉　任□□　郝庭□　蔡兴吾　曹以院　李有□　李□禄　□□金　李满斗　李荣福　刘富仓　焦纯仁　□忠义　胡金兰　刘怀禄　史玉　王文珍　□□□　张虚元　张兴方　张益兴　盛成荣　王□　王威　王信　王成元　王光斗　杨成名　曹尔忠　曹尔雅　曹尔奇　曹尔敬　刘光荣　路文贵　刘大有　景有福　景文英　景文俊　李□美　段□禄　□□□　蔡周贵　郭天顺　薛宁福　薛宁禄　牛天俊　□名英　负虎　贺守库　冯天贵　曹光华　袁福仓　路卓　□有武

□□□农官梁应栋偕男柱施银一两

传临济正□第□十□世龙池□□上觉天道人

本庵住持僧比丘门徒周勖　（阙文）　周湖　周鼎　徒孙沙□　沙□仝立

石匠崔永瑞刊

〇七〇　创建戏楼碑记

清乾隆二年（1737）刊。

碑高 53 厘米，宽 103 厘米。

现存于运城市稷山县西社镇沙沟村行祠。

【碑文】

大清乾隆二年创建戏楼碑记

姑射之南，汾水之北，圣王山下，皇老庵前，有堡焉。四山环朝，三涧带绕，地坐乡稷之界，险具金汤之形，名曰皇老庵，亦曰沙沟庄。盖大明崇祯年间，裴、薛两姓卜筑而创建之者也，今者居已百岁。报赛用戏从俗，而梨园之台未构。岁在丁巳，端月既望，庄人裴起亮因众议创造不已，集合庄会议，公议首事八人，强余亦从其后焉。遂相与卜地堡门侧，募施若干两，鸠工庀材，人太和会，不数月而功已告成。属余作记，以垂不朽，余不得不以不斐辞，爰毕述其始末云。

裴起明施银五两三钱施地基五毫　薛文华施银五两整施地基一厘二毫　薛锡施银四两一钱六分　裴绍度施银三两七钱六分施地基二厘二毫　薛针施银三两六钱一分　薛文煊施银三两五钱一分施地基一厘一毫　□□□□前□□属官　裴中美施银三两一钱一分　裴绍安施银二两八钱二分施地基六毫　裴中信施银二两七钱一分施地基六毫　薛钟施银二两三钱一分施地基四毫　薛文易施银二两一钱六分　薛钚施银二两一钱二分　薛□施银二两一钱一分　裴绍汤施银二两零六分　裴绍孔施银一两八钱一分　薛黄施银一两七钱一分　郑宏施银一两六钱六分　裴绍利施银一两六钱一分　薛彦信施银一两五钱六分　裴绍颜施银一两五钱六分　裴起升施银一两五钱一分　薛锋施银一两五钱一分　薛锣施银一两五钱一分　薛钦施银一两五钱一分　薛玉施银一两四钱六分　裴起亮施银一两九钱六分　薛奇施银一两四钱一分　裴起祥施银一两三钱六分　薛清施银一两三钱六分　裴绍康施银一两一钱一分　裴绍□施银一两一钱一分　张智如施银二钱五分　靳养春施银一钱　裴起林施银二钱

立文约人裴中智　薛针　薛还

因为无官地，戏台前有薛文华私地一块，东至官道，西至城，南至戏台，北至道□，东长二丈三尺，西长二丈二尺，南阔九尺五寸，北阔一丈五尺，算明地四厘六毫，薛文华得盘磨于碾□，合庄人不得阻当，合庄人看戏，薛文华不得阻当，若人失信文约为用。

首事人薛春彦　薛针　裴绍度　裴起明　薛文煊　薛文华　裴绍安　裴中美

本庄生员裴中美撰

本庄业儒裴绍曾书

〇七一 创立狮子叙

清乾隆四年（1739）刊。

碑高 30 厘米，宽 70 厘米。

现存于临汾市翼城县北撖乡北撖村小学。

创立狮子叙

余尝在北京閒遊神
聖之宇見夫殿閣巍煥
青狮森诗不禁忽然憶
恩狮吾社共在京一作
神靈而壮观其简大慰
與銜金弐人挌叁起瞻聘何以退而
攢钱金弐人合无雕餘千赢利之會二
十八得二百無餘一狮子一作
旋有亚市價而無飯场今数餘
慮常巫傍因飯食資奇難
以成君王夫無将在社中寿
人姓子告化辨社京之春
日兹王工發合尚之隨
矣工亚發不朽食百俗
會工亚告将尚飯厦
名劝姓名永求垂工
 摠理人
  王世同
  張道逵
  張漢秀
  張漢佑
  王 燁

大清乾隆四年八月吉日立

创立狮子
尚良姓名開後
其戟良钱各
張能钱壹分
張湛良伍分
張早深钱伍分
刘早能钱伍分
王天命钱弐分
張天庚見壹钱

稷山縣王王
    張金雛
  景泰本
  景仝奉 全
      甲   未 勒

【碑阳】

创立狮子叙

余尝在北京闲游神圣之宇,见夫殿阁巍焕,青狮森峙,不禁忽然致思曰:余社庙宇虽大,惜少狮子一对,其何以慰神灵而壮观瞻乎?退而与吾社在京作商者二十余人,共起一狮子会,攒钱二十三千,赢利数年,得金三十余两。今春旋里,命玉人雕琢焉,又虑有工价而无饭资,难以成厥事。因向社中善人君子募化饭二百余日,庶玉人无艰食之虞矣。兹工告竣,将在京随会姓名并合社尚饭姓名勒石,永垂不朽。

总理人王世炳　王道达　张秀　张汉佑　张烨

大清乾隆四年八月吉日立

【碑阴】

创立狮子

尚银姓名开后

张熏及男凤诏　凤来银二钱五分　张□燕银一钱　刘泽深银一钱　张熊银五分
王天命银二钱　张天庆银一钱

稷山县玉工景秦泰　张金耀　景岐泰　张来锄全刻

〇七二　创建佛庙碑记

清乾隆四年（1739）刊。

碑高 162 厘米，宽 58 厘米，厚 15 厘米。

碑额书"创建碑记"。

现存于临汾市汾西县加楼乡李庵庄观音阁。

【碑文】

创建佛庙碑记

夫阁既成矣，而不复重赘，则规矩虽宏，乃西隅灵地一区缺一殿之建，其不满人意者多矣。一日李翁文旺者，暇游□首回，顾羡曰：坎位琼楼，离宫翠□，虽东有青龙之阁，奈西无白虎之祠，而心大不快。惜其胜境，如美玉之有瑕玷，大鹏之独翼飞。遂怀补足之心，因力寡财乏，募十方善人，共成胜事。李翁之德行，夙成芳名，素著真一。郡之白眉尤向善于佛教也，兼得善妻庞氏，淑心可善，懿行无亏。翕心竭敬，共力循营，多感诸方正女各发处诚，输财效力，不招而至。由是鸠匠集材，经之营之，倏忽之间，而佛庙亦成，其殿宇宏伟，塑绘鲜明。佛祖金容荡荡，菩萨瑶象巍巍，珠玉交辉，营璧晃耀，其气象截然一整，焕然一新，令居者生光，观者增重。固赖十方贤士，协力之所成。尤赖李翁夫妇之所倡也。予亦乐其胜事得成，大功可表，聊为拙句，以志时事，岂敢曰文，特为之记云。

共费银一百二十七两

上和凸王门韩氏化银一两　府底村武师付化银一两七钱　回□村姚生奇化银一两　石不掌施银五钱　董家岭施银一两二钱　沙要村施银七钱五分　罗汉村施银八钱　兴庄村王门□氏化银五钱　□庄村崔国礼施银二钱　王建成　崔门高氏　陈满智施银一两　贾厌　贾月　贾先福施银二两　贾先师　生员贾先顺　庞应弼　郭洪邦　□□头化主

侯门郭氏　杨门王氏　贾门冯氏　王门王氏　吴门陈氏　郑门郭氏　刘门郭氏　郭门刘氏　王门付氏　王门李氏　杨门爱氏　王门王氏　任门王氏　吴门陈氏　杨明茂　□门要氏　任门赵氏　闫门任氏　王门孟氏　王门陈氏　杨门王氏　付门刘氏　梁门刘氏　付门王氏　王辛福　王辛春　王正英　王正贵　王正元　王正武

王难道　李生荣　李瑞廷　解正轩　要金礼　原门赵氏　原门王氏　解门王氏　杨门程氏　解门郭氏　刘门张氏　解门冯氏　樊尉　庞门刘氏　郭门付氏　王门要氏　解门任氏　任门王氏　吴门陈氏　刘门王氏　解门杨氏　任门李氏

　　本村任忠道　任忠肅　任忠鼎

　　时大清乾隆四年岁次己未桐月立石

　　化主李文旺　妻庞氏　男武侯　孙述先

　　住持僧德□

〇七三　重修岱岳庙碑记

清乾隆五年（1740）刊。

碑高150厘米，宽59厘米，厚23厘米。

碑额书"碑记"。

现存于临汾市霍州市辛置镇北益昌村娲皇庙。

【碑文】

重修岱岳庙碑记

益涧村西北乾方，古有岱岳帝殿一座。此殿自元创建至今，年深日远，屡被风雨侵损。殿宇倒败，圣像毁坏。村人目睹心伤，欲重修更新。惟觉工程浩大，决少资财，难以成工。村人等议□公举刘汉相等五人以为首事管理，动请百福盛会，人有百位以上，每位施银两数有余，共拔百几十两多银。重修殿宇，塑妆圣像，焕然复新。并座西厢关帝庙一座，亦兼毁坏，相等管理，塑妆一新。又有村西南坤方娲皇庙一座，创建厦房三间，东西两廊。以上板□，皆相等管理。所垫南面台东、台西砖窑以上楼房二间。台东砖窑楼房，适逢乾隆元年六月狂风大雨，一齐毁塌，相等复造砖窑一孔，楼房未建。又修十字井龙王庙一座，南北二处牌坊两座，村西砖圈门一座，俱属相等五人管理工成。莫大之工，仗两次百福盛会之力，拔取资财，共成盛事，获福无疆矣。阖会人名，开例于后。

乾隆二年老社入银一十五两五分，两处牌坊使用。

住持常林施谷二石

张翱施钱一千　负元动施钱一千一百　张继成施钱一千　郭成美施钱一千二百　马四川施钱一千□百　赵廒钱一千一百　郭元有一千一百七十　宋彦相一千一百　刘荣一千一百　郭登勋一千一百　郭明鼎一千一百　赵三义一千一百　靳永标一千一百　郭亮一千一百　赵述荣一千一百　刘义一千一百　元□一千一百　靳永翠一千　郭登保一千　马元昌一千　张进西一千　靳永达一千　李伯荣一千　张□廷一千　郭□合一千　郭□起一千　靳存公一千　郭登光一千　郭明北一千　靳淑相一千　郭明如一千　靳复光一千　郭光辉一千　靳存宽一千　郭明功一千　赵玉魁一千　郭明德一千　靳存信一千　郭光中一千　靳隆一千　张文中一千　薛廷士

一千　郭忠□一千　赵大志一千　靳福茂一千　郭茂付一千　赵大兴一千　靳复成一千　张文亮一千　郭光义一千　赵大有一千　郭茂智一千　张文正一千　靳淑栋一千　靳福功一千　郭光启一千　郭茂魁一千　靳复保一千　刘仁一千　郭净一千　靳夫尧一千　郭有志一千　郭永宁一千　郭永姜一千　靳世茂一千　靳世连一千　郭茂盛五百　郭茂成五百　郭光普五百二十五　郭光德五百二十五　靳永光五百　靳福春五百　郭忠相五百　郭光库五百　赵成奉五百　郭迎品五百　郭光信五百　郭光禄五百　郭光正五百　郭忠才五百　赵付五百　赵文清五百　郭光才五百　郭光务五百　郭茂相五百　郭生龙五百　靳福太五百　靳存惠五百　靳福义五百　靳福益五百　靳永英五百　靳夫朝五百　郭迎乾五百　郭迎明五百　郭大理五百　郭大志五百　张文明五百

封首靳福元施钱一千　刘文施钱一千　靳复周施钱一千一百　郭光□施钱一千　张文进施钱五百　赵文鼎施钱一千三百　靳福盛施钱一千　郭林珍施钱五百　郭明璋施钱一千　赵玉标施钱一千三百　郭□兴施钱五百　郭忠□施钱一千　靳福禄施钱一千　郭清施钱一千　郭明彦施钱一千　靳福祥施钱一千　靳福兴施钱一千　王万库施钱一千二百　郭光业施钱一千　赵大北施钱一千　靳福山施钱一千　郭永康施钱一千　赵三荣施钱一千　赵生科施钱一千

总管靳福德钱一千　赵大辉钱一千　刘汉相钱一千　郭林印钱一千　郭迎秋钱一千

石匠李林

木匠郭迎照银五钱

刘谅书

时大清乾隆五年岁次庚申孟夏之吉百福盛会□立谨

〇七四　创建行祠碑记

清乾隆七年（1742）刊。

碑高 100 厘米，宽 48 厘米。

碑额书"皇清"。

现存于运城市稷山县西社镇沙沟村行祠。

【碑文】

创建行祠碑记

裴绍曾书丹

古者天子祭天地，诸侯祭山川，大夫祭五祀，庶人于神，盖不得干焉。不知始自何时，民皆托命于神，凡于一切神祇，勿论尊卑，建祠致祭，祈报迎赛，无处不然。余庄僻处一隅，习见通都大邑之莫不然也，遂信为理所当然，分所宜然。於是乎群相聚议而有建行祠之事。事成干记於余。时余馆于绛州西庄，不与其事。问曰：行祠之建，何为乎？庄人曰：春祈秋报，迎神赛社，神无定所，建祠所以妥神也。余曰：昔狄梁公巡抚江南，奏毁淫祠千七百余所，汉□□禁民不得私所立社，余寡见渺闻，未识大义，此祠之宜建与否，不能自信，焉敢记也？庄人曰：礼从宜，事从俗，今之世俗皆然矣，余庄何独不然乎？且今行祠之建，固所以敬神，亦所以和人也，盖非敬神则人不聚，人不聚则不和，不和则离，离心离德，又何取焉？然则是役也，亦所谓因其信之善而利导之者也，子曷记焉？余曰：诺诺。然余又有说矣。盖鬼神惟□是辅，诚使吾庄之人，勤于耕作，习于礼义，又于岁时伏腊之际，咸聚于此。父与父言慈，子与子言孝，敦齿兴让，亲族睦邻，雍雍乎有丕变之风焉，其悦神也不更至乎？则此祠之建为不朽矣。爰是为记。

儒学生员裴中美撰文并篆额

首事人薛文煊　裴绍汤　薛文华　裴绍安　薛针　裴绍孔　薛春□　裴绍望　裴中智　裴绍汤　绍孔　侄中美　和　信五人官施地一块长五尺□四尺

薛文华施银五两　裴绍生施银四两八钱三分　薛针施银四两六钱　裴中美施银三两六钱　薛锡施银三两四钱七分　裴绍孔施银二两八钱四分　裴绍安施银二两八钱三分　裴中信施银二两六钱二分　裴绍望施银二两五钱　裴绍汤施银二两四钱二

分　裴中和施银二两四钱一分五厘　薛文煊施银二两四钱　薛钟施银二两一钱　薛周施银二两五分　□弘施银一两九钱四分　□容施银一两八钱五分　薛□奇施银一两七钱八分　裴中庸施银一两六钱五厘　薛钦施银一两五钱八分　裴绍颜施银一两三钱一分六厘　薛罗施银一两二钱四分二厘　薛清施银一两二钱　薛金施银一两二钱　裴绍利施银一两一钱七分　裴绍宁施银一两一钱二分一厘　薛钧施银九钱四分　薛锋施银九钱三分五毫　薛志施银八钱五厘　薛彦信施银七钱八分一厘　张□连施银七钱四分一厘　薛玉施银六钱五厘　张智□施银六钱九分五厘　裴绍康施银五钱一分　裴绍稷施银五钱　裴起瑞施银四钱七分五厘　裴绍纲施银三钱七分五厘　张远施银二钱五分　张□施银二钱　范存礼施银二钱　刘国□施银一钱一分　段廷臣施银二钱

立文约人薛金、裴绍望等，因为合庄盖行祠无□看场，有薛文华砲子基地一方，长一丈六尺，阔一丈五尺，算明地四厘，有文华砲基高，如今取平盖成行祠，或东或西文华得盘砲子扫□土。合庄不得□当，恐口难凭，文约为照。

石匠解其业施银二钱

时大清乾隆七年八月十五日吉时合庄仝立

〇七五　创建乐亭碑记

清乾隆九年（1744）刊。

碑高 90 厘米，宽 51 厘米，厚 15 厘米。

碑额书"流芳百世"。

现存于太原市阳曲县黄寨镇黄寨村不二寺。

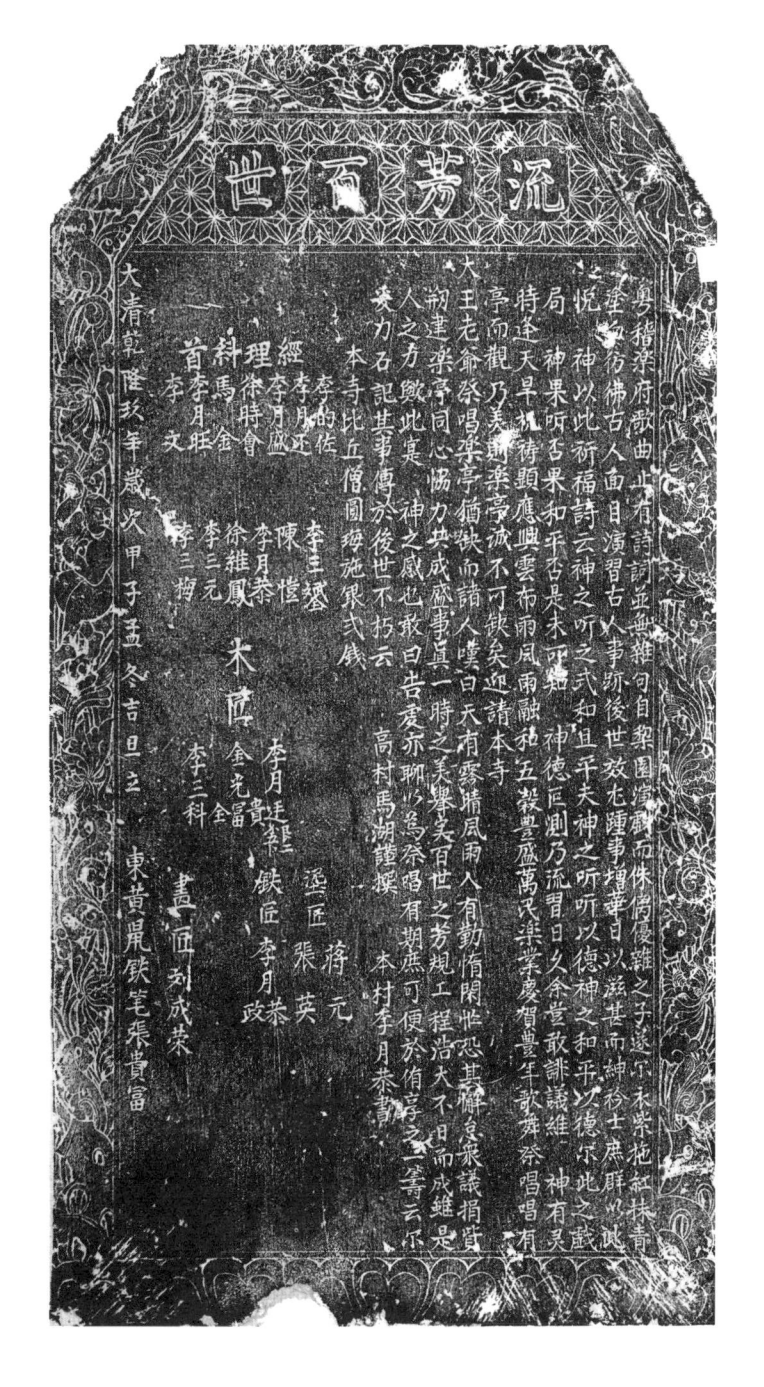

【碑文】

创建乐亭碑记

粤稽乐府歌曲，止有诗词，并无杂句，自梨园演戏而侏㑢优杂之子遂尔衣紫拖红，抹青涂白，仿佛古人面目，演习古人事迹。后世效尤，踵事增华，日以滋甚。而绅衿士庶群以此悦神，以此祈福。《诗》云：神之听之，式和且平。夫神之听，听以德；神之和平，以德尔。此之戏局，神果听否？果和平否？是未可知。神德叵测，乃流习日久，余岂敢诽议。维神有灵，时逢天旱，祝祷显应，兴云布雨，风雨融和，五谷丰盛，万民乐业。庆贺丰年，歌舞祭唱，唱有亭而观乃美，则乐亭诚不可缺矣。迎请本寺大王老爷，祭唱乐亭犹缺，而诸人叹曰：天有霁晴风雨，人有勤惰闲忙。恐其懈怠，众议捐资，创建乐亭，同心协力，共成盛事，真一时之美举，实百世之芳规。工程浩大，不日而成，虽是人之力欤，此实神之感也。敢曰告虔，亦聊以为祭唱有期，庶可便於侑享之一筹云尔。爰劤石记其事，传於后世不朽云。

高村马湖谨撰

本村李月恭书

本寺比丘僧圆玫施银二钱

经理纠首李的佐　李月还　李月盛　徐时会　马金　李月旺　李文　李三鏊　陈恺　李月恭　徐维凤　李三元　李三梅

木匠李月廷银二钱五分　金光贵　金光富　金光全　李三科

泥匠蒋元　张英

铁匠李月恭　李月政

画匠刘成荣

东黄鼠铁笔张贵富

大清乾隆九年岁次甲子孟冬吉旦立

〇七六　创建砖牌楼财神庙三星庙碑记

清乾隆十一年（1746）刊。

碑高 115 厘米，宽 55 厘米，厚 17 厘米。

碑额书"碑记"。

现存于临汾市霍州市辛置镇北益昌村娲皇庙。

【碑文】

创建砖牌楼财神庙三星庙碑记

且夫庠序者，古人之教也，然而庠序亦自风脉而来也。今因风脉不调，广樵夫牧渔之人，无雅化文墨之士，是以阖村恭举五人管理，奉请百福盛会，拔资金银百数有余，补□风脉，成功不难。於是创建砖牌楼一座，修村东路一功，又建村西圈门上眼观佛财神庙一座，画妆神像，村南庙西砖窑一孔，母子岭上三星庙一座。莫大之功，百数有余之银，皆费之尽矣，是以勒碑记名，□成不朽。信士人名开例于后，寿福无疆矣。

张□施银一两九钱七分　张□□施□□两二钱□分　张李□施银□两□钱□分　负士辉施银一两五钱一分　王人同施银一两□钱二分　赵青旺施银一两三钱二分　□□德施银二两四钱二分（阙文）

封首

郭忠相施银一两五钱三分　赵大鼎施银一两五钱三分　斤夫益施银一两五钱三分　马□□施银一两五钱三分　斤夫山施银一两四钱三分　□众年施银一两四钱二分　郭光辉施银一两三钱一分　斤存信施银一两三钱一分　斤□童施银一两三钱一分　斤夫茂施银一两三钱一分　郭盛光施银一两三钱一分　郭光付施银一两三钱一分　赵三荣施银一两三钱一分　郭林荣施银一两三钱一分　李□□施银一两三钱一分　斤存□施银一两三钱一分　王万库施银一两三钱一分　斤夫正施银一两三钱一分　□光有施银一两三钱一分　斤夫春施银一两三钱一分　赵大志施银一两三钱一分　郭茂智施银一两三钱一分　郭明如施银一两三钱一分　郭明德施银一两三钱一分　刘全施银一两三钱一分　郭忠志施银一两三钱一分　斤□□施银一两三钱一分　赵大有施银一两三钱一分　赵成奉施银一两三钱一分　斤夫舜施银一两三钱一分　石匠卫世建施银一钱

总管郭明璋　赵玉标　郭茂兴　张进玺　靳复祥

河底庙□□界文□□一两　郭明照请□□使□五百

时大清乾隆十一年岁在丙寅孟冬百福盛会公立吉旦

〇七七　弘道庵记

清乾隆十二年（1747）刊。

碑高 151 厘米，宽 59 厘米，厚 15 厘米。

碑额书"万世灵鉴"。

现存于吕梁市孝义市皮影木偶博物馆。

【碑文】

弘道庵记

夫道者，包乎天地之外，超乎日月之上，无形可仰，无迹可求，亘古今了无变易，所以云天地万物，无有不举道者，但根性之不同，其所得故有异也。故《金刚经》云：一切贤圣皆以无为法而有差别。盖释迦、老子所谓为一大事因缘之规，亦□道开示悟入此道而已矣。奈去圣时遥，人多薄信，尚修福者亦鲜，况能力究此□者乎？故近时有大志者，必培福德已就，而使慧命渐增矣。古人云：道者隆替岂常也，在人弘之耳。孝邑董屯、岭北村等村，古有龙天庙，其旁有□□所而湫隘不堪。自雍正七年，洞静禅师插锡，至十年，会通村中纠首而捐资施工，建正窑三孔，塑圆通教主、护法韦天、关圣帝君圣像。至乾隆十一年，复会纠首施财行矣。内有可明段公募白金二十八两一钱，甫登武公募白金十两五钱六分，起贵武公募白金十两，永富马公募白金二两，学昌韩公募白金二两，本庵住持助白金十两。建东西禅房、山门、照壁，才得紫金光聚、丹碧彩奂，宛成奇观，命名曰弘道庵。其师有意於古人，抑□将来有志者弘道於此耶。今功既告竣，乞一言而志其石。余深喜之，故不愧鄙陋，攘臂而为之记。

传洞山正宗三十三世寓介邑城南莲花洞万佛林妙悟无知福华撰并书

武尚郁施银三两六钱　朱文成施银三两

施银二两人武来宝　王君喜

韩学昌募化银二两

董□武□□施银一两二钱

永顺店施银五钱人裴□□　郭皇极

施银三钱二分人孙文远　蔺奇珠　杨王窜　任明珠　姚起荣　武九思　武夫

才　陈国仁　张识　蔺奇鳌　□明□　霍□□　张广□　田任　兴盛当　孙封　唐学　郭辅□　李大委　田进宝　张□金　郭景星　段学经　郭起礼　石有贵　姚文蔺　□□瑚　赵□秀　张□　王忠义　侯同□　陈其功　惠文□　张玉英　许国祥　张克弘　郭圣芝　何文魁　赵之先　侯□贵　马永富　侯文正　万和号　王玉　白祥豹　郭云生

施银二钱四分人张守库　武尚成

施银六钱人武本盛　孙智　郭如仓

施银三钱人霍惠　朱能亮　张福极　邵连禄　武九成

施银一两人常奇勋　王国愚　张名贤

施银四钱　施银三钱六分人刘玉枚　乔圣法　存和美　王□吉　侯廷虎　赵一弘　梁大安　陈贵荣　孙增　温凤鳌　武正言　胡大成　李翊甲

施银二钱人侯芳

施银一钱二分人李仲连　金象店　王进升　张可功　王之璋　平治　聂耳吾　李廷贤　张戒勤　李现荣　吕珠　张学功　李生财　张文望　武成魁　段生　闫建福　张登玮　王国兴　张□效　宋洪望　仁义□　陈礼　马□　刘吉　张国鼎　□宜喜　□应隆　刘体盛　杨喜春　□恒店　霍登殿　李锦　□□店　□进斌　宋福盛　王丕珏

时乾隆十二年岁次丁卯七月初四日

本庵住持僧胤如　门徒灯传同纠首立

〇七八　重修庙宇碑序

清乾隆十三年（1748）刊。

碑额书"重修碑记"。

现存于晋城市泽州县柳树口镇范山堂附近二仙馆。

【碑文】

重修庙宇碑序

庙貌者古积就有，朝宿光阴以来，金乌玉兔梭催，红颜白发相送，以见暑往寒来。天上四时春作首，人间五福寿为先。子曰：积善之家必有余庆，积不善之家必有余殃。又曰：完善同归吉落处，喜施资财宝镜前。子曰：修善之道也，祸而远除。子路曰：今见之神鬼而有也。冶长曰：天下主人生於世，孝当竭力，忠则尽命。养孟子浩然之气，学颜回克己之修。道也者，须以礼也。子曰：人有善念，天必从之。善者如春园之花草，不见其而长。不善者如石磨刀，而自有损乎。古哉石崇之富、潘安之貌、陶朱之业，富贵功名者前生造化而定。八卦阴阳而分，两仪四象而取。祖积宗修，善乎君子知命莫怨也。诗曰：树大缠身细，堂高应声低，水深流去由，贵人语话迟，命运也。干罗早发，太公而迟，彭祖、颜回寿不齐，皆因年月、五行、四主而相生。命也者，各自修道德而贫贱富贵矣。奉祀二仙尊神灵应有感也。迄今多年，风吹雨洒，破坏损烂。或出善男姓女，慈悲无量之边。兴工完满之后，默然苍天，风调雨顺，国泰民安。今四社重修，创立根基，王王高禖，尊神宝殿。东有修成一址六间，西有根基未完。工果浩大，普结良缘修补，天实用巍焉。殿前冲碧汉，瑞气接青天。祥光彩色新，林上有清泉。东有石人相望，西邻珏山吐月。巽凤山来朝，方山路眼前。诗曰：银乔山景甚开怀，松柏桂株如画彩。麋鹿仙鹤常来往，风光不亚小蓬莱。山风飘飘猿猴笑，涧水叠叠□鸟啼。景石影影如坐虎，枯枝弯弯似卧龙，言不尽景地。仙台处答报皇王均天，盘古圣初分天地，古圣贤万物静观，尧圣帝名扬天下，舜贤王巫农耕田，汤王圣为万民桑林祈祷，柳泉娘孝感动天，伊尹臣寻主归山，康张朱葛党乃忠臣也等。威神有感，小人乎无不敬之，响赛香花於天下也而已矣。

许存忠施地一块东七尺　毋有枝施地一块西七尺　平顺兴曹可禄施银四两　宋正好施银一两五钱　赵宗成施银一两六钱　宋有建施银六钱　赵有祥施银二钱　赵洪信施银五钱　赵洪仁施银一钱　赵洪全施银三钱　赵洪印施银三钱　赵成法施银一钱　赵永山施银一两二钱

东社主神

赵宗洪施银四两　赵宗怀施银三两　赵永余施银二两　赵现宪施银一两六钱　赵宗祥施银二两　赵永江施银二两　赵璧施银二两五钱　赵郝成施银四两　赵永稳施银二两　赵宗仁施银三两九钱　赵坤施银二两四钱　赵文玉施银二两二钱　赵永玺施银二两九钱　王有福施银二两三钱　赵永美施银一两五钱　赵文银施银一两九钱　赵世臣施银一两九钱　赵宗孝施银一两六钱五分　赵文玺施银一两八钱　赵文璧施银一两五钱　赵宗乾施银一两四钱　赵宗现施银七两四钱　赵宗元施银一两四钱　赵成贵施银一两四钱　赵宗法施银一两二钱　王有禄施银一两二钱　赵杰施银一两四钱　赵世翰施银一两二钱　赵宗贤施银一两一钱五分　赵世唐施银一两一钱　赵文仲施银一两一钱　赵成施银一两　赵乾施银一两　赵宗选施银一两　赵宗禹施银一两　赵永山施银一两二钱　赵宗德施银一两　赵宗奇施银九钱　赵文选施银九钱　赵文魁施银七两　赵宗金施银九钱　赵魁施银九钱　赵世文施银九钱　赵宗聚施银一两三钱　赵宗房施银六钱　赵宗省施银九钱　赵形施银七钱　赵朋富施银七钱　赵法施银七钱　赵宗福施银七钱　赵永广施银四钱　赵世朋施银七钱　赵世全施银七钱　赵宇昇施银七钱　赵永兴施银七钱　赵宗进施银七钱　赵文金施银七钱　赵文臣施银七钱　赵永现施银三钱　赵宗惠施银七钱　赵宗旺施银七钱　赵文福施银七钱　赵宗官施银七钱　赵印甫施银七钱　赵宗礼施银七钱　赵宗明施银七钱　赵文瑞施银七钱　赵文现施银五钱　赵黑狗施银六钱　赵宗轩施银四钱　赵宗刑施银四钱　赵文龙施银四钱　赵世选施银五钱　赵宗秀施银一钱　赵宗瑞施银一钱　王进金施银一钱　赵宗兴施银二钱

圪套主神

许和施银二两　许必富施银二两四钱　许金力施银二两四钱　许可乐施银三两三钱　许可仪施银　长神许瑄施银三两二钱　许可观施银二两　许存后施银二两四钱　许可增施银一两　许金登施银一两七钱　许必雷施银二两四钱　许金科施银一两七钱　许金后施银一两五钱　许金聚施银一两　许金见施银一两　许金宽施银一两　许秀生施银九钱　许金美施银一两二钱　许天正施银八钱　许金存施银七钱　许金进施银七钱　许金斗施银六钱八分　许金品施银七钱　许存忠施银七钱五分　许可义施银二钱七分　许金稳施银七钱　许天法施银七钱　许金广施银七钱　许金星施银七钱　许缘施银六钱　许秀文施银五钱　许金明施银四钱　许金尧施银四钱　许秀成施银四钱　许丹成施银三钱　许小狗施银三钱　许金甫施银三钱　许秀见施银三钱五分　许天估施银四钱　许进甫施银三钱　许进昇施银三钱　郜禄润施银三钱　许金有施银四钱　许天选施银五钱　许金好施银五钱

北社主神

毋□晋施银四两四钱　毋玉好施银三两七钱二分　毋文仪施银二两八钱一分收管布施　毋玉宽施银四两二钱　毋有行施银四两四钱　毋有枝施银二两　毋可京施银三两　□□□施银四两八钱　毋福喜施银四两四钱　毋有信施银三两五钱　毋有贵施银二两三钱　毋有仁施银二两一钱　毋印禄施银三两四钱　毋玉聚施银二两九钱　毋有聚施银一两九钱　毋有仪施银一两九钱　毋有华施银一两九钱　毋有富施银一两八钱　毋金选施银一两六钱　毋文好施银一两四钱　毋有乾施银一两七钱　毋玉通施银一两五钱　毋文元施银一两六钱　毋文节施银一两四钱　毋子余施银一两四钱　毋聚福施银一两六钱　毋有甫施银一两三钱　毋有法施银一两一钱　毋有美施银一两　毋有英施银一两　毋有珍施银九钱　毋旺库施银九钱三分　毋有星施银九钱　毋有均施银九钱　毋有和施银九钱　毋有印施银八钱　毋有其施银八钱　毋聚成施银八钱　毋有贺施银八钱　毋文必施银九钱　毋玉见施银七钱　毋有准施银七钱　毋文晏施银七钱　毋聚宽施银四钱　毋文智施银七两一钱　毋文菴施银七钱　毋文周施银七钱　毋文玉施银七钱　毋文法施银七钱　毋成文施银五钱一分

毋有瑞施银五钱　毋文仲施银九钱　毋文见施银九钱　毋有王巨施银五钱　毋文好施银五钱　芦自泰施银七钱　毋文必施银四钱　毋润喜施银□□　毋文选施银三钱　毋有坤施银三钱　毋有准施银三钱　毋金重施银三钱　毋有昌施银三钱　毋有彦施银三钱　毋有运施银三钱　毋文清施银三钱　毋有都施银二钱半　毋奇重施银一钱　毋文池施银二钱　毋有相施银一钱　毋小随施银一钱　毋文玉施银一钱　毋文礼施银一钱　毋有强施银一钱　毋有旺施银二钱

南社主神

郝印文施银五两七钱　张玉文施银三两五钱　郝明金施银二两四钱　毋聚选施银一两九钱　许汝仪施银二两五钱　毋聚旺施银二两四钱　许见荣施银二两　毋聚科施银一两九钱　芦自聚施银一两七钱　毋聚登施银一两六钱　郝明高施银一两五钱　毋聚甫施银一两四钱　毋聚岗施银一两四钱　毋旺有施银一两四钱五分　许如德施银一两三钱　毋金玉施银一两二钱　许见余施银一两一钱　毋全施银一两　毋金后施银一两八钱　毋敬施银一两六钱　毋聚轩施银九钱　毋聚必施银九钱　许文登施银一两　郝余良施银七钱　郝明照施银七钱　毋金法施银六钱　毋均施银八钱　许见彪施银八钱　郝印选施银七钱　芦正轩施银七钱　毋旺德施银四钱　毋金成施银四钱　毋保存施银七钱　郝印周施银七钱　郝印重施银七钱　毋印成施银四钱　毋印甫施银四钱　毋成进施银五钱一分　毋金旺施银六钱　芦自宽施银七钱　芦金余施银七钱　芦自余施银六钱五分　芦自得施银六钱五分　张文奉施银四钱八分　张文义施银四钱八分　张文会施银七钱八分　郝印法施银七钱八分　郝印成施银七钱　许见银施银四钱　毋成得施银一钱　郝金玉施银二钱

乾隆十三年□七月二十七日立石

住持僧心甫

毋有贵施地西南七尺

玉工陈法全之印

〇七九　重修玄帝殿碣

清乾隆十五年（1750）刊。

碑高48厘米，宽65厘米。

现存于临汾市洪洞县龙马乡景村慈云寺。

窃
玄帝庙建立方保障之神萬姓修福
之所由来久矣鉄沙鳴金傘旗合村初起善
心隨念二十餘人積金百餘重修靈官殿遂置
鑼鼓旗傘事記立石於兹垂不朽之云耳
芳名開列于后

馮花俊　馮有高
段恒昌　段金孝　任元吉
馮玉常
孔承文　　段運唱
馮玉亨　鄭盛基
段金建　　　任居聘
段富昌　　段金貿　馮永太
　　　段夫興
段金採　段景文
蘭紹基
段景採
馮壬晦
史撐惠
任掠廣

大清乾隆十五年庚午陽月　澄潤　共高後刻石　書丹

【碑文】

重修玄帝殿碣

切以玄帝者,一方保障之神,万姓修福□之所,由来久矣。缺少鸣金伞旗,合村初起善心,随会二十余人,积金百余,重修灵官殿,遂置锣鼓旗伞。事讫立石,永远不朽之云耳。

芳名开列于后

冯起俊　冯存高　段恒昌　段金孝　冯玉带　任元吉　孔承文　段运昌　冯玉亭　郑盛基　段金连　任君聘　段富昌　段金贤　冯玉□　冯永太　史增惠　段夫兴　段景采　段景文　郑绍基

粪高俊刻石

住持广润　广澄

时大清乾隆十五年庚午阳月吉立

○八○　补修三教堂碑记

清乾隆十五年（1750）刊。

现存于晋城市泽州县柳树口镇宋掌村三教堂。

【碑文】

补修三教堂碑记

大清国山西泽州府凤台县移风乡建福都大泽里人氏，见在宋家掌村居住。盖闻庙宇倾圮者，不能栖灵爽；庄严不肃者，无以起观瞻。是祠殿不可以不补葺庄严，不可以不华丽也，明矣。本村旧有三教神庙一座，其来久矣。不知创自何年，实一村之福。福神，万姓所景仰者也。近因庙貌颓败，瞻拜不肃。本村众姓各发善心，各捐资材，采买物料，鸠工庀匠，补葺维殷，殿宇为之一新。同侄宋有旺、毋□喜施厦四方，神像端严焕然，昭若星日。恐事远年久，无所稽考，合将施过善信宋正好地基一块，毋福嘉施东坡□地（阙文）开列（阙文）

通共使费银五十七两

赵宗仁银一两　毋文选银一两　韩其银五钱　孔登亭银五钱　陈奉太银五钱五　毋文晋银五钱　赵郝成银五钱　毋有枝银四钱五分　赵文石银四钱　周文其银三钱　徐兴银三钱　赵坤银三钱　赵璧银三钱　赵发银三钱　赵宗成银三钱　赵文玉银三钱　赵文重银三钱　李文其银三钱　毋玉通银三钱　赵宗淮银二钱　赵文玺银二钱　毋有印银二钱　毋玉好银三钱　毋有信银二钱　毋有聚银二钱　毋有法银二钱　赵世成银二钱　赵文现银二钱　赵洪印银二钱　赵世瑭银二钱　赵永玺银二钱　赵文□银二钱　赵文魁银二钱　王进金银二钱　李旺富银二钱　司家河□□银五钱　辛甫银一钱六分　赵永江银一钱二分　田金印银一钱　赵有祥银一钱五分　赵文璧银一钱五分　赵世文银一钱五分　毋有华银一钱二分　许和银一钱二分　赵成银一钱二分　赵宗孝银一钱二分　王有立银一钱三分　毋文元银一钱二分　陈自云银一钱　张玉文银一钱　许金聚银一钱五分　赵世轮银一钱　赵文龙银一钱　毋可金银一钱五分　赵宗福银一钱　赵宗贤银一钱　赵宗京银一钱　赵杰银一钱　王有福银一钱　赵宗选银一钱　赵文金银一钱　赵世明银一钱　赵世全银一钱　赵彤银一钱　赵世

选银一钱　赵宗□银一钱　赵宗省银一钱　王成锡银一钱　□天龙银一钱　当小金银一钱一分　芦合严银一钱　毋文□银一钱　赵文富银一钱　赵文法银一钱　毋有星银一钱　王君宽银一钱　毋玉聚银一钱　毋有贵银一钱　毋有仁银一钱　毋有美银一钱　毋子余银一钱　毋文兰银一钱　毋文仪银一钱　毋文智银一钱　赵宗旺银一钱五分　王有行银二钱　王世准银一钱一分　赵洪信银一钱五分　王进好银一钱　□大江银一钱　毋文信银一钱　赵文选银一钱　毋有□银一钱　许金厚银一钱　许金平银一钱　许金科银一钱　许可武银一钱　许金美银一钱　许可仪银一钱　许可斌银一钱　许魁银一钱　许见荣银一钱　许见金银一钱　许汝仪银一钱二分　毋聚旺银一钱　许金登银一钱　许存忠银一钱　毋钧银一钱　芦正乾银一钱　许可乐银一钱　毋文智银一钱　芦□余银一钱　许金稳银一钱　赵洪全银一钱　毋聚轩银一钱　许金交银一钱二分　芦自宽银一钱一分　许必雷银一钱四分　许可魁银一钱　许金立银一钱一分　郝金玉银一钱一分　刘金龙银一钱　赵成法银一钱　毋聚福银一钱　毋聚东银一钱（阙文）

木工头（阙文）

管钱头（阙文）

石工头宋文释银二钱□□　宋文好银二钱九□□　宋文玉银二钱□□

大清乾隆十五年九月二十五日合村公立

玉工陈法荣印

〇八一　创建玄天殿碑记

清乾隆十五年（1750）刊。

碑高215厘米，宽63厘米，厚16厘米。

碑额书"玉虚宫"。

现存于临汾市尧都区金殿镇姑射村仙洞沟。

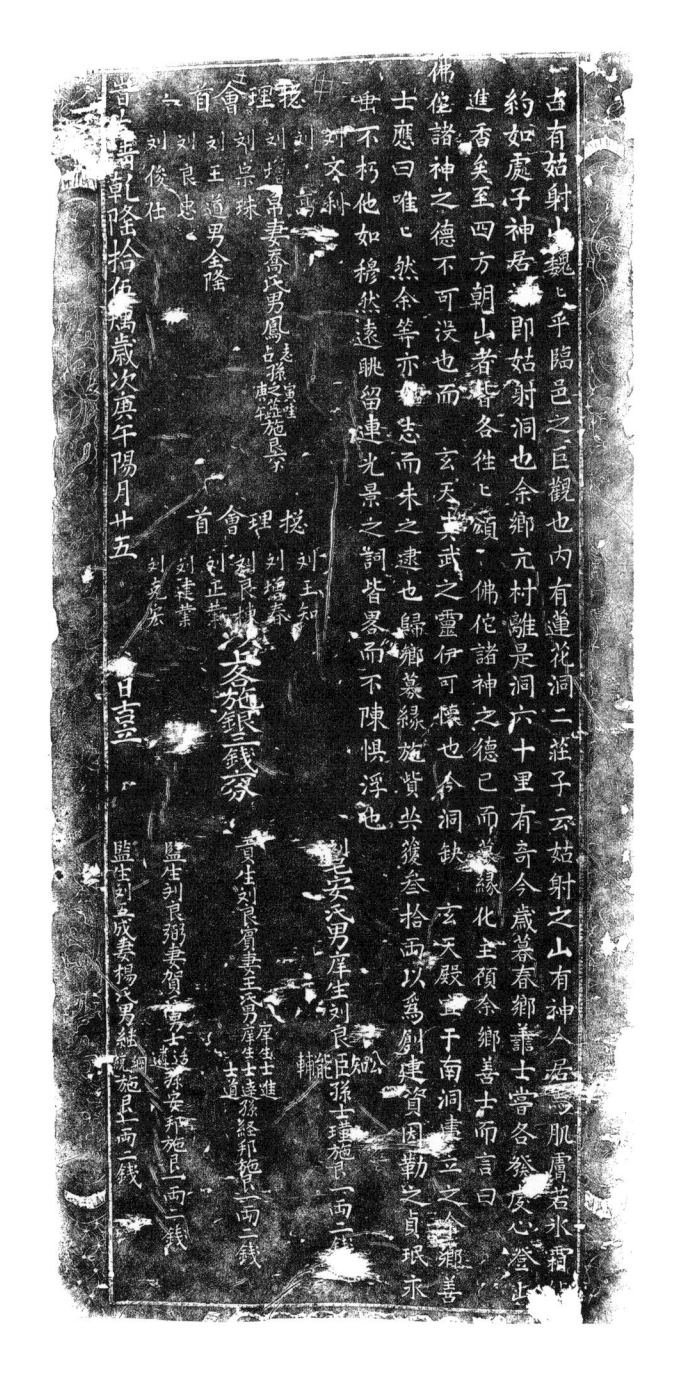

【碑文】

创建玄天殿碑记

古有姑射山，巍巍乎临邑之巨观也，内有莲花洞二。《庄子》云：姑射之山，有神人居焉。肌肤若冰霜，绰约如处子，神居洞即姑射洞也。余乡亢村离是洞六十里有奇，今岁暮春，乡善士尝各发虔心登山进香矣。至四方朝山者，皆各往往颂佛佗诸神之德，已而募缘化主顾余乡善士而言曰：佛佗诸神之德不可没也，而玄天真武之灵伊可怀也，今洞缺玄天殿，宜于南洞建立之。余乡善士应曰：唯唯。然余等亦有志而未之逮也。归乡募缘，施资共获三十两以为创建资。因勒之贞珉，永垂不朽。他如穆然远眺，留连光景之词，皆略而不陈，惧浮也。

总理会首

刘文利　刘高　刘增帛　妻乔氏　男凤志　凤占　孙寅哇　之蕊　庚午施银六钱　刘宗珠　刘王道　男全隆　刘良忠　刘俊仕

总理会首

刘王知　刘增春　刘良栋　刘正业　刘建业　刘克宏　以上各施银三钱六分

刘宅安氏男庠生刘良公　刘良知　刘良臣　刘良能　刘良辅　孙士谨施银一两二钱

贡生刘良宾　妻王氏　男庠生士进　庠生士达　士道　孙经邦施银一两二钱

监生刘良粥　妻贺氏　男士适　士遴　孙安邦施银一两二钱

监生刘五成　妻杨氏　男继纲　继统施银一两二钱

时大清乾隆十五年岁次庚午阳月廿五日吉立

〇八二 重修碑记

清乾隆十六年（1751）刊。

碑高 223 厘米，宽 84 厘米。

碑额书"流芳百世"。

现存于晋中市介休市大靳乡小靳村东岳庙。

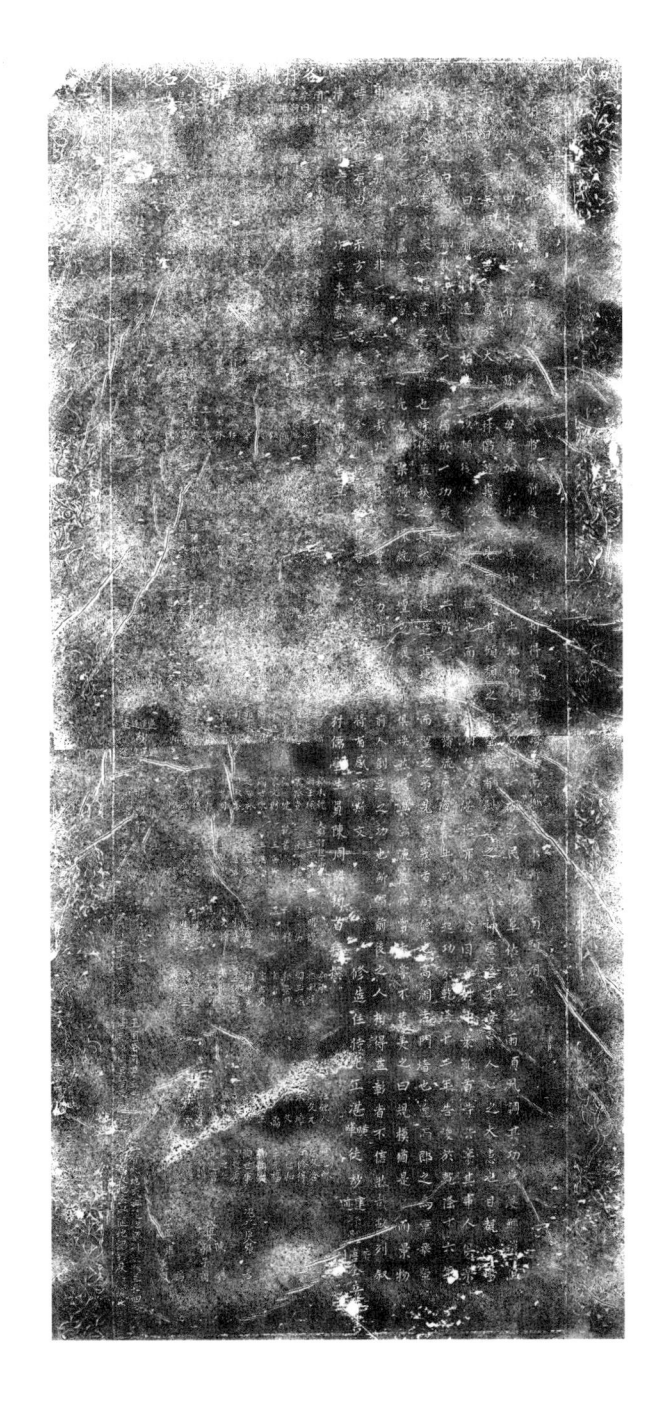

【碑文】

重修碑记

尝闻莫为之前，虽美弗彰；莫为之后，虽盛弗传。前后之人，不诚相得益彰乎。粤稽南乡大小靳村南头有东岳天齐大殿，由来尚矣，后有子孙圣母，旁加牛王尊神、土地神祠。皆以保一方之民康物阜，佑兹土之雨顺风调，其功岂浅鲜哉。但年深日久，不无损坏。吾读书於大小靳村，偶游其地，常见庙宇有倾颓之机，圣像有剥落之势。神灵之不安，实人心之大患也。目睹心伤，未尝不致叹曰：此前人创造於始者，正以赖后人之修葺於继也。而不意本庙僧人湛旷亦萌此念，因会村中众纠首等，共襄其事，人俱乐从。不日之内而输纳数百金，或一人而独成一功，或数人而共成一功，以至积流成海，聚土成山。起功於乾隆十二年，告竣於乾隆十六年。此固人力之速成，实神灵之感应也。时值孟秋之期，一日复游其地，远而望之，第见巍峨者庙貌也，高阔者门墙也；近而即之，鸟革飞翚者，栋宇之美也，彩画金妆者，圣像之光也。而乐楼之环绕，禅坛之护应，亦俱焕然振兴焉。流连欣赏，未尝不赞美之曰：规模犹是也，而景物则一新。猗欤休哉，岂非一时之大□也哉。此虽后人修葺之力，亦不减于前人创造之功也。所谓前后之人相得益彰者，不信然哉。故列叙时人，迹其原由，以示方来。吾意后之视今，亦犹今之视昔也。后之览者，其将有感於斯文。

修造住持比丘湛旷　湛晖　徒妙建　妙迹　孙体府　体唐　体□仝立并书

大清乾隆十六年岁次辛未春三月壬辰中旬吉旦

靳凌村儒学生员陈周诰顿首拜撰

各村疏头纠首人名后

团圞村起意宋国晟　宋嗣钱　宋嗣旺　宋嗣厰　李奇贵　宋冀

王堡村起意人焦自聚　焦秉成　焦邦运　焦邦光　焦唐章

槐志庄南北头起意人温习颜　安邦付　刘世昌　梁星旺

万光村起意人宋祚秀　张瑞枝　宋洪龙　宋奇才　任通　祖鹏

东欢村起意人郭殿珍　郭巩洪

马堡村起意任发文　任发荣　任三奇

保和村起意人赵福宝　李兴　赵福全　李明显　李子厚　陈伯祥　温士瑾

陶家庄香老人起意　河村起意焦如长　李加禄　李严　李显珠

侯堡村起意香老人　靳凌村起意陈禄□　陈福翔

秦树村温正常

张壁村香老人起意　兴地村起意□奇生　温武　□生果　王清心

西□村起意王国宰　全正

东西宋壁村香老人起意　董家庄香老　长喜村起意温□□　曹良臣　王锡侯

疏头人名王鉴　梁□武　孙时章　韩太仁　张玉林　王寿奕　任宣才　文永富　傅儒　祖祥　同锦　梁星求　王璞弼　张瑞花　王大钦　温润　马良□　温布仁　温淑义　赵世明　赵钦　乔天正　申伦　王林奇　宋如光　宋奕通　段皇甫　马林魁　张贵宁　王国盛　冯有典　梁成　岳相林　同兴　文永春　张国伟　马世珮　梁典　郭汉林　宋皇库　韩登伟　赵环　秦荣　湛月　乔玉如　宋璞　王进春　王进章　王景贤　王宾　王英奇　王镇　王景雨　王钟　王奇瑞　王奇珍　焦海　温训　王明德　陈赟　仝姜友　王富　焦如花　郭承迁　陶永和　李进玉　陶文锦　郭承太　陶璨　郭丰图　李文章　陈文锦　郭玉图　郭元弘　郭承统　陶玉珮　焦发贵　陶琏　陈文财　陶世荣　赵福林　郭承喜　陶世明　陶世根　陶有德　梁成　陶世兴

大靳村起工香老王宾　宋璞

纠首人王英奇　王进春　乔玉如　王进章　王景明　王奇瑞　王奇祯　王景雨　王镇　王明德　焦海　王钟　温训

本村起工香老郭承喜　陶文锦　焦发贵

纠首郭承迁　李进玉　阴自祥　郭承太　郭承兴　陶玉珮　郭丰图　陶有恩　陶世荣　陶世光

新香老王敖稳　王景秀　王玉□　郭永图　陈文宝　陶有珍

抬碑人任文元　宋璋　宋文□禹　□玉　宋□盛　宋□华　焦如□　郭琚图　焦发□　宋京　陶林　陈文仓　任修得　陶世和　李元福　郭朝□　陶世库　陶文秀　陶之仁　陈进富

泥水匠人张喜

画公匠人陈赟　郭子祯

刻字匠人张鹏　张秉凤

临济宗派　性海澄湛　妙体精荣　心通玄悟　力极归真　永证常乐　佛果方成

抱腹岩云峰寺师祖海般　师澄一　澄仁　师兄弟湛昈　湛暎　湛暒　湛眕　侄妙遂　妙运　妙达　妙造　妙过　妙逞　妙近　妙逸　侄孙体康　体太　体昌　体宁　体壮　体亨　体荣　体惠　重孙□广　□陶　元孙荣立

雍正九年十一月初一日

王国荣同男王贵周施南□香火地二亩随地认到秋粮五升四合

陶永库同男陶文锦施麻会沟香火地三亩随地认到秋粮□升三合

〇八三　圣母庙置地碑记

清乾隆十六年（1751）刊。

碑高 111 厘米，宽 43 厘米，厚 13 厘米。

碑额书"万古常存"。

现存于吕梁市离石区交口镇石盘村圣母庙。

【碑文】

圣母庙置地碑记

国子监监生崔朝铭偕男助清　扶清　护清施银十两

立石永远死契书人武门傅氏　男武荣显

且自乾坤开辟以来，天以资始，地以资生。凡在天壤内者，有一不受覆载之恩者哉？州西石婆神村古建后土圣母庙一所，先人建神圣之庙，无非思报神圣之德也。奈何地土缺少，养膳无资，曷以酬神圣之恩於万一哉。所以本村众姓各捐己资，置地二十五亩，土窑三眼，共认粮银五钱八分一厘，以为香火之用，因而立石，永垂不朽。

本郡廪膳生员郝吕村恭撰

本村童生闫□沐手书

闫国祯　男闫□　孙成金　成银　成积　成民施地价银十两

任泽宏　闫珽　刘上明　闫治　白士林　闫世芳　闫含芳　闫积芳　张恩建　靳还　闫明　白友　刘继英　以上各施银一两

闫国昌　闫国升　闫国庆　闫善英　李富　张业　以上各施银六钱

闫国斌　闫国彩　闫桐　闫喜　闫珩　张恩孝　闫保　监生王愫　刘继明　闫芳　任孝基　闫良　刘继雄　于大杓　靳开基　师奇　王义　王守荣　以上各施银五钱

闫龙　闫喜爱　闫喜□　闫金　张义　胡敕　闫智芳　闫有芳　闫各方　闫弘芳　闫金芳　闫仁芳　刘士佐　王奇□　靳□　靳焕　以上各施银三钱

高丈□　靳福　李如德　李上朝　任上金　以上各施银二钱四分

李如金　闫□□　闫应福　宋国旺　闫奉义　赵含□　□空　于□□　李如□　张能　闫□□　闫□　闫奈芳　李如宣　靳召□　刘□堂　卫成喜　闫玉朝　李如

英　□玉簪　张景　赵含奇　以上各施银二钱

刘玉风　王保禄　刘士金　杜玉　杜贵　以上各施银一钱三分

□□臣　□如宝各施银二钱

狗文光　闫嘉信　韩汤　靳正基　靳立基　靳荣基　赵立平　刘成珍　高兴宫各施银六分

大清乾隆十六年季秋吉旦立

董贵　董荣庙东施地二分

住持僧瑞芳　秀芳　存仁　徒侄性安　性融

〇八四　创建关帝庙宇碑记

清乾隆十七年（1752）刊。

现存于晋城市泽州县柳树口镇王掌村关帝庙。

【碑文】

创建关帝庙宇碑记

　　濩泽东南离城七十余里所有王家掌。□厚风辍，煞多野广，风脉不能积聚。古来无有庙宇，居住人三主哉。春秋二季，行神过水，神无落架之处，人无存身所哉。日夜长愁，众议善士，捐收资财，募化毋玉石地基一块，创修关帝庙三间，塑画金神，伍（五）彩一新。党镇风脉，如人有根有靠，所求神祐，广种福田，人财兴旺，四季乐也，永为记耳。

　　开列善士

　　刘道元银一钱　宋有鉴银二钱　毋文仲银一钱　王有福银一两六钱　王有运银一两二钱五分　王进泉银八钱□分　归其银二钱　毋文升银二钱　宋有广银一钱　王有行银一两一钱　王世甫银一两六钱五分　王世锡银七钱五分　赵宗仁银六钱五分　毋文江银二钱　郝金立银一钱　王世淮银一两八钱五分　王皂喜银一两六钱五分　王有银银五钱　赵璧银三钱　毋文好银一钱四分　毋文玉银一钱　毋玉石银一两四钱五分　王郭成银九钱五分　赵发银五钱　林太江银一钱　毋文建银一钱　王进好银一两八钱五分　毋玉洪银九钱五分　赵宗京银三钱　郝印立银一钱　毋文龙银一钱　王世州银一两七钱　王进金银七钱五分　宋正好银二钱　宋有顺银一钱　王有立银一两□钱□分　□世有银七钱五分　赵文玉银二钱　常□玉银一钱　王有金银一两（阙文）　王进银银七钱五分

　　大清乾隆十七年八月初一日立

〇八五　重修三大士堂碑记

清乾隆十九年（1754）刊。

碑高170厘米，宽62厘米。

现存于晋城市阳城县凤城镇汉上村佛堂。

【碑文】

重修三大士堂碑记

吾阳邑汉上里，旧有天竺佛地。创立年远不可考稽，迨万历年间又建南殿三楹，内塑三大士像。虽于康熙廿二年重修一次，而风雨摧剥，迄今又复倾颓矣。夫重佛道以造民福，殿宇不足以栖神，神其何以庇我。于是里中信士王寰、姬怀禄、李世伦、姬如生、姬邦佐，出而董理，去旧更新，各捐资力，募化阖村，所收布施若干，所费物料若干，清书碑左，以志不朽云。

邑信士张行沐手撰并书

外上布施于后

张子仑银三钱　姬信银一钱

二月初二日　　姬邦秀二分银二两　姬邦佐二分银二两　姬万朋一分银一两

清明　　　　　姬邦贵一分半银一两五钱　姬邦福二分银二两　姬万良半分银五钱　姬万惠一分银一两

□水　　　　　姬贵荣半分银五钱　姬贵成半分银五钱　姬贵田半分银五钱　姬建全半分银五钱　姬遇果　姬遇食半分银五钱　白曜半分银五钱　李登全半分银五钱　王万金半分银五钱　卫何印半分银五钱

三月十五日　　姬运实一分银一两　姬迊实一分银一两　姬谐一分半银一两五钱　姬炳一分半银一两五钱

三月二十日　　姬康禄一分半银一两五钱　外大杨树一株　姬银禄半分银五钱　外上银二钱　姬旺实半分银五钱　姬秀实二分银二两　姬调半分银五钱

四月初三日　　姬怀禄二分半银二两五钱　姬随实半分银五钱

	姬逢秋一分银一两　姬遇夏一分银一两
四月初五日	姬如彦一分银一两　姬如田一分银一两
	姬如白一分半银一两五钱　姬万珅一分半银一两五钱
四月初八日	卫溶一分银一两　卫宠半分银五钱　卫泉半分银五钱
	崔眕半分银五钱　崔晭半分银五钱　崔晌半分银五钱
	崔岷半分银五钱　崔荣半分银五钱　高全半分银五钱
小满	姬如生一分半银一两五钱　姬从周一分半银一两五钱　外上银一两　姬绪周一分银一两　外上银三钱　姬如成半分银五钱　张全德半分银五钱
五月初五日	姬万顷半分银五钱　姬万相半分银五钱　姬万成二分银二两　姬□□半分银五钱　张明海半分银五钱　原发贵半分银五钱　原发长半分银五钱
五月十三日	韩绍纬一分半银一两五钱　韩继纬半分银五钱　韩一长一分银一两　姬来禄一分银一两　姬万春半分银五钱　赵仁半分银五钱
六月初六日	李玉□半分银五钱　李□□半分银五钱　杨□全半分银五钱　杨小□半分银五钱　于□　于□一分银一两　于湧半分银五钱　于海一分银一两　于□成半分银五钱
六月十六日	王孝一分银一两　王子和半分银五钱　王子荣半分银五钱　王苟娃半分银五钱　姬典实　姬顼实半分银五钱　李伦一分银一两　王天霞一分银一两
六月二十三日	李世纶二分半银二两五钱　外上银二钱五分　李世纬二分银二两　王广礼半分银五钱
六月二十四日	吉□坤二分银二两　吉贵荣半分银五钱　吉贵喜半分银五钱　吉乾半分银五钱　宋安半分银五钱　马得山半分银五钱　吉□旺半分银五钱

七月初七日　　王广田一分银一两　王广荣　王广生一分银一两　成福荣一分半银一两五钱　成福顺半分银五钱　成金一分银一两

七月十五日　　王珮半分银五钱　王瑾半分银五钱　王昌缙半分银五钱　王茂秀半分银五钱　王聚改半分银五钱　王聚库半分银五钱　王聚祥半分银五钱　王聚禄半分银五钱　王昌绔一分银一两

七月十八日　　姬忠实一分半银一两　姬如秀半分银五钱　姬如遂半分银五钱　姬满轩一分半银一两五钱　姬万国半分银五钱　李柏松半分银五钱

七月二十日　　李凰　李鸾一分银一两　李世海半分银五钱　李世贵半分银五钱　李世管一分银一两　李瑛二分银二两

九月十三日　　王周一分银一两　贾宅二分银二两　王淲半分银五钱　陈易半分银五钱　原兴全一分半银一两五钱　郭进仓半分银五钱

十二月十二日　李璠一分半银一两二钱五分　李全　李琢一分银一两　赵逢贵半分银五钱

石匠卫何印施银一钱　原发贵施银一钱

玉工□玉玘施银一钱

收使总目于后

石匠共工四百二十四工半共该银一十九两一钱

木匠共工二百八十四工共该银一十二两七钱八分

油画金装共使银一十六两六钱六分半

买砖头脑大小钉则共使银一十四两七钱三分半

买树十三株木头檩共使银一十六两六钱□分二厘

买□打笆开光□三匠小礼共使银九两九钱八分半

以应杂费零使银七两九钱□分

立碑使银一两八钱（阙文）

谢神以应等项共使银九两七钱四分

社一百零三分共收银一百零三两

卖旧门柴皮共得银一两四钱五分

收外施银三两八钱

收女善人上供钱作银六钱二分半

以上通共四宗共净收银一百零八两八钱

以上通共九宗净使出银一百零九两五钱□分

除使过内短银六钱六分五家老社包赔

本堂焚修戒僧惠泊　徒惠悔施银一钱　侄惠钱施银五钱　侄惠鉎施银一钱

姬□禄　姬□禄施圈后风水槐树二株价银三两七钱

董理老社姬如生　姬怀禄　王寰　李世伦　姬邦佐

兴工首事姬邦秀　成福荣　王珮　姬贵荣　姬从周　姬满轩　李世贵　姬运实　李世纬　姬秀实　王子和　姬如白　吉贵喜　韩一长　于洧　原发长　李洎　姬遇夏　崔晌　原旺全　姬万仓全立

大清乾隆十九年岁次甲戌季冬吉旦

〇八六　重修关帝庙碑记

清乾隆二十年（1755）刊。

碑高 220 厘米，宽 71 厘米。

现存于晋城市泽州县金村镇府城关帝庙。

【碑文】

重修关帝庙碑记

　　从来大功之成，成於一人者难，成於众人者易；一时而并成者难，积久而渐成者易。即如我府城关帝庙一功，其谋之也非一朝一夕之故，其成之如亦非一手一足之烈也。予自乾隆十二年四月二十九日贸易回籍，修理后殿、暖宫三间后，见山门、戏楼残破无色，因复动重修之志，然独力恐未逮也。至十三年后，西社未随者，蒙崔庄、背阴、黄头亲友和议，仍然合为一社。七月间三社公议修理，遂将从前所余布施银五十余两入庙使用。尚觉未足，又将女善人刘门冯氏、续门陈氏所化布施银一百余两，亦以备用。越二载至十五年，工将成而未完，予适又有外出之事，因将社事托与刘润元，润元转托堂弟续有文。数年来，木料瓦兽等项陆续置备已全，虽未开工，而成功可指日定矣。予於十八年八月，自外归来，即欲兴工，又见前殿龙头毁坏，石柱歪斜，此工尤急。乃於十九年后四月二十日开工，先修大殿，随瓦山门、戏楼、东西厢房以及后院石梯二架，东西小院四间，工完后又金妆神像，绘画前后殿宇六十余间。自此之后，殿阁灿烂、栋宇辉煌，前后左右焕然维新。虽非大观而鸟革翚飞，亦足壮一乡之色。使非数年积累，众善合力，未易哉。此前刻碑数统，全美未详。今工竣后，勒石以记其事，可以表前贤芳徽，不至与时而俱湮，亦以示后来君子，令其触目而奋兴云尔。

　　时乾隆二十年岁次乙亥五月谷旦

　　郡人续有礼谨识

　　募化社头列后

　　刘统众　续荣贵　续俊英　林潼　续有弼　林谦吉　刘定远　赵从美　刘润元
续有文　续才元　林淳　朱奇芳　刘魁元　司天祚　祁永禄　续新登　续经纶　刘

体仁　续建斗　刘灏　桑成奇　续相臣　续汉朝　郝金龙　秦文旺　刘道元　刘之金　续汉斌　续新发　刘恩众　刘印元　续艮余　冯子贵　王文德　刘克礼　刘荣春　祁大才　王铣　焦门李氏　陈玉兰　刘聚宝　续汉臣　刘门刘氏　刘见荣　司彦秉　刘见禄　刘修德　续良江　续新才　刘宗典　陈玉贵　刘叙典　赵门门氏　续广太　林炜文　刘门冯氏　续新贵　续金扬　续门陈氏　续艮元　陈显礼　刘门张氏　焦印发　刘克顺

捐银姓字列后

上供会捐银五十两　郭通顺捐银三十两　刘滋善施银十五两　林师臣施银十两　王维章施银十两　林炳文施银十两　赵子星施银十两　赵琏施银十两　王起贵施银十两　秦大悦施银十两　王门姚氏施银五两　鲁班会施银五两　丁禄施银五两　李继唐施银五两　水东社施银五两　崔子恒施银五两　万亿号施银五两　刘□珍施银五两　牛光文施谷四石　水北□社银四两　郭法枝施银三两　樊子超施银三两　义和号施银三两　义和号施银三两　张贵玉施银三两　续金印施银三两　官裡院社谷二石　水北东社谷一石□斗　郭连枝施银二两六钱　氏施银二两　郭奉秦施银二两　靳典施银二两　范对府施银二两　张顺施银二两　赵子安施银二两　背阴前社谷一石六斗　背阴后社谷一石五斗　刘建忠施银二两　刘门衡氏银二两　刘印全施银二两　景惠林施银二两　续有礼施银二两　王元贞施银二两　田必瑞施银二两　王文正施银一两八钱　孟兰石施银一两五钱　李金芳　李法芳施银三两　刘门冯氏施银一两五钱　司彦秉　张裕施银二两　刘汉功施银一两　田加美施银一两　张卅强施银一两　张起均施银一两　张子春施银一两　张锡施银一两　李霑施银一两　陈玉施银一两　庞翰斌施银一两　樊正商施银一两　刘润芳施银一两　衡元兴施银一两

〇八七　创建五龙宫正殿煖阁铸铁旗杆并起建东楼序

清乾隆二十一年（1756）刊。

碑额书"河津县同心会捐施碑记"。

现存于临汾市乡宁县关王庙乡大河村五龙宫。

【碑文】

创建五龙宫正殿煖阁铸铁旗杆并起建东楼序

惠君怀银一两二钱

云丘山古称北顶，盖因南顶而名之也。其上有五龙捧圣宫，岁时佳节，朝山谒庙者络绎不绝，而凡有所建造，往往立石以垂久。今岁春，余津邑同心会善士高上怀、徐尔定、谭彦平等，诣余请曰：某等进香之始，同行数人，因立同心会名。而嗣是入会者日益众，各出虔心，捐资募化得金若干两。建造正殿暖阁一楹，铸铁旗杆二株，于宫院东起建楼房三间，为进香停宿之所。费出会众，而赞理者，主持张仁涵、张本瑀、王来玺之力。工竣立石，愿求一言以志之。余谓诸善士以同心名会，而同会之人同心以成盛事，洵不朽之功德也，然亦知夫人心之所以同乎？盖自继善成性，而人之心固未有不同者。《诗》曰：天生蒸民，有物有则，民之秉彝，好是懿德。《易》曰：二人同心，其利断金，同心之言，其臭如兰。此玄帝神明之德，无思不服。而南顶祀之，北顶祀之，而且祠宇之设，遍满寰区也。乃人同此心，而人品不同者，特圣贤仙真能全此心，而众人失其本心耳。今既以同心名会矣，愿告会众以及大众，使因名思义，终不失其固有之心，则殊途同归，而同心同德者，均登彼岸矣。尚其勉之。众唯唯而退，遂为之记。其捐施姓名，兹碑不能悉载。复立一石，以开列于右焉。

古龙门

岁贡生李钟远篆额

岁贡生袁二南撰文

邑庠生薛芫书丹

乡老陈□　生员段钦　贺光□　崔昌哲　乡耆原□材　薛景儒　李朝唐　张

日斗　任必贵　生员□居仁　谭桌　陈克钦　乡耆侯希夏　宁春森　高成惠　崔之爵　房俊　薛建利　赵良爵　监生原波　崔昌增　李世教　赵汉威　赵非　蔡遵仁　姚得宽　王大荣　原芝　卫如章　吴克万　张习稷　张居宽　徐率　崔昌庆　谭希　张弘才　黄加永　台起高　魏弘雷　惠君克　张公锡　魏一苗　张达　袁天爵　王正　谭公　监生袁平远　卫宗章　冯臣　刘宠　高光务　袁舜职　刘学敬　袁濯汉　段必芳　袁勋　武心成　赵希尧　原自洗　生员袁日星　黄中色　刘斌　蔡高明　杜进成　陈喜　韩尔上　王有望　贺养业　薛瑞零　原建岗　吴彦昌　原文广　薛林书　王起立　监生原铳　赵君湖　袁世赖　张起统　崔朴　袁尔序　袁习尹　闫公法　惠君怀　袁钟禄　贺孔千　卫枚　袁超时　王启立　袁垍　张文元　袁其凤　张吉人　毋尔合　刘凤鸣　何积益　蔡正　陈世乔　张养川　裴起业　监生任守忠　谭彦封　郝振龙　谭典　赵辙　赵将　孙振宗

本宫道人吕来坊　安仁浩　徒李义枌　任仁渭　徒郝义桦

本宫理事道人兰复兴　赵义桐　徒郝礼昇　冯复元　徒李本妙　贾义桓　徒东楼募化周礼晏　周礼昌　孙李智俊　郝义桂

稷津邑石匠原起霜　谭彦定施银一两

首事乡老高上怀　徐尔定　蔡尔威　贺讲　任光明　薛积瑗　李欣　王建仪　薛来裕　薛来云　谭彦□仝立

大清国乾隆二十一年岁次丙子梅月下浣吉旦

〇八八 □修黑龙庙碑记

清乾隆二十一年（1756）刊。

碑高 158 厘米，宽 70 厘米，厚 13.5 厘米。

现存于吕梁市临县碛口镇黑龙庙。

【碑文】

□修黑龙庙碑记

颂升平之词曰：风调雨顺，海晏河清。此自然之气化哉，抑亦有神焉，默为主持运用於其间云。盖风雨河水，其为利恒於斯，其为害亦恒于斯。如无烈风淫雨，水不扬波，若越裳氏之所称，固利莫大矣。设或淫雨霏霏，连月不开，阴风怒号，浊浪排空。若范文正之所记，则害孰甚焉。然则欲有利而无害，讵不於风伯、龙王、河伯三神有嘉赖哉？临永间碛口镇，相传於明时因河水漂来木植，创庙三楹，正祀龙王，分祀风伯、河伯於左右，凡以风雨水三者，其机相因，其势相乘，故并奉为兹土保障焉。迨雍正年间，增修乐楼一座。他如东西两廊，以及斋房、门墙诸规制，则蹉跎岁月，至今未修。夫庙宇者，神所凭以栖灵之处。而碛口镇又境接秦晋，地临河干，为商旅往来、舟楫上下之要津也。比年来人烟辐辏，货物山积，每当风雨骤至，波涛忽惊之顷，则人人怆惶，呼神欲应，夫是以演歌舞、供牺牲、祈灵於兹庙者，踵几相接。至於神所式凭之地，则顾因陋就简，而令荆棘丛生於阶，瓦砾狼藉於庭，何堪以妥神灵哉？此土人因循之过也。今募缘增修两旁隙地，营建砖窑若干眼，而竖钟鼓楼於其上，其下则立山门，修垣墉，鸠工庀材，一一补前所未逮。虽其体制隘小，而视前荒凉冷落之况，焕然改观，或差足为神圣之行祠乎？爰制俚语，勒诸员珉，俾后之览斯文而咨□者，时加补葺，令四时香火永无歇绝，则今日之遥为厚望也夫。

临邑廪膳生员高文发薰沐撰并书

功德主永宁州候铨州判陈三锡　男生员（阙文）生满琰　满瑜　满琇　满璇　曾孙男重喜施银一百两

领袖人永宁州信士陈三宽　男水清（阙文）陈范　曾孙男其昌　其盛　其才施

银十七两　临县信士刘凤秀　男秉法　忠元　孙男进宝施银六两又施银十两

经理人

临县信士陈汝智又施银四两

临县信士白成名施银三两二钱又施银八两

临县信士刘凤朝施银九两二钱又施银八两

临县信士陈汝孝施银八两二钱又施银八两

临县信士白永合施银六两二钱又施银八两

临县信士陈耀口又施银六两

永宁州信士陈秉孝又施银二两四钱

临县信士刘凤岗施银二两六钱又施银六两

临县太学生白瑞岭施银一十二两

长盛厂薛凤丹　赵渭施银一十四两四钱　陈秉顺施银二两七钱

广昌号王一施银一十四两四钱　陈满仁施银二两四钱

广裕号陈汝信施银三十七两　陈满珍施银一两二钱

修造比丘庞法　门徒清明　清和　徒孙净满　白永隆

住持善诱

时大清乾隆二十一年十月二十二日谷旦立

镌石工人陈秉法　男大桂　大有

〇八九　请积金神会金妆佛像修理南殿西廊外小房二门及起会日期序

清乾隆二十二年（1757）刊。

碑高 44 厘米，宽 60 厘米。

现存于临汾市洪洞县广胜寺镇石桥村泰云寺。

【碑文】

请积金神会金妆佛像修理南殿西廊外小房二门及起会日期序

时乾隆十六年九月十三日,起请积金神会,金妆佛像,修理南殿西廊外小房二门。二十二年十二月会完。永贻后代云耳。

芳名于上

总理冯永太　史增库　段恒昌

一班段金孝　任永廷　段司兴　段云还　段景德　段景文

二班董文志　冯存威　冯师元　冯玉琦　孔成文　冯存志

三班郑起格　段三西　郑绍基　段宗富　张星福　郑学孔

刊石宁亲木

住持广润　广泽　广澄

〇九〇　重修三官庙东丹房碑记

清乾隆二十三年（1758）刊。

碑高96厘米，宽46厘米。

现存于晋城市阳城县凤城镇汉上村三官庙。

【碑文】

重修三官庙东丹房碑记

尝闻：利心专则悖道，私意确则灭公，然人不尽专于利，而确乎私者也。目击是郭社宰，新旧相代，悉以成功为则，而成其功者，每多照社出资，必较社用之多寡，方决公务之大小，往往如此耳。今岁重修三官庙之东房，则无庸阖社之摊派也，倘非首事之□，利心淡私意寡，焉能输己财以结公构哉？夫犹是一室，在昔则剥落不整，而今□焕然重新，乃知福荣成公、贵荣姬公、从周姬公、绍纬韩公、如白姬公，此五人者，□□社任，早已同心协力，公尔忘私。固克使东房□□西□有偶，诚□悖道灭公所□□石也。今而后四时克美，鬼神降福，一乡□□哉，此五人之功乎。然而工程告竣，其所费之财物工力不可湮没。予故聊叙俚言，□□诸石以垂不朽云尔。

庠生璩秉元撰

外施布施姓名列后

姬怀禄施银五钱　姬兴实施银五钱　姬万山施银二钱　姬万成施银二钱　李伦施银三钱　李世管施银三钱　原发贵施银二钱五分

以应砖瓦木石工匠等项□费银两三十五两六钱

执年老社首

韩绍纬　姬贵荣　成福荣　姬从周　姬如白全立

时大清乾隆二十三年孟冬吉旦

〇九一　碑记

清乾隆二十四年（1759）刊。

碑高 138 厘米，宽 59 厘米，厚 21 厘米。

碑额书"碑记"。

现存于临汾市霍州市辛置镇北益昌村娲皇庙。

[碑文]

碑记

李以忠施银一两二钱　周泰号银二两三钱一分　靳淑朝银一两八钱七分　张梦□银一两九钱八分　李国忠银二两九分　李文绪银一两八钱七分　贠士辉银二两九分　□仁银一两八钱七分　王兴富银二两九分　马勤功银一两八钱七分　圆急银三两八钱五分　马龙山银一两九钱八分　李洪仓银一两八钱七分　杨瑞斌银一两八钱七分　张行仁银一两八钱七分　范荣贵银一两八钱七分　李养弟银一两九钱八分　续正中银九钱三分五厘　纪国臣银九钱三分五厘　续守业九钱三分五厘　张存礼九钱三分五厘　张福惠九钱三分五厘　张鹦程九钱三分五厘　郑光辉三两七钱四分　赵大兴三两七钱四分　郭光务三两七钱四分　郑登保银二两八钱五厘　张进西银一两八钱七分　郭光龙银一两九钱八分　赵述荣银二两九分　赵呈奉银二两九分　郭有望银一两八钱七分　赵述贤银一两九钱八分　靳福发银二两三钱九分　靳福宰一两九钱八分　郭光斌银二两四钱九分　刘□银一两九钱八分　刘全银三两四钱一分　赵大鼎银一两九钱八分　刘□仁银一两八钱八分　郭光德银二两九分　靳存信二两二钱四分四厘　郭忠仁一两九钱八分　郭茂相一两九钱七分　张必得施银一钱一分　靳福保一两九钱八分　郭光金一两九钱八分　赵大照一两九钱八分　靳福章二两二钱九分　赵富一两九钱八分　赵大珍银一两九钱八分　靳尚贵银二两九钱一分　郭迎真银二两九分　靳福列银一两八钱七分　靳福唐银一两八钱七分　靳存惠银二两九钱七分　靳成银一两八钱七分　郭光珍银一两八钱七分　郭光库银一两八钱七分　郭迎利银一两八钱七分　靳世唐银一两八钱七分　靳世象一两八钱七分　赵孝银一两八钱七分　郭永康银一两九钱七分　赵玉魁银一两八钱七分　郭大付银一两八钱七分　郭大志银一两八钱七分　郭忠学银一两八钱七分　郭茂柱银一两八钱七分　靳世位银一两八钱七分　赵□银一两八钱七分　郭大贵银一两八钱七分　赵仓银一两八钱七分　刘学儒银一两九钱八分　靳福位银一两八钱七分　刘谅

银一两八钱七分　郭永宁银一两八钱七分　靳尚才银一两九钱八分　刘兴儒银一两八钱七分　郭光付银一两八钱七分　郭明五银一两八钱七分　郭明孝银一两八钱七分　郭明章银一两八钱七分　靳福德银一两八钱七分　靳福益银一两八钱七分　高因丘银九钱三分五厘　郭忠豸银一两八钱七分　靳福旺银一两八钱七分　张文谨银一两八钱七分　靳世全银一两八钱七分　郭大礼银一两八钱七分　郭有荣银一两八钱七分　芦忠孝银一两八钱七分　靳彦银一两八钱七分　赵述德银一两八钱七分　马云川银一两八钱七分　郭永德银一两八钱七分　靳世茂银一两八钱七分　靳银光银一两八钱七分　郭忠国银一两八钱七分　郭忠才银一两八钱七分　郭忠选银一两八钱七分　靳世朝银一两八钱七分　赵清银一两八钱七分　郭永璞银一两八钱七分　郭明川银一两八钱七分　靳世保银一两八钱七分　郭永寿银一两七钱六分　郭茂明银九钱三分五厘　靳福春银九钱三分五厘　刘贤儒银一两八钱七分　靳位银一两八钱七分　郭光禄银九钱三分五厘　赵生发银九钱三分五厘　赵生科银九钱三分五厘　靳世库银九钱三分五厘　赵敖银九钱九分　靳宁国银九钱三分五厘　郭永常一两八钱七分　郭有志银九钱三分五厘　郭有生银九钱三分五厘　郭忠翠银九钱三分五厘　郭有明银九钱三分五厘　靳存敏银九钱三分五厘　郭近照银九钱三分五厘　赵连银九钱三分五厘　张□荣九钱三分五厘　李大仁银九钱三分五厘　李大义银九钱三分五厘　郭忠朝银九钱三分五厘　郭永年银九钱九分　郭永久银九钱九分　郭光智银九钱三分五厘　李大信银九钱三分五厘　郭永豸银九钱三分五厘　郭永才银九钱三分五厘　李大智银九钱三分五厘　郭迎列银九钱三分五厘　靳世礼银九钱三分五厘　赵茂银九钱三分五厘　王大寿银三钱三分　靳绍隆银三钱一分　郭光文银六钱二分　郭光武银六钱二分　赵龙银九钱三分五厘　靳尚礼银三钱七分四厘　刘景儒银三钱一分　杨渊施银一两二钱

封首

郭永华一两八钱七分　靳隆银一两八钱七分　靳世有二两八钱五厘　郭迎茂银二两二钱　郭生龙银一两八钱七分　靳福山银二两二钱四分四厘　靳天伦银二两

一钱八分　靳淑栋银一两九钱二分五厘　郭明保银一两八钱七分　赵山云银一两八钱七分　靳夫舜银一两八钱七分　郭迎秋银一两八钱七分　赵述贵银一两八钱七分　郭明功银一两八钱七分　赵大志银二两八钱五厘　靳夫盛银一两八钱七分　李永昌银一两八钱七分　郭登光银一两八钱七分　张文亮银二两八钱七分　郭茂付银一两八钱七分　郭光有银二两九分　刘义银二两二钱　靳福元银一两八钱七分　刘道银一两八钱七分　郭忠志银一两八钱七分　马四川银一两九钱八分　郭光信银九钱三分五厘　郭大才银一两八钱七分　靳世魁银一两八钱七分　靳尚付银一两八钱七分　靳世林银一两八钱七分　赵福银一两二钱二分　靳世威银一两八钱七分　郭迎通银一两八钱七分　靳尚汉银七钱四分八厘

住持通觉

管事人郭有正银九钱三分五厘　靳存宽银一两八钱七分　郭林珍银一两八钱七分　郭光业银一两八钱七分　赵大有银一两八钱七分

书人靳尚贤银六钱八分五厘

时大清乾隆二十四年岁次四月孟夏之吉百福盛会公立

谨玉人石匠南清海

〇九二　重修娲媓圣母庙碑记

清乾隆二十六年（1761）刊。

碑高239厘米，宽68厘米，厚22.5厘米。

碑额书"重修娲媓圣母庙碑记"。

现存于长治市武乡县韩北乡下合村娲皇庙。

【碑文】

重修娲媓圣母庙碑记

武邑，古南亭郡也。邑东四十里许，村名下郝。其村之西沟，有圣母庙在焉。溯厥由来，创自大明崇祯三年，余曾伯祖兵部尚书魏云中，男荫生世师始建之后，代远年湮，不无风雨飘摇之患。迄国朝康熙三十五年，余从伯叔父魏炳、魏铨，世师之犹子也，嗣而葺之，焕然聿新。又历数十载，庙貌复以倾圮，圣像更为减色，村人触目伤心，共为悼叹。欲修废举坠，奈工程浩大，独木难支，徒有是心而不敢轻举其事。延至乾隆二十年，铨子泉、炳犹子符等，会集村众共襄此事。既各出己资，复募化十方。圣母灵爽异常，感而遂通，凡诣庙求嗣者应如响。故四方助缘不可胜数，如邑太学生王道成，瓜瓞绵联，兰桂腾芳，感圣母恩，布施银钱外，复舍上郝地十五亩，永作庙中补葺资。沁州生员赵存信因乏嗣，不远百里而来亲祷於庙，未逾年，一男一女相继十日而产，特建牌楼一座。四方求者益众，其感人速、入人深，如此功德之大，为何如哉？传云：有功德於民，则立坛庙以祀之。况圣母功德尤大，彰明较著乎？兹者正殿、两廊、灵官庙、乐舞台、左右耳房并钟鼓楼俱已重新，庙中圣像亦皆焕彩。稽其原委，凡纠首在庙，经理者各任厥职，无不殚精竭力，久大是图，而魏瑞尤朝夕不遑，此所以聿观厥成焉。工既竣，欲勒诸石，以志不朽，求记於余。余虽不敏，义无可辞，不获已，质言以记之。时乾隆二十六年也。

岁进士任潞安府平顺县儒学训导魏笏传一薰沐撰　施钱七千

邑儒学增生魏德普沐手敬书

监生王道成施南上郝西头香火地一十五亩二块。七亩一块，坐落场上，四至：东至武玺地，南至场堰，西北俱至武璀地；八亩一块，坐落安上道南，四至：东至□，西、南、北俱至道地内。原粮□正四钱，乾隆二十四年新加粮四分三厘一毫，在崇仁六甲本□□□内封纳银二两。

乡绅李深　贡李邦彦　梁天足　监梁文卿　崔□雨　韩希圣　安定成　张君贵　安□臣　董天章　刘□　马维□

生员刘钦圣　崔生枫　张沂　杨毓岳　冯思诚　赵有志　冯默　韩希克　李允协　魏殿公　吴以□　窦润　郝公侯　□培元　韩甡　韩献忠　王乾□　魏继□　赵炳　李□□　王□□

王门赵氏银六两

房妙法等银四两

王道隆　武瑗各银三两

韩珍　杨玨英各银二两

李朝选　任有成各银一两七钱

赵恺　杨毓岗各银一两五钱

赵门杜氏领女众施银八钱

六村香会施钱五百文

王家峪施戏钱一千

王曈　刘尧　任钦　何文江　赵成德　李扶国　李天福　李兴广　王廷全　赵晶　王来聘　杨玨　上各银一两二钱

刘运鸿　冯宰　李成方　崔金秀　房嗣禹　张珺　崔桧　李恕　李天常　安峤秀　武全　武美　柴金　侯显维　李法广　刘宽　上各银一两

赵德元　崔国轩　崔国定　韩献珌　王建都　李道明　赵琦　上各银七钱

成兴铺　姜辅臣　赵希骞　刘昌应　毕基圣　张允中　李道有　赵宏礼　上各银六钱

杨玨凰　冯云文　任喜　刘轵　刘俦　刘君聘　冯又管　冯又礼　申金朝等　冯玠　杨玉岐　张宣斗　史建寅　史富　赵成全　赵成禄　侯显和　崔临章　窦汉　韩晋　魏秉智　房嗣周　崔来章　郝光忠　郝加贵　吴继周　韩睦　刘深　王

天荣　王天富　李天照　赵惟　樊美廷　樊作富　张文举　崔榆　陈尽孝　刘辅廷　房久兴　崔枚　张允升　兴盛馆　刘旺　赵明真　史佳成　李廉等　魏杨等　乔天有　上各银五钱

王德成　刘昌后　路来敬　冯成生　崔国珠　萧聚　杨玉玺　杨玉章　赵永宋　史建高　魏梁　张同　刘来银　魏恺等　魏明付　赵有君　杜其仕　赵成海　裴德　王禄　韩运杰　韩璞　韩珽　韩琠　赵玘珍　韩正义　王典　赵成会　李万良　王元儒　史建珍　赵子诚　魏成福　李文旋　房忠　马财　李天祯　段秀　王玘富　马士彩　官牛角　小坪庄　杏角则　义合班　萧文　上各银四钱

崔大　刘杰　刘君用　冯万禄　马相　刘君旺　刘君相　韩献松　韩献璋　崔国治　崔待召　崔待赠　刘天福　刘珺　刘珂　杨玉斌　杨玉嵩　杨君　崔理　赵玉　史建用　赵明礼　赵明智　赵丙林　赵丙根　池进朝　王士英　崔璜　郝光卿　韩□　赵义　张永法　张宏明　张宏朝　崔显吉　李道成　李道正　赵琚　房久盛　崔克义　李生广　李成广　王廷梁　王恕　赵都　赵智礼　韩福　武瑞　王建邦　武谅　张洛　王恭　魏子思　任□相　李□　刘□　下庄　□其□　赵宏都　姚义　刘□□　刘来金　王□□　李美杰　（阙文）

本村□□姓名　魏宇　霍成喜　（阙文）　□□昌　魏□谋　□□□　魏□□　李英□　（阙文）

纠首白显明　魏泉　崔世珩　魏□□　魏□明　魏□□　魏□和　魏德章　魏□遇　魏□□　□□□　魏瑞

住持悟心　徒孙庆□

木匠白□　□□白□　玉工肖文

乾隆二十六年岁次辛巳四月吉旦勒石

〇九三　重修乐楼碑记

清乾隆二十七年（1762）刊。

碑高135厘米，宽74厘米，厚17厘米。

碑额书"因果不昧"。

现存于晋中市介休市大靳乡小靳村东岳庙。

【碑文】

重修乐楼碑记

二十六年买南□地二亩买银五两随地粮五升四合

夫乐者，所以昭示豫顺□□神人者焉。是以乐楼之兴废，一庙之盛衰系焉；一庙之盛衰，因即一乡之气运关焉。矧修葺之举，较之创造之始，尤有易为功者乎？介邑南乡大小靳村，旧有东岳庙，揆厥伊始，杳不可追，而重修之功已经叠见。迄辛巳之秋，大雨连绵，乐楼倾其□半，乡人目击心怦，以为不有补葺无以壮悦神之所。於是相与量力捐资，共襄厥事，废者修而（举）坠者举，甫及一月而告厥成功。是乐楼之兴，实一庙之盛也；而一庙之盛，即一乡之隆也。此固事有必至，理有固然者。功成勒石，因命余以叙其事，余亦在纠首之列，颇悉其始末，故略而言之，以志不朽云。

本村儒士郭维藩谨撰

大清乾隆二十七年岁次壬午丁未月丙午中旬日吉立

起意住持比丘湛暪　徒妙健　孙体府　体洲仝立并书

大小靳村香老纠首人名

香老王玉瑾　王□　陶有祯　郭永图　李文章

纠首王镇　王明德　王德周　王焕　陶永肃　陶文锦　陈文魁　郭广图　赵福林　郭安图　焦如富　郭梓鉴　陈兴隆　陶世福

大靳村

一两二钱人名　王镇　王钟　王振威

八钱人名　王铎　王宾　王辅　王奇珍

六钱人名　王纯仁　王德泽　王玉成　王宁　王玉璠　王玉璞

五钱人名　王臣　王明德　王仁德　王景儒

三钱六分　王信　王恭　王玉林　王铉　王彩文　王景贤　宋来贵　王景德　王进阁　王进旺

二钱四分　郝云昶　王德周　王焕

陶家庄

一两二钱　张瑞富

一两人名　王凤祥

本村人名

六两人名　郭广图

三两人名　郭安图

一两六钱　陶文广

一两四钱　陈文魁　陶学尧

一两二钱　宋成富　陈兴隆　李文章　李文斗　陶永乃　赵福林

一两人名　郭丰图　郭裕图　陶璨　陶学忠　郭梓鉴

八钱四分　陈忠荣　郭光图

八钱人名　陶有祯　陶学孔　陶学信

七钱二分　陶琳

六钱人名　郭承喜　任贵芳　陶世贵　焦发贵　郭仓玉　赵福秀　陶世福　王贵周　焦发祯　陶文锦　焦如富　陶之义　陶进礼　阴茂盛

五钱人名　王门吴氏　阴昌泰　陶世弘

四钱八分　陶世根　郭□宝　李文魁　焦发□　陶文秀

三钱六分人名　陶琎　陶进信　陶门降氏　宋奇光　焦如臣　陈忠华　陶世龙　陶玉奇　陈明富　陶玉珍　陶世富　赵福俊　赵福成　郭永图　陶希盛　陶学书　陶学诗

二钱四分人名　任修富　陶世德　陶文才　郭怀仁　阴天相　郭锐图　陈文宝　陶世和　陶世禄　王□□　焦发盛　郭承才　郭弘图　焦如起　宋福　陶龙

陶世才　赵福乃　陶有祥　王贵府　王贵县　陶世康　陶福

　　一钱二分　焦发宝　陈进富

　　木匠阴玉辉

　　泥匠任修富

　　石匠宁朋连

〇九四　施地碑记

清乾隆二十七年（1762）刊。

碑高 34 厘米，宽 74 厘米。

现存于晋城市城区西上庄社区庞圪塔村玉皇庙。

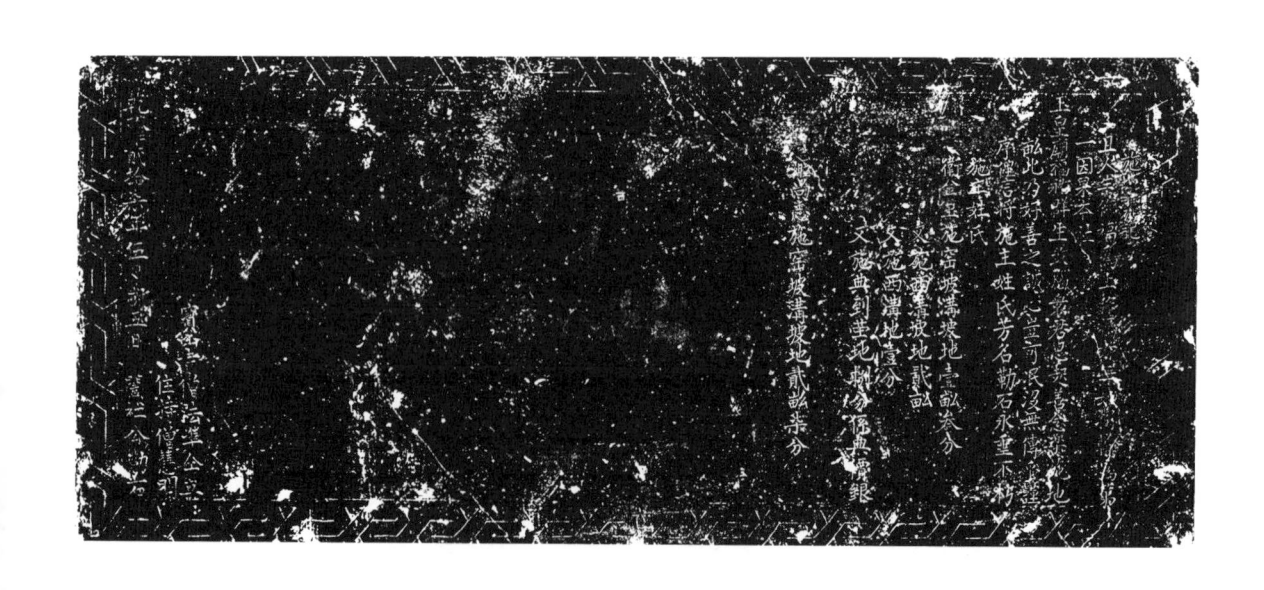

【碑文】

施地碑记

且人生作福为上,作福者无如捐输为第一因果。本社玉皇庙福祐群生,致感众君思起善念,乐施地亩,此乃好善之诚心,岂可泯没无传乎?谨序俚言,将施主姓氏芳名勒石,永垂不朽!

施主姓氏

卫金玉施窑坡沟坡地一亩三分　又施西沟坡地二亩　又施西沟地一分　又施典到茔地八分　系典价银

姬尚志施窑坡沟坡地二亩七分

宝山寺僧法准仝立　住持僧慧明

乾隆二十七年五月朔五日　阖社公勒石

〇九五　重修石磐村诸神庙碑记

清乾隆二十八年（1763）刊。

碑额书"留芳百世"。

现存于吕梁市离石区交口镇石磐村圣母庙。

【碑文】

重修石磐村诸神庙碑记

　　余州石磐村四村旧有先天后土、子孙圣母、关圣帝君、龙王河神诸神庙宇，其所创建由来远矣。而历年既久，举凡庙貌神象，与夫上栋下宇，不能不毁於风雨薄蚀之余。以斯叹人事之乘除，有劫运存其间，有志者所以发愤而增思也。且以祀事之繁也，彼夫德无可稽、功无可考者无论已，间有一邑之神，一方之灵，世之人犹且相与震惊，崇其庙貌，时其修葺，而永存俎豆於不祧，况以圣母之坤德资生，帝君之大节凌霄，龙王之泽施万物，尤足以震耀古今而赫濯寰宇，讵可任其庙宇荒凉，而莫为之修理乎？於是住持心空与村人公议，志切向善，私相告语曰：诸神貌象凋零，各处檐宇毁坏，神灵不妥，我辈之咎也。由是决意，无不闻风响应，奔走恐后，既出己资，兼设募化，用是协力同心，旦夕从事，举斯庙上下周围辉辉煌煌，焕然一新，非复曩时之荒落矣。斯岂独神圣之灵以妥以侑乎？抑亦当事者之心得以畅遂而愉快也。今岁之秋，事毕告竣，邀文於余，余故为之详其盛举，使勒诸琬珉，以示不朽云。

　　癸酉科拔贡候铨直隶□州判王恒升薰沐谨撰

　　奉直大夫知永宁州事加三级纪录九次杨永道

　　原任广东廉州府知府功德主于大梃

　　吏部候铨训导岁贡生功德主于大栯　于大檀敬书

　　国子监监生功德主于大朴

　　本村功德主闫积芳　男文　武

　　经理纠首

　　刘王明施银十两四钱偕男大□　大□　大□

闫琎施银九两二钱偕男喜祥　喜保　喜全

闫洽施银九两二钱偕男应煓　应瑞

闫开施银九两二钱偕男福美　福安　福定　福信　福惠　福恭

刘继英施银一十二两

锄沟镇施银六两献匾一面

王奇荣施银九两二钱　男清

闫成金施银九两二钱　男炜

闫含芳施银七两□钱　男□　男□　男□

白信施银七两六钱　男之势　之□　之□

靳环施银七两二钱　男王基　保基

张一美施银七两二钱　男久通　久运　久达

闫国昇施银五两五钱　男科

王奇宝施银五两二钱　男惠　信　敏

白有施银五两二钱　男生荣　生瑞施树三枝

李富施银四两四钱　男生桂

闫国宾施银三两七钱　男灏　浴

闫民玮施银三两七钱　男存德　存惠

闫玓施银四两二钱　男喜尧　喜舜

张寅施银四两三钱

闫温施银三两四钱

闫仁芳施银三两二钱　男琏　琤

任凤基施银三两二钱　男世魁　世元

于炘施银二两七钱　男得水

闫广施银二两四钱

李士功施银一两六钱

监生王愫施银二两

王桂元施银二两

临济正宗第十六世住持通慧　经理重修比丘心空　心来　门徒源理　源珏　源玫　法孙广修　广仁　广宝　广德

时大清乾隆二十八年十月吉旦

〇九六　重修高禖祠碑志

清乾隆二十九年（1764）刊。

碑高160厘米，宽60厘米，厚18厘米。

碑额书"永志"。

现存于晋城市陵川县冶头乡廖池村高禖祠。

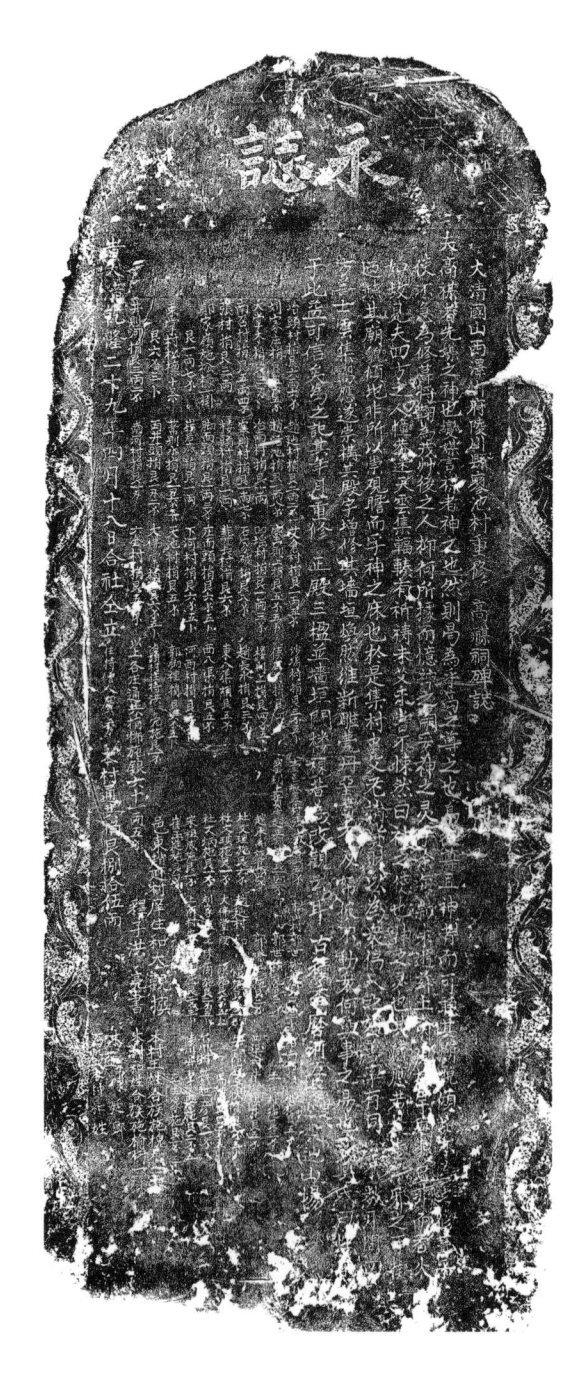

【碑文】

重修高禖祠碑志

大清国山西泽州府陵川县廖池村重修高禖祠碑志

夫高禖者，先媒之神也。变媒言禖者，神之也。然则曷为乎？高之尊之也。乌□尊且神者而可听其庙貌倾圮，不为之修葺乎？使不急为修葺，将鞠为茂草，后之人抑何所据，而忆神之嗣妥神之灵乎？余每岁来游兹土，肃视□宇庙貌已非，而香火如故。见夫四方之人，幢盖迷天，云集辐辏，有祈祷未艾，未尝不悚然曰：神之德也，神之灵也。其感应若□□□邪之□拟乃听其庙貌倾圮，非所以崇观瞻而孚神之庥也。於是集村中父老捐资财以为众倡，人之好善率有同心，不数月间，四方善士云集响应。遂崇构其殿宇，增修其墙垣。焕然维新，雕甍丹垩，费□及帑，彼不动众何与事之易也。□兴氏曰：性□于此益可信矣。为之记其年月。重修正殿三楹，并墙垣门楼视昔为改观云耳。古积香磨河五（阙文）辿山场。

冶头村捐银六两六钱　刘家庄捐银五两五钱　大掌木捐银三两　南召村捐银五两四钱　张村捐银三两　郑家岭施松椽一挂银一两七钱　东掌村松檩十条银六钱三分　井则河捐银三两二钱　赵辿村捐银二两二钱　赵活池捐银一两八钱　冶南村捐银一两　寨则村捐银一两七钱　楼头村捐银一两　脚西头捐银一两三钱　岭后底捐银一两　苇则水捐银一两六钱五分　西井头捐银一两二钱　南河村捐银一两　艾仓村捐银一两五钱　窑则上捐银五钱五分　凹窑村捐银一两三钱　石家破捐银八钱　葬长村捐银六钱　庄而头捐银六钱五分　下河村捐银六钱五分　天池村捐银五钱　大佛掌捐银六钱五分　大全村捐银五钱　沙场村捐银三钱五分　侯□村捐银四钱　楼则上捐银四钱五分　赵长水捐银三钱　东八渠捐银五钱　西八渠捐银五钱　河西村捐银□钱□分　郭脚里捐银六钱五分　冶头村住持洪亮施银一钱　壶邑城寨村张

成施银五钱　窑则上贡生赵正□施银一两二钱　赵承禹施银四钱　杜文理施银六钱　杜文琪施银一钱　杜文炳施银一钱　宋祖威施银一钱　崔玉进施银一钱　松山村郭世楷施银二钱二分　郭世积施银二钱　郭□□施银二钱　赵汕村和恺施银二钱　大佛堂段□施银六钱五分　刘家□王珠兰施银二钱五分　上河村宋□□施银二钱三分　□南村张□施银五钱　王廷献施银三钱　四渠村牛琪施银五钱　牛阑岭朱伏隆银一钱五分　马□□银二钱五分　下川村薛世彦银一钱　陵川县李兴施银二钱五分　□主家施银一钱三分

　　以上各庄通共捐布施银六十一两五钱

　　邑东赵汕村庠生和大观撰

　　释子洪亮书

　　本村王姓合族施槐树二株　本村和姓合族施榆树一株

　　住持僧人广秀

　　本村通共捐银八十五两

　　木匠陈廷卿

　　石匠本村和姓

　　时大清乾隆二十九年四月十八日合社仝立

〇九七　罗家庄西社新建乐亭并神堂碑记

清乾隆三十一年（1766）刊。

碑高162厘米，宽71厘米，厚16厘米。

碑额书"百世流芳"。

现存于晋中市榆次区什贴镇罗家庄村关帝庙。

【碑文】

罗家庄西社新建乐亭并神堂碑记

吾乡罗家庄，县治东北去城二十里许，不知创□何代。其地高旷，其土硗瘠，其风俗醇朴，而勤於耕读。上世不可考矣，自有明以来，数百年间，捷南宫者若而人，领乡荐者若而人，至於贡成均列胶庠者，不可计数，盖榆邑之名区也。其东西庙宇，北列民居，皆足以藏风聚气，惟离地临沟，无所遮藏，众咸□□□□之□。岁在乙酉，纠首等议建乐亭，以为享赛之所，兼作神堂於其上，为神依之地。佥曰：此盛举也，宜亟图□於□。舍地方者某某，施银梁者某某，然功大费繁，不足於用。复照地捐资，鸠工庀材，共成善事。自乙酉五月起□，至丙戌七月告竣。栋宇巍峨，金碧灿烂，称巨观焉，猗欤盛哉！以崇报享，则神人共悦也；以壮观瞻，则焕然一新也。以□堪舆而聚风气，则调剂周详，□百世永赖也。行见民安物阜，科甲蝉联，视昔尤隆矣。功成，丐记於余。余不文，勉从诸公请，用质言之，以志不朽云尔。

本社庠生张作霖撰并书丹

八沟上布施人罗建中　罗大旺　罗文彩　罗廷爱银十两

经理人张作楫　陈进文　罗云章　罗秀璋　罗成方　张鹏翼　罗成梁　罗焕彩　罗培祚　张腾□　罗秀□　罗□□　罗祚重　罗奇彩　张腾□　罗正伦　罗景龙

八沟施银姓名　罗大□银五十两　罗元儒银十七两　罗文彩银十五两　罗秀瑄银十三两三钱三分　罗祚重银十两　郭万银七两五钱　郭成银七两□钱　高正禄银五两□钱　罗俊士银五两　恒德号银四两　李□信　卫一□　韩□祚　□□清　柳成公　恒隆号　□隆号　以上七人各二两　罗大兴银二两

赵元银二两　广益号银一两五钱　亨盛号银一两二钱　王开山　王信　□□

明　□俊　韩学文　白□　张□□　王□□　任世隆　□文淳　□□□　□□□　□□□　任玘□　同德□　□亨号　林喜威　任大俊　董景□　丰盛号　天□号　王□　罗盛□　罗进德　罗廷梁　罗□□　亨□号　广泰号　广□号　（阙文）

　　□□□　罗廷重　罗呈彩　罗德财　罗玉彩　罗□庆　以上□人各五钱

（阙文）

　　施梁地姓名列后　□云□施乐亭大梁一条　张腾云施地七分　罗□芳　罗大玘　罗大旺　罗大法　罗大□　以上五人□□□分又地二分□□□□　郭□　郭□　郭□　以上（阙文）　施□□地方二分　张腾卿施庙□□□□作银三两□□□□又施木檩一条

　　罗秀□　罗秀□　罗秀瑄　罗秀纬　罗汉儒　以上五人共施地二分　罗运旺施地一分五厘　罗□彩施一分五厘　陈进文施地（阙文）

　　经理布施姓名　罗云章五两半　罗奇彩五两　罗贤儒三两　罗成方三两　罗焕彩二两　罗培祚一两半　罗成梁一两半　罗景元一两半　罗秀璋一两　张鹏翼一两　罗正儒一两　张腾鸾一两　□□□一两　□□文一两　罗秀□五钱　张作楫一两

○九八　修立黑龙王庙碑记

清乾隆三十一年（1766）刊。

碑高 126 厘米，宽 58 厘米。

碑额（阳）书"永垂不朽"，碑额（阴）书"碑记"。

现存于吕梁市柳林县成家庄乡大井沟村黑龙庙。

【碑阳】

修立黑龙王庙碑记

从来神之庇覆乎群生，保护乎黎庶者，类皆渺冥之中，潜扶默佑，耳不可得而闻，目不可得而见也。若夫龙王之为德，或见在天，或潜在渊，固变化不拘，而其施泽於民，云兴雨润，电掣雷霆，滋五谷以育民人，其属可见可闻者乎？其耳不可得而闻，目不可得而见者乎？夫龙王之霖雨万物，养育斯民，固昭然於耳目之间。然当急於待泽之时，而泽或不至，人亦无如之何矣。兹郡西大井沟村，相传有黑龙王之庙，每逢亢旱之际，履其基址而祷之，辄大雨滂沱，顷刻如注，其灵应为何如哉！于是邻村之人偕感其灵应，思立祠以祀之。况夫人之得遂其生也，贵贱长幼靡不取给於农；农人之身勤其事也，播布耕耘能不仰藉夫雨？是则龙王之德尤农人当祀之为急也。因会众兴工，各村之人咸乐於效顺，言乎其财不惜锱铢之费，时乎其力不惮拮据之劳。北立正殿三楹，塑以神像，绘以华采。越十有余年，南建乐楼，岁为享赛，则神得所依，人蒙其泽，覆群生而保黎庶者，行将常表炳於耳目之间焉。

儒学廪膳生员刘创业薰沐撰

造碑施钱人冯登科　男体兴　体盛

修庙纠首

刘弘端　刘弘敏　刘洪济　刘弘瀛　张芳梅　刘文品　刘文玘　刘文瑚　杨学就　贺进文　柳定林　柳玉先　车永祥　郝自奇　郝良胜　郝士文　刘志顺　李伏泰　车朋　车和　陈之要　王守光　裴昇　裴成祚　刘奇　柳士相

铸钟善人刘门康氏　男刘旺　张门王氏　男景贵

修戏楼纠首

柳邦祐　车永顺　贺光前　李秉信　刘志静　刘文才　刘志颜　薛之善　贺名

虎　车良　贺□相　车有敬　郝常兴　郝存正　郝如清　郝如玺　车伏巧　刘士佐　刘文□　王应剩　贺管见　柳秀林　柳邦辅　裴成智　裴琛　刘定宁　车伏生　刘文俊　杨美先　张奇　刘门车氏　男刘成

百泉塬

刘士巧　刘士恭　刘士仲　刘士显　刘钦　刘如斌　刘国清　刘要　刘国正　刘国忠　刘文变　刘士吉　刘成奇　王应余　王有荣　王士僯　王士隆　王应兴　王应钦　王应福　王应智　刘文化

东窊村

张淮　王应收　张德远　张德位　张洽　张淳　张济　张漆　张洲　柳泽根　柳泽枝　刘志冶　刘志贡　刘文艳

下塬则

柳就林　柳选林　柳福林　柳庆林　柳坎林　柳的林　柳金朝　柳邦祐　柳邦祥　柳邦朝　柳邦昌　柳邦富　柳邦成　柳邦□　柳邦文　柳邦双　柳邦仁　柳邦顺　柳邦德　柳邦耐　柳邦义　柳于仁　柳于桂　柳于琰　柳于金　柳于珍　柳于相　柳于清

时大清乾隆三十一年九月十五立

石匠王明秋

【碑阴】

阖社人等

刘弘治　刘文亮　刘文庆　刘文改　刘文训　刘文相　刘文集　贺进照　贺进明　贺进□　贺进广　刘志忠　刘志善　刘文明　刘志荣　刘志辉　刘志明　刘志厚　刘志慎　贺光元　贺贵宁　贺贵乾　贺贵爵　刘文思　刘志德　刘志纲　刘志曾　刘志引　刘志式　刘志纯　刘志□　刘志前　刘志□　刘志□　刘志介　刘志先　刘志闵　刘志□　刘志□　刘志栋　刘志琰　刘志礼　刘志时　刘志恕　贺

贵定 贺管见 贺贵卿 贺名周 贺名爱 贺名治 贺名仁 杨□明 杨□□ 刘治 刘志洪 刘志慊 刘□金 刘志初 刘志香 刘志业 刘志效 刘志永 刘志持 刘志学 贺贵高 刘志益 车永现 贺光明 刘定勉 刘定秦 刘定周 刘定安 刘定武 刘定恭 刘定宥 刘定信 刘定惠 刘定敏 刘定廷 刘定湘 李德 刘定俭 刘志达 刘志维 刘定丰 柳邦仁 柳邦全 柳邦琮 柳邦琰 柳邦才 柳于棋

郝家山

车永衬 车有德 车有道 车有贵 车有让 车有文 车有执 车有智 车□恭 郝如朝 郝如□ 郝□□ 郝□□

石家垴

车锡 李三义 车美 车伏君 车伏义 车伏先 车门刘氏 车伏相 车伏忠 车伏臣 车伏巧 车伏祥 车伏享 车伏远 车伏玘 郝如□ 郝□□ 郝自福 郝有德 郝常盛 郝常宝 郝常玉 郝常在 李德隆 李德阳 李德□ 车天旺 车天爱 车天仁 车天义 车天礼 车天法 车天凤 车天凰 车天有 车天喜 闫管见 小管见 李□富 李大贵 李大□ 李大稳 小毛则 郝良栋 郝良有 郝存宰

裴家塬

裴成智 裴成选 裴成法 裴富 裴定 裴盛 裴锦 裴义 裴亮 裴信 裴鼐 裴有 裴有银 裴满 裴有□ 张稳 张恺 张栋 张材 张乃全 郝存光 郝存辉 郝存显 郝存相 刘志温 刘定枝 刘定喜 刘安贵 薛元温 薛元恭 郝存先 车国元 冯福 穆金现 闫伏智 车名美 车如真 车明朝 车明亮 王有 车明宽 车永盛 车□玥 车继栋 车继富 李舍清 王之禄 王之富 王之滇 高富 李秉仁

王村

冯元花 冯元功 冯元绩 冯元报 车永福 车明富 车贤 车如意 车明昇

车村

车如金　车永智　王春　王夏　王冬　车永信　车明昂　车生年　车生泰　车生明　车永□　车伏功　车伏伦　车生富　车伏有　车伏宁　郝常定　郝元明　郝良花　刘定威　刘安芝　杨景先　贺贵信　杨照月　刘定玺　郝如瓒　车省　车明敬　车永巧　车继成　柳邦现　柳邦体　柳邦俊　柳邦武　柳邦周　柳邦旺

泥匠刘士有　李文朋

木匠李福　男如富　如禹　如贵

塑匠南元锐　南元□

唱戏俸头

聚财塔一十八分　郝家山一十二分　下塬则十分　大井沟（阙文）分　石家峁（阙文）分　村窝见（阙文）　百泉塬六（阙文）　裴家塬五（阙文）　碾则山每年出钱三（阙文）

〇九九　重修眼光圣殿碑记

清乾隆三十二年（1767）刊。

碑高 219 厘米，宽 70 厘米，厚 26 厘米。

碑额书"重修眼光圣殿碑记"。

现存于长治市上党区王坊乡寺坊村洪福寺。

【碑文】

重修眼光圣殿碑记

匡义古寺院二十有七，洪福寺之在西李村者，即今李坊村是也。是村之寺，正殿供奉大悲圣像。考之碑碣，创建于宋太平兴国五年前。太祖征河东，兵马经此，帝望见红妆，默祝保佑，果蒙灵应，后乃建寺，奉大士香火。自宋兴国以来，历元与明，代有重修，惜碑志莫考。近则为风雨剥蚀，栋宇催（摧）残。社人李英、郭运通、秦锡亨等谋为修理，爰广募缘，或施青钱，或施红粟。于焉鸠工庀材，俾鹙甍户牖焕然一新，又于正殿后补葺中佛殿，又于三院中创建白衣大士堂三楹。由此诸佛降祥，百福骈臻，则洪福之谓也。灵应保佑，岂但见之于昔哉。工起于乾隆三十二年三月，告竣于十月。社人求记巅末，勒之贞珉。所有施主，共成胜果，其名字应列碑左。

癸酉科举人吏部拣选知县东州邓玉麟薰沐谨撰

潞安府儒学廪膳生员王鳌璋沐手敬书

黎邑处士马日蛟字起凤沐手篆书

捐收布施总记

南北省各铺户捐银七十六两四钱　诸村檀越捐银九十四两

本村丁地之外捐银七十九两　本村三社以丁地捐银一百八十两零八钱

收李钦榆树银二十五两　收郭运通池岸银十两　收明教庵树银十五两

以上通共捐银四百八十两零二钱

起工使费总记

张九锡施厨工银三两　金妆塑像拈玉使银四十四两

琉璃脊兽使银三十八两五钱　大小砖瓦四万一千使银四十四两一钱

各色木料橡檩使银八十一两一钱　各色铁器钉使银十三两二钱

石灰二万二千使银十两零八钱　牛毛纸筋□□水胶使银十四两五钱

白酒黄酒月工饭厨使银十七两六钱　烧煤绳箔席匠工礼使银十一两

米十八石使银四十五两　面一千八百五十使银三十二两三钱

木匠四百一十六工使银十六两六钱　泥水匠三百一十一工使银十六两一钱

石匠三百工使银十六两二钱　青石砂石碑坐石使银十六两二钱

土工八百三十工使银二十五两一钱　油盐菜品刻字一概杂费三十四两九钱

以上通共使银四百七十七两二钱

原收布施银四百八十两零二钱除使净余剩银三两开光使用

恩赐乡饮正八品介宾邑庠生郭秉公薰沐谨□

大清乾隆三十二年岁次丁亥小春谷旦立

玉工郭金祥　男成询　成谦　成谟刊

住持真太　真恺　徒如邦　如吉　孙湛立　湛修　湛景

一〇〇 王何村补修三峻庙碑记

清乾隆三十二年（1767）刊。

碑高163厘米，宽49厘米，厚17厘米。

碑额书"补修碑记"。

现存于晋城市高平市北城街道王何村三峻庙。

【碑文】

王何村补修三嵕庙碑记

村无大小，各有庙以祀神，亦可以潜移愚顽狂暴之气，阴启中材向善之心。圣贤以神道设教，恒必由之。凡御灾悍患，有功德於民，如祀典所载，尤骏奔□越之所宜有事者。余村南二里许王何村，旧有三嵕庙，为村人祈谷报飨之所，由来已久。明万历三十二年，碑碣已为重修之记，其创建年载莫可考，云时日既远，不无颓坏。国朝雍正十三年，前辈社首等协力补修，未及全竣，迄今又经三十余年，风雨摧剥，渐有残破。夫以神之聪明正直，亦何计乎庙宇之整缺？而受其帡幪者，必□妥神之宫以致其诚敬之忱，人心之不容已，何非天理之当然乎。社首任丰厚、任能定、任景元、任芳、任钦、刘本安、张万枝，祭赛之余，慨然动鼎新之志，量力捐输，庀材鸠工，倾者正之，残者补之，坏者易之。大殿计七楹，东西廊房计八楹，以及歌虎台榭，无不一色巍焕。盖起仲夏，迄仲秋，工阅两时，费逾百金，云今□等卜吉，告厥成工，将书捐资首事之名於石，求余文以记之。予惟废兴成毁，虽神之灵不能无借於人，而任丰厚等不惜金钱，不辞劳瘁，同心协力用底厥成，使从前者无所憝，后起者有所循，其心其事为不可没也，因即其言而序之，以为将来者之劝云。

赐进士出身特授山东郯城县告养知县市玉牛宗文谨撰

今将捐金姓氏开列於左

任能定同男监生铎捐银三十五两

监生任钦捐银三十五两

任丰厚同男监生从善捐银十两

任景元捐银十两

张万枝捐银十两　任芳捐银八两　任松捐银七两　刘本安捐银三两　任鏸捐

银三两　任朝柱捐银二两　赵琳捐银一两五钱　任思诚捐银二两　任克俭捐银一两　刘飞捐银一两　王起昌捐银一两　任克会捐银一两　任钧捐银一两　任甲有捐银五钱　张立礼捐银五钱　刘广有捐银五钱　赵登才捐银三钱　任端捐银三钱

　　以上共捐银一百三十三两六钱

　　外收邀神庙前地内□价银八两

　　边家沟李增宝施瓦兽二对

　　儒童牛宗智书

　　玉工尚思禄

　　住持任太淳

　　大清乾隆三十二年九月吉日立

一〇一　重修碑记

清乾隆三十四年（1769）刊。

碑高 195 厘米，宽 83 厘米，厚 20 厘米。

碑额书"百世流芳"。

现存于吕梁市文水县凤城镇南徐村则天圣母庙。

【碑文】

重修碑记

　　读孔圣赞尧之词曰：惟天为大，惟尧则之。是帝尧之功德殆与天等量齐观也。后人以水之泽物与天同用，故亦有是名。文邑城北南徐村有则天水母古庙一所，当日创建之意或亦犹是欤？但观其庙貌之巍峨，形势之雅俊，山环水绕，卓卓乎诚可欣而可羡也。至於宝殿之伟壮宏模，异秀奇巧，尤属可惊而可赏。历世相传，此殿所作非同他比，乃系鲁班显灵，是以刻桷丹楹有如是鸾伸鹤翔之妙耳。然而创造虽系神功，而自建立以来，世远年湮，其中即有二次重葺，迄今又几及百年，风雨漂（飘）摇，宁能免废荒倾颓？将见榱桷受伤，丹腰不能如其故；几筵有损，藻缋亦竟改其观。墙缺瓦崩，萧条寂寞之景，凡临此地者，孰不目击而兴悲，爽垲之更自难已也。於是本村刘君世花等隐抱亵神之憾，意欲复旧，公议修葺，积众输财，择日鸠工，众皆踊跃前趋，不数月而工程告竣。神庄、殿宇、廊庑、堂阶以及乐楼等项，皆焕然一新。此焉知非神灵昭应而福祚於斯人也。爰为勒石，以垂永久云尔。是为序。

戊午科举人原任江南松江府白粮厅纪录四次孟呈锦薰沐敬撰

儒学增广生员张觐光沐手谨书

　　扶□功德主蔚门李氏施银三两　孟弼施银三两　米仁施银六两　米泰施银六两　米毓成施银一十□两　蔚凤施银一十二两　米汉施银一十二两　刘世德施银一十二两　米福森施银一十二两　胡明施银一十二两　蔚有义施银六两　米贵春施银六两　□□施银三两　张□照施银三两

　　总纠首米汉存银　蔚有义买办　胡明管帐

　　众纠首武学威　米毓成　游忠　孟弼　蔚凤　仇成　程碧　刘世德　孔黄　武虎　米福森　翟远　闫玺　郭若明

管饭纠首孟弼　米福森　武虎　武□□　米汉　刘世花　胡明　蔚有义　孔黄　郭若明　米毓成　闫玺　孟成功　双礼　双立富　高立义　刘世德　游忠　翟远　程碧　蔚凤　仇成　马成龙　双义　孟□功　武学正　游三德　米章　米世盛　米生玘　米应林　米国春　孔维绍　米泰　米仁　米生瑞　米世绩　米应法　任国喜　高宗裔　闫鼎凤　米长泰　张通贵　米志光　李龙　任缵光　李法　李宝　孟灏　李如珍　米昌　米广泰　李奇荣　武新廷　蔚朝龙　刘世绩　蔚美　王林文　蔚有法　游国□　许德盛　温奇凰　房大明　蔚茂　王林全　李□明　张福功　仇门邢氏

木匠张珮光　康悦长

泥匠路如旺　米匡　路长

铁笔王林文　王振福　王振荣

丹青宋玉瑾　胡为笃　孟膺才

土工闫林　米栋

时大清乾隆三十四年岁次己丑仲冬谷旦

住持梁豺　男崇福　崇星　崇高　崇照　孙二虎九　牛虎九　□程九

一〇二　重修碑记

乾隆三十四年（1769）刊。

碑额书"从善如登"。

现存于晋中市寿阳县南燕竹镇清平村九江大王庙。

【碑文】

重修碑记

尝闻：莫为之前，无以垂后，虽美亦弗彰也；莫为之后，无以从前，虽盛亦弗传也。本镇村中旧庙有龙王诸圣像，兼为九江大王行宫，繇来久远，不无风雨之飘摇，鸟鼠之窃啄也。村中父老商酌，以其高峻而隘，爰卜迁吉，移于庙下之西，地平广□，神人胥安。仍修正殿五楹，东庑五间，西庑五间，钟楼、戏楼，一时并建。虽非竹苞松茂之固，俨然鸟革翚飞之势焉。乃令丹青油画，斐然可观，焕然维新，阅数年而告峻（竣）成。虽本村之努力公办，亦资众善之仗义输施，以致栋梁之祯，砻错之坚，可为安神之所，无愧祷祀之处已耳。伏愿龙神垂慈，庇佑无穷，兹土荷休，奉供勿替。今勒碑石，用垂永久，俾后之继今，亦犹今之继昔也，岂不万善同归一致欤？

本邑庠生武元锡撰书施银一两

太原府募化任世法　东□□募化人赵荣的　张明付施石　赵德周募化银六两

汾州府助缘善姓

诰授奉政大夫即用府同知田高施银一两二钱

吏部候选即用主簿赵懋施银一两二钱

内部候补员外郎赵良施银一两二钱

吏部候选州同知赵维淮施银一两二钱

吏部候选正八品武正印施银一两二钱

诰授奉直大夫加二级（阙文）施银一两

吏部候选即用（阙文）张□施银一两

敕授儒林（阙文）赵□施银六钱

内府光禄寺军功□□即用署正赵□□施银六钱□分

太原府

吏部候选□右（阙文）王光琏施银一两

抚标左营司厅□闰施银三钱

壬午科解元程万里施银三钱

大同得胜路守府军功一等加三级佟良臣施银二钱五分

总理纠首

张元庆　室人张氏　男福普　妻祁氏　孙宝财

张荣喜　室人闫氏　男虎小子　妻李氏　三虎子　四小子　黑小子施银五两

张明祉　室人张氏　男添职　添德施银二两

许养□　室人闫氏　男正宜　妻张氏施杨树一朱（株）银一两

监生赵忠施银一两二钱　监生赵忍施银一两二钱　监生张璩施银六钱　监生毕潛施银六钱　武大安施银一两　陈国智施银一两　永隆号施银六钱　温□□施银二钱四分　募化郑彪施银一两　陈玉施银一两　永盛全记施银五钱　祁治君施银五钱　广兴线店施银四钱　监生□赐功施银七钱　张连枚施□厂银一钱　祁泽宽施银三钱　王光珵八钱

王烈　何忠富　曾化南　宋士哲　刘大智　乔世昌　张绎　王显荣　秦辅　冯景仲　王兆书　王鉴　陈仪　刘睿　王德望　吴瑛　赵东威　杨成孝　以上各施三钱

许俊民　冯文藏　马海清　安肖明　李海明　卞林　赵永杰　文彬　陈□太　□霖　冯若□　武景龙　芦士俊　盛大生　白邦国　刘希增　赵□清　□树正　□会景　□梁栋　□□□　赵林肖　以上各（阙文）

刘通　王成业　付秦　刘正裕　郭明吉　以上各五钱

刘正清三钱　赵成达三钱　温成元二钱　梁印成二钱　岳德禄二钱　王印忠一钱五分

杨君相　吴贾三　□朝公　郭尔富　张名英　赵立　李望先　王昇　以上各一钱

赵德周募化银六两　李世德施银二两五钱　张运施银一两五钱　许凤林募化（阙文）　韩邦彦施银五钱　石万雍施银五钱　范俣施银五钱　梁霈云施银五钱　阮正礼施银三钱　阮正仁施银三钱　陈福有施银三钱　李谷正施银三钱　染房施银三钱　张池施银三钱　张天保施银二钱五分　赵连珍施银二钱　温永海施银二钱　张成才施银二钱　王可富施银二钱　木匠铺施银二钱　张俊富施银二钱　王德施银一钱（阙文）

时龙飞乾隆三十四年岁次己丑夷则谷旦立

住持□寿

庙座地基一亩三分　庙东圪塔一块　寺沟长地四亩

一〇三　增修西殿五瘟神客堂舞楼东南楼创修西南楼序

清乾隆三十五年（1770）刊。

碑高188.5厘米，宽52厘米。

碑额书"永垂不朽"。

现存于晋城市高平市原村乡冯村汤王宫。

【碑文】

增修西殿五瘟神客堂舞楼东南楼创修西南楼序

先王之腠祀典也，凡有盛德大业炳蔚前古，以及冥漠之中能为民消灾解厄者，则相与祀之，伸其敬也，酬其功也。非是者，谓之淫祀，淫祀不录。高邑冯村僻处县治之正西，在北山之阳，烟火百有余族。岗回树绕，俗朴风醇，男妇尚义，与恢廓大镇、物情浇漓者迥别。偶过其地憩息，久之不忍去。村中旧有社庙，为春日祈谷、秋风报享之区，正殿祀成汤神。自古圣帝明王，其赫□□灵足以垂后者不乏，而吾乡左右聚族，独于尊神崇奉之不敢后，以主村社十邑而六七焉。岂以当年桑林祷雨，切於农事，小民之力穑□，惟旱为深虑，因此而凛凛耶。若夫阴阳不时，疠疫偶作，则五瘟神怜蚩氓之虔祷，应必有转祸为福之权，亦未可缺其酒肴之供也。配食之，亦固其所。乡人拜瞻之下，见其栋宇将圮，丹青减色，起而更新之，岂徒为观美已？期用以勤妥侑，肃人心，胥于是赖焉。而洽比之敦，风脉之镇，未尝不寓乎其中也。旧有舞楼三间、客堂三间、东南楼三间，亦以次就□，又创建西南楼三间，数项共费白金二百余两。奈村中所捐不敌其所费，又屡次设法，以共勷其□焉。凡遇祈报期届，村之人士济济跄跄，□□□□。上灵鉴格，降以嘉祥，气候偶舛，保以安康。后□无穷之福不可预，于是卜之哉。工肇于乾隆三十二年春月，功成于乾隆三十五年秋月。捐资竭力，人人有焉。而倡首鸠督，更经营惨淡，虽不务其□，□其实有未可湮者。予闻而义之，因不揣谫陋，为之叙其巅末，一以纪今日之勋，一以为后此之劝。数十年后，风剥雨蚀，势所必有。有过而阅斯碣者，将必慨然兴起焉，则祀典永无失坠矣。是为序。

本邑马村镇庠生陈帝佐撰稿

赐进士出身庚辰科亚元吏部候选知县张心至改□

□礼阴阳生常庄张钧沐手书

各处客商姓氏次序

三和店施钱八百　陈四木施钱六百　李永祥施银八钱　梁君兆　王廷奎　董复生　李荣　公盐店　□各施钱五百　瑞基典　□亨典　永亨典　隆裕典　合盛典　□玉典　隆兴典　大盛典　日新典　宁远典　宏源典　培基典　永盛典　牛聚□　以上各施钱五百　永盛店施银五钱　贾元嘉施钱四百　公盐店　仝卓　元昌典　李天昌　张应奎　永盛店　元吉典　贾子敬　以上各施银三钱　李尚彩　孟文吉　吴应玺　心合　李昇　刘仁　张和　于启昇　瑞基典　公盐店　隆裕典　永亨典　玉生典　如盛店　同意店　合盛典　盐店　以上各施钱二百　秦长喻　秦长永　薛传和　焦万全　秦怀柱　刘其云　张其法　姬广源　张子明　吴之河　崔炳公　贾聚　贾读　贾顺知　赵子立　同义店　郑思源　义合店　姬晃　王玉兴　袁明德　隆茂店　刘俊栋　董如汉　王昂　孙士元　张□元　刘坤　贾珽　韩泰号　朱子荣　晁全兴　赵希旺　□□璞　赵诚　秦子玉　任支修　韩世兴　刘永兴　任显扬　孙茂　崔洪□　王清山　以上各施银二钱　王洋心　郭永公　祁正国　张玉山　刘正德　李有才　王□义　裕兴□　□殿基　义盛店　以上各施钱一百　孙畏三　李成功　陈於诗各施钱五十文

疏头首领列左　马士弘　常锦枝　王衔财　张其贵　田秀　秦天仁　牛良孝　以上总共捐银三十一两一钱四分

隆茂号施银四两　吉成号施银三两四钱　兴盛号施银三两五钱

时大清乾隆庚寅年孟冬月吉旦

原村玉工苗桂海刊

一〇四　庞家圪塔村与十字村水井议明碑记

清乾隆三十六年（1771）刊。

碑高40厘米，宽46厘米。

现存于晋城市城区西上庄社区庞圪塔村玉皇庙。

立义和合同人贾光祖贵等今因庞家圪塔村与十字村相离咫尺，十字村北有水井一眼，庞家圪塔村之人皆在此井吃水，由来已久。近因讲宽社事十字村又恐势必不容投井。受累因此造作井益光祖等因见两村公共之物，其社汲水油此与其今凭中處明日后如十字村有投井者各办各事，即恐人命干连。今议明日后如十字村有投井者从贵等一力擔承，如庞家圪塔村有人投井者亦从贵等一力擔承。如有不知名姓之人寻井而投死者，两村谷办事经议明各无翻，每恐后无憑立此合同一样二纸各執一纸永远存用。

乾隆三十六年六月　日　　　　

合中見人：　裴　谦　　葉士宽

　　　　　　吴金甫　　葉崑山

　　　　　　董　旭　　賀從貴

裴應癸　　　　　　　　賀從貴　　立義和合同人賈光祖

董成才　　　　　　　　王守才

　　　　　　　　　　　李于燦美

惠慷　　恕念司在抨终

【碑文】

庞家圪塔村与十字村水井议明碑记

立义和合同人贺从贵、贾光祖等，今因庞家圪塔村与十字村相离咫尺，十字村北有水井一眼，庞家圪塔村之人皆在此井吃水，由来已久。近因讲究社事，十字村又恐被匪暗自投井受累，因此造作井盖。光祖等因见将井盖，势必不容汲水，由此兴讼。今凭中处明，其井仍为两村公共之物。其社各办各事，即恐人命干连，今议明：日后如十字村有投井者，从贵等一力担承。如庞家圪塔村有人投井者，光祖等一力担承。如有不知名姓之人寻井而投死者，两村公办，事经议明，各无翻每（悔）。恐后无凭，立此合同，一样二纸，各执一纸，永远存用。

乾隆三十六年六月日

仝中见人裴谦　吴金甫　董旭　司守恭　裴应兴　董茂才　惠标

立义和合同人叶士宽　叶昆山　贺从贵　贾光祖　王守才　李灿美

原合同存碑后

一〇五　捐资置地花名碑

清乾隆三十七年（1772）刊。

碑高 109 厘米，宽 45 厘米，厚 12 厘米。

碑额书"碑记"。

现存于临汾市隰县下李乡下李村龙王庙。

【碑文】

捐资置地花名碑

龙飞大清乾隆三十七年二月望日十管社捐资置地花名后

头管社善仪村合村施银三两　山主生员许岳系舍庙后地六亩　随粮一钱官出价□一两

二管社千家庄合村施银三两　置□人渠地一十六亩　出价银八两二钱　粮银钱一分

三管社上太平　下太平寨　渠里施银三两　置碑出价银一两　石匠工价钱五百

四管社张村　王家庄施银三两　张村张居恭施银□两

五管社前峪村　后峪村　桑株坡　□水湾施银三两　后峪村出一□

六管社合石村施银三两

七管社郑家原　白龙里　武家庄施银三两

八管社桥上　山神峪施银三两

九管社上均庄　下均庄施银三两

十管社上李村　下李村　安乐沟　□寿施银三两

住持僧修宁率孙觉暗

经理纠首侯廷选　王富国　马有功　马开功　邓绍龙仝立

一〇六 重修碑记

清乾隆三十七年（1772）刊。

碑高 96 厘米，宽 52 厘米，厚 7 厘米。

碑额书"重修"。

现存于临汾市尧都区金殿镇姑射村仙洞沟。

【碑文】

重修碑记

尝闻莫为之前，虽美弗彰；莫为之后，虽盛弗传。《书》曰：望秩宗于山川。未尝不以其事为兢兢也。玉皇大帝威镇八方，实九天之至尊；权司万化，为盖世之灵神。今因年深日久，庙貌毁坏，目击心伤，久欲重修，但时值艰难，独力难成。故特募化十方，重修庙宇，共助胜事，告厥成功，勒碑刻铭，不亦永垂不朽乎！

金妆祖师老爷使钱四千文　吴村镇四两四钱二分　上太明三两六钱　下太明四两　洪堡屯七两三钱　杭村七两四钱五分　岭屯四两　王曲村六两六钱　洪堡村南北二会五两□钱　东郭村一两二钱五分　徐村一两八钱　乔化三两八钱　邰村四两四钱五分　和村四两五钱　沟北四两四钱七分　涧堡村三百文　高桩村七两一钱二分　晋王坟五两五钱八分　涧北村四千三百七十文　洰淇村七两二钱五分　加泉村一两四钱　高堆村七两一钱六分　鸭儿沟一两六钱四分　左家庄四百文　西宜村玄帝会钱二千文　界峪村二千五百文　卧口村一千三百文　堡子内一千三百文　左义村一千文　马务村九百文

善男信女布施开列于后

南庄村祁金善三百二十五文　西宜村柏□熏一两二钱　刘岳氏一百文　孟周氏一百零一文　薛马氏一百文　柏张氏一百文　薛刘氏一百文　薛刘氏一百文　景徐氏一百文　尉景氏一百文　刘氏一百文

峪口村首事人等

住持高仕杰及徒赵守槐　郭守德　王训　刘思敬　乔兴臣　李文□　尚富　梁全　卫万仓　王瓒　王祥龙　徒孙葛良玉　祁归正　齐三和

□□□布施□□□

化住薛万通

乾隆三十七年九月十八日立

一〇七 创建大雄殿神龛碑记

清乾隆三十七年（1772）刊。

碑高 121 厘米，宽 55 厘米，厚 14 厘米。

碑额书"永垂"。

现存于临汾市尧都区金殿镇姑射村仙洞沟。

【碑文】

创建大雄殿神龛碑记

神道至微，相通即在呼吸；法轮常转，有感斯如影形。玉毫金粟，原无待於护禅；琼镜碧车，亦岂需夫修祀。然格思如在，无妨庙貌之仍旧；而离相所凭，自应台阁之维新。如姑射山之碧岩寺，上供大雄狮座之庄严已久，前开护法电观之明赫有年。珠装宝饰，虽无风雨飘摇；碧马金鸡，未免尘氛侵染。今我辈住持斯地，募化十方，长者创建神龛三间。妥灵有所，恒作郡国保障；栖神於兹，永绝民人札厉。行见培塿之施，必护报以岱嵩；滴珠之涓，务沐泽於河海。如谓壮游人之览，增栋宇之辉，此犹末俗之见，而非经始之愿也。

邑庠生王政撰书

襄陵县元亨号　兴隆号三钱

胡村玄帝会一两　众信士一两六钱

东柴河北众信女二两四分

浪泉村杜康　闫鹤施化一两二钱

四主村五钱

洪洞燕壁合会五两一钱二分

左壁村焦天均　王三才　李有仁同施化银六两

上王村合会钱八百文

下桥村合会钱二百廿文

伯庄村合会钱二百卅文

西张村合会钱八百文

浮山县恒太号钱二分　洪昇斋二钱四分　郭裕基钱二分　柏学轲钱二分　王大有钱二分

霍州邢师孔钱二分

襄宁县永兴会六百文

千夫村李官施化一两五钱

忻盛会钱二百文

东里村李德还一两一钱五分　李□耕六钱　张□兴六钱

堰下村王泽翰施化一两二钱

上官村韩汝臣施化九钱三分　李思太五钱　刘文昌五钱　刘凤朝四钱　李在恭三钱　孙如鹏钱二分

东王村王法用　李大绪　袁耀宗施化一两七钱二分

翟村郭善学　郭善藏二两七钱　吕奏瑞施化银六钱　刘永致三钱六分　翟景昌三钱　许士杰钱二分　郭士瓒钱二分　吕协瑞钱二分　翟强钱二分　生亨号钱二分　郭广初一钱

县底村范宅二两　众信士二两四钱

赵下村薛可成五钱五分　□从禄五钱

东河底□□□一百廿文　乔李□一百廿文

陈堰村一百文

錬李村八十文

神刘村邢正道　樊沛　晋重元　樊得夆　乔如恭　袁五英　晋烟　晋重良　晋郝氏　晋樊氏　乔梁氏　袁刘氏　以上各施银一钱二分

众信士施银一两二钱八分

乔村合会钱二百卅文

金店镇共钱三百八十文

大韩村钱二百文

鄢礼村钱一百文

景村李文亮银钱二分

一〇八 重修关圣帝庙碑记

清乾隆三十八年（1773）刊。

碑高164厘米，宽58厘米，厚19厘米。

现存于太原市阳曲县北塘乡大卜村关帝庙。

【碑文】

重修关圣帝庙碑记

古今圣人多矣，而崇祀春秋，并祀春秋於祖先者，孔夫子而外，独有一关夫子。夫孔圣人之当敬，大约出於□书□也。而关圣之敬，则上自帝王师相，下至妇人小子，僻壤穷乡，无不绘其像，竭其诚。岂果有关圣之立其前乎？而人之敬之如是至矣。窃尝思其故而有悟焉，关圣之圣，圣以忠义也。经籍之奥，恒人所不知，而忠义二字，则尤恒人之所可知。且恒人之心，亦不能自殚其忠义，而见此忠义之神，则魍魉之形自觉遁逃无地。且不独不能不敬，而更有足畏者。当日眉头一皱，则欲杀人，自今数百世而不忠不孝、贪谗奸巧者，往往显其灵、彰其报，倘一干其怒，而冥寞之中复皱其眉焉，则无可逃避矣，有不畏之者哉。况夫关圣当日降曹归汉，得乎圣人之权；秉烛达旦，得乎圣人之节；华容释曹，得乎圣人之义；竭忠宣力，得乎圣人之诚。彼三国英雄智谋武勇，岂不百千万倍乎？而今安往也？公独凛凛如生焉，宜其与孔圣并□於千秋也哉。阳邑大卜村旧有关帝庙，像稍残落，本村善士协力同心，焕然一新。正殿、两廊、钟鼓楼、山门、戏台共费二百余金。是亦敬神善念也，爰为之序。

原任贵州贵阳府修文县知县前丙辰科举人岚县弟子牛德音薰沐敬□撰
郭生瑞谨书

功德主
郭世华施银三十两　男郭生财　郭生源　孙呈祥子　福麟子二次满包施钱一万一千三百文　郭世雨施银三十两　男郭生寿　郭生禄　孙郭金梁　郭金柱二次满包施钱一万一千三百文

小店镇范钦元施银二两五钱　张连枝施银二两五钱　米旭施银二两　武宁人施

银一两　张如全施银一两　张如瑁施银一两　王丹施银一两　张阁施银一两　宋忠施银五钱　杨茂春施银五钱　赵成施银三钱　张三□施钱三□　□□屏施钱三百文

梁家庄郭仓施钱一千文　李灏施银一两　李洼施银一两

蔓菁村郭□□施银二两　郭玉□施银二两　郭玉兴施银一两　郭□城施银五钱

□□村郭连□施银五钱　白盛恭施银二两　白世满施银五钱　王德仁施银三钱

神堂沟赵开泰施银三两　高维德施银一两　张有财施银一两　武满库施银一两　段珮施钱三百文　张有仓施银三钱　张有宝施银二钱　王成仓施银二钱　高塈施银二钱

郑家梁张玉荣施银二两　张玉富施银一两　冯浩施银一两

石庄村杨成功施银一两　张宝施银一两

坚宣庄王宰施银五钱　王富施银五钱

泉水沟王金宝施银二两　孟林施银一两　赵有恺施银五钱

□□村王魁云施银一两　王存云施钱三百文　王位施银五钱　来旺师施钱五百文　王昇云施银五钱

钱粮纠首董世务　郭生珺　郭生人

经理纠首高滕云　郭生珏　郭崇节　郭崇达　韩□　郭世达　张正　郭武　郭世□

木匠赵宦　王相玉

泥匠王瑞云　张宝元

画塑匠王存武　张发□　宋□□

石匠李世法

铁匠董玉□

瓦匠王崇明

□匠王福运

师叔照月　师兄普仁　住持普成

大清乾隆三十八年五月二十一日立

一〇九 新修道路碑记

清乾隆三十九年（1774）刊。

碑高147厘米，宽75厘米，厚25厘米。

现存于长治市壶关县树掌镇神郊村真泽宫。

【碑文】

新修道路碑记

尝闻之本利己之心以利人,则人斯快;本事人之心以事神,则神乃享。几此者谁乎？吾於韩公、郭公（阙文）真泽宫西北，山名曰黄柏掌。缘山有径，实通郡邑之要路也。孟夏祀望之期，四方进香者，惟此路甚夥。无奈地僻径隘（阙文）人行亦不过乘便往来，踵踵相接而成路。求之凿山开道者，从古未有其人。三十七年，瓜儿掌韩琳、韩仰愈（阙文）行见夫石磴崎岖，苦於跋履，欲开凿之，而忧其功之难为举。适逢郭公子春、左公枝云等，与语道合同（阙文）其事。初举此念，一时之施财输粟者，咸争先而供结焉。於是斩荆棘开茅塞，历三年而介然成路。当（阙文）者，如带伏岭者，若龙山虽崄峻，路则纡徐，岂但利於徒哉？亦无病於乘驹也。噫嘻！自立庙以来，四方信士之输（阙文）胜道，问谁于盘谷幽壑之间，波除道路，济人利物之若此乎？是即本利己之心以利人，本事人之心（阙文）浅鲜哉？是为序。

邑庠生韩维平撰

寨上侯魁山（阙文）

大维那梭水底王居仪　瓜儿掌韩仰愈收管帐目　瓜儿掌韩琳修路□工　靳家掌靳永顺收□□册　罗东掌郭恒泰管收钱银　如有私心　神□□□

维首海则立李朝正　罗东掌杨法宽　杨宋卿　□□村宋□钦　□□村□了然　郭琳　□□上左枝云

北枝村□府□

瓜掌村杨培固　王瑞　杨进山　杨在山　梁仪　庞君安　□□□

庄里村马子兴

梁家脚郭仕荣

340

北城头皇甫三全

石峪村杜肖

靳家掌靳天直

（阙文）

玉工砥匠左攀桂

石□玉工（阙文）

大清乾隆三十九年岁次甲午蒲月望日立

一一〇　妆绘大雄殿神龛碑记

清乾隆三十九年（1774）刊。

碑高136厘米，宽60厘米，厚16厘米。

碑额书"流芳"。

现存于临汾市尧都区金殿镇姑射村仙洞沟。

【碑文】

妆绘大雄殿神龛碑记

圣德□精灵相□，何须粉饰？神恩本真诚以感，焉用文为？然有质无文，未免野俗之讥；素后弗绘，终鲜华美之观。如姑射山碧岩寺中创建神龛三间，刻栋雕梁既□，梓匠已毕，施章设采，尚惜画工未举。是以住持□□行礼，徒跣广募，俾角楹以生色；磨踵普化，令棁节以增辉。将见时而登堂，狮座愈著其严庄，时而瞻□□电观更见其赫明。且游人共称为观美，骚客群赏其郁彬。此固神人之所同快而今昔为之咸忻者。是为记。

邑庠生王政撰

赵（阙文）两　霍州（阙文）一两二钱　府城（阙文）一两四分　谢万仓　赵希儒　李永发　王□　韩王氏　王李氏　以上各施银一钱二分　荣关张敕施银六钱　李□时施银一两　董□□　张□□　张自智　郭大□各施银六钱　孙村孙保加施化银九钱　赵遐□　□洪□各银钱二分　□村周时望钱九百六十文　枕头徐思林施银三两　城居村张敬业钱八百文　高河店赵氏施银八分　霍德红□百文　□靳钱一百四十六文　加泉杨师闽钱一百文　刘村北社施银二两五钱八分　南社施银二两一钱二分　佛道施银二两七钱八分　芦道村合会施银三两　沟口村合会施钱九百文　上康庄合会施钱三百文　燕家庄合会施钱三百文　西宜村合会施钱一千文　长胡同合会施钱五百文　加泉村合会施钱六百八十文　李伍村合会施钱五百六十文　东靳村合会施钱一千一百文　西土村合会施钱八百六十文　王者栋施钱八百文　河南　河北合会施钱八百文　土门西会施银五两六□　峪口村八宫会施银三两　高世施钱四百文　□峪村合会施钱一千六百文　堡子村合会施钱一千二百文　小榆村合会施钱一千文　左义村合会施钱一千文　□院□掌合会施钱一千文　马务村合会施钱九百文　洪堡村合会施钱八百文　王马村合会施钱七百文　贾□村合会施钱□百

文　王继光施银五钱　沙乔村合会施银八钱　刘村镇合会施钱四百二十文　樊家庄合会施钱五百文　孔谷村合会施钱四百文　东王村合会施钱一百文　卧口村合会施钱三百六十文　晋重魁　仇士信　单玉竞　张承福　徐永公　翟天忠　郭洪云　□景士　袁正兆　□得明　王钦宗　张思进　泊段翟九公　以上各施银一钱二分

　　孔家庄　徐建荣　徐绍贵　孙□选　徐清　徐锟　徐江　徐軋　徐□富　徐洪汉　徐福增　安进□　徐镕　徐宗财　徐宗云　徐兖财　徐三怀　祁六清　李□□　徐六溢　以上各施银一钱二分

　　峪口村首事管老人等　卫万仓　王训　乔兴□　郭守德　赵守槐

　　住持高士杰　徒孙祁归□

　　化主梁全　刘思敬　李文达　王鈫　齐□敬刊

　　大清乾隆三十九年岁次甲午十一月朔日立

一一一　重修麻衣仙姑庙碑记

清乾隆四十年（1775）刊。

碑高185厘米，宽75厘米，厚18厘米。

碑额书"百世流芳"。

现存于吕梁市文水县城关镇桑村麻衣仙姑庙。

【碑文】

重修麻衣仙姑庙碑记

《南华经》云：藐射之山，有神人居焉。肌肤若冰雪，绰约若处子。不食五谷，吸风饮露。乘云气，御飞龙，而游乎四海之外。其神凝，使物不疵疠而年谷熟。阅其言，若河汉之无极也。既而思之，神人无功，而其为功也滋大，又何疑焉？余邑桑村素有麻衣仙姑庙，不知创建所自始。父老所传闻，生於汾邑洪哲里，隐於石室灵泉洞，麻衣草复修炼成仙。嗣后凡远近居民，有求必祷，无祷不应，感通之妙不可思议。岁旱祈雨，甘霖应祷而施，更屡著灵显。《记》曰：有功於民者则祀之。兹之所建，谅非□祀可知。第历年既久，上雨旁风，不无剥落，其何以妥我仙灵？里人公议，於壬辰年重加修葺，阅乙未年丁亥月工竣。金碧辉煌，庙貌巍峨，落成之日而请记於余，余不敢以不文辞。尝考《神仙传》，王方平降蔡经家，遣人召麻姑。既至，举家见之，乃十七八好女子，於顶上作髻，余发散垂至腰，手爪如鸟。谓方平曰：自接待以来，东海三为桑田。向至蓬莱，水浅於往昔，过□行将复为陵陆矣。方平谓经曰：姑，神人也。又秦时麻秋为始皇监筑长城，性严酷，督人夫必鸡鸣始息。其女悯之，假为鸡鸣，群鸡鸣，民将少息。后仙去，人亦称麻姑云。今之所祠者，其即昔之所传与？抑别有其人与？是未可知也。要之，仙佛菩萨皆以慈悲为心，今邑人只奉仙姑，极其诚敬。如此吾知仙姑之灵必欢喜踊跃被发大□以呵护於此也。而今而后，老耆寿康，幼孤遂长，五谷登而百物昌，凡我桑梓敢忘多福之□哉？爰是为记。

赐进士出身翰林院检讨充国史馆纂修官兼武英殿四库全书会要分校官加一级邑人王钟健谨撰

儒学生员成俊才谨书

敕授文林郎知文水县事加三级纪录五次昌黎高宫□捐银二十四两

试用吏目借补文水县典史会稽董程捐银一十二两

起意人李天光　李洁

经理人李洁　李日显

主簿人郭永昌　李洁　成俊秀

存钱人张尔谦　李绍晋　康义山

书名人郭培礼　李洁　李钟山

买办人郭明谊　李旺　张敏　郭富安　成建功　李景隆

催布施人张绅　李景隆　李天光　李湟　郭兆麟　郭渠

督工人成尔积　郭维仪　张贤　李天光　张全法　李天锦　郭存廷　张尔宽　成俊恒　李清　王好文　李湟　成治光　李彦　冯治龙　张琬　高玉　马光明　李禄　张绍海　郭渠　张珮　张纯　李长春　郭存元　郭文照　李绍唐　成思中　张崇礼　张纶

助工人成尔积

助车□人李绍晋二十九工　张尔让二十八工　张纶二十一工　张纯十八工　李旺十七工　康义山十五工　李景隆十四工　张敏十一工　成尔积十三工　张全法八工　张尔荣四工　张绍海九工　冯治龙七工　李绿七工　成俊才七工　郭永昌四工　郭明谊四工　李清四工　李彦四工　张荣四工　郭存元四工　王好文四工　成建功三工

住持普福　侄通年　徒通法　孙心妙　心远　曾孙元宝　玄孙果裕

梓人□秉新刊

大清乾隆四十年岁次乙未阳月谷旦

一一二　姑射山南仙洞碧岩寺创建乐亭碑记

清乾隆四十一年（1776）刊。

碑高117厘米，宽60厘米，厚14厘米。

碑额书"永垂"。

现存于临汾市尧都区金殿镇姑射村仙洞沟。

【碑文】

姑射山南仙洞碧岩寺创建乐亭碑记

盖闻姑射名地，夙垂山海之经；仙人古洞，久留南华之句。吸风饮露，缥缈来自海隅；玉肤冰肌，绰约现诸山巅。仿佛清虚之府，依稀广寒之宫。唐宋元明之朝创建由旧，名公巨卿之笔题咏维新。兹以大雄殿旁水帘洞顶，峰插云表，群山於焉旋绕；崖临谷中，万壑因而环抱。仙乐常闻，俨如神人余韵；霓裳恒见，宛似鹿女来临。爰立乐亭於兹，作为遏云之所。金石是陈，无殊白雪之奏；丝竹於布，何异阳春之歌。雅音肆流，永绝民人札厉；岚烟和畅，定卜财物阜丰。且画栋雕梁，姑山倍为生色；翚飞鸟革，宝寺更觉增辉。今已工程告竣，勒碑刻铭，永垂不朽云。

临汾县峪口村童生辛观光撰书

加泉村共施银七两四钱　古镇村共施银三两三钱　马站村共施银二两八钱　刘村北街共施银一两七钱　堡子二社共施银二两　涧头村共施钱二千一百二十文　计家庄共施钱六百文　东柴村孙张氏化银三两一钱　孙乔村席大本施银二两四钱　王囗氏施银三钱　王云村张文山施钱一千文　永兴囗店施钱四百五十文　尧庙村施钱六百文　南社村共施银一两七钱　燕家庄共施银五两　景家庄共施银二两五钱　刁底村共施银一两五钱　瑶院村　晋掌村共施钱二千文　刘庄施钱一千八百文　兰村施钱八百文　景家湾施银五钱　北路钱四十千文　南路钱五千文　府南钱五千五百文　镇头南窑齐智银一两二钱

王斗村　麦角儿　卧龙元　李家庄　冯家庄　西道村　秦勺村　龙爪河　小要儿　董家庄　潘家庄　焦堡村　北庄　南庄　张家圪塔　以上众村施钱十千文

使钱八十千文

府北银五两

峪口村首事人等　主持高世杰及徒刘思敬　乔兴臣　王训　梁全　王鉽　卫万苍　徒孙祁国正　葛相善　齐三和　岳天才　张瑄　吉得儿

大清乾隆四十一年岁次丙申瓜月吉日立

一一三　创建日宫月府重修四圣殿碑记

清乾隆四十二年（1777）刊。

碑高 250 厘米，宽 77 厘米，厚 18 厘米。

现存于晋城市泽州县东沟乡辛壁村玉皇庙。

【碑文】

创建日宫月府重修四圣殿碑记

尝观日月之丽於中天，其光则遍及於宇宙，固人人所仰而望之者也。今也立庙肖像，以振作居民敬畏之心，岂非吾乡之盛事哉？然而此功之成也，溯其原由，诚有出人意外者。何言之？当有明成化之丁亥岁时，已重修玉皇大殿。其兴工者，则太平观隐真子常守真，本乡耆老常君讳广之辈也。其殿之左右，即预为口日宫月府地焉。迨至於今，三百余年矣，乃不惟功未竖立，且将遗址湮没。呜呼！何今古之不相及也！直待我朝乾隆乙未岁，执年社首张君讳有，并予小子等二十人，因四圣殿倾危，议欲重修。其中有常君讳庆者，向众人而问之曰：昔年大禄、成企李君於四圣殿后施有地亩，其碑记书北至月府，此言何谓也？众闻之茫然。适有冯君讳兴业者，按碑搜索，忽得其实於《重修玉帝殿碑》后，上载：左右地基，原口备日宫月府之用。是昔人有志未遂，勒石以俟来者。即呼众同观，众人如梦初觉，莫不惊喜。因而同心戮力，鸠工庀材，不遑自逸，按阖社地亩起钱派工，除重新四圣殿外，更欲於玉帝殿左右起建日宫月府。无如光阴迅速，月光殿宇甫及草就而岁已改矣，乙未社首因将修工大任递嬗於丙申社首张君讳德、李君讳全宗等二十人。其年社首直然承应，不辞劳瘁，起钱派工仍照前规，所以日光殿宇亦有成功矣。爰塑两殿圣像，彩画金妆，焕然一新。至此，而当年隐真子与乡老之志始圆，是真吾乡一盛事也。将见阖社居民，观庙貌之巍峨，瞻神像之严肃，莫不生敬畏之心也。已然，则此功之成，溯其原由，谓出人意外者，不诚然耶？是可见居民素不加察，或者神使之明其故以成其功，亦未可知也。然今犹有望焉！想本庙之前院东北隅，地势宽广，则关帝殿自是伟观，西北隅为地基所限，则吴王殿不能开扩，似乎东西弗称矣。又会三班社首，将庙后地基买就，以备迁移古佛殿。用余出地基，则吴王殿亦可以开展矣。其功专有俟於后之同志者！是为记。

本社俚人张永奇沐手谨撰并书丹篆额

共地三十一顷零三亩　每地一亩收钱九十有四文

共社一百六十三分　每分管饭十四工做工十六日

乐善捐资芳名列后

潞安府路来荣捐钱一千一百　马平镇李宗瑞捐钱二千七百　韩相佐捐钱八十　焦家河秦礼捐钱一百　南村李进余捐□□钱五分

本村张振松捐钱五千　常世官捐钱二千八百　韩建辅捐钱一千四百　冯宗法捐钱九百　张震龙捐银五钱　张德捐檩一条　冯宗孝捐钱二百　李□京捐钱一百八十　李子顺捐钱一百　常印都捐钱八十

所买庙后地基并镌於左。其地系冯宗法之业，东至李可法后檐滴水，又至冯修聚后檐滴水，西至大庙，南至大庙，北至刘进孝厕坑，又至卖主出入道路，在本地基东南角，南至关帝殿，北至李南□猪圈，八至分明。

三班社首张有、张德、常□、张永□、李全宗、冯奇万、常喜、冯玺、张佟州、王君佐、冯修聚公同用□大钱十三千五百文，买到以供大社任意修理，□契炳照，诚恐年代久远，契券失落，因并镌於此，永为记耳。

乙未督工社首张库　张有　赵文大　张永奇　常庆　冯天荣　冯天德　李法才　常大宗　马珮　常随都　冯兴业　常恺　常法恭　常广基　张肇荣　王君佐　李洪肇　李元福　李九珍

丙申督工社首王治业　张德　□□□　冯奇方　常健　常喜　李全□　张佟州　冯□　赵御鉴　冯玺　李洪□　张贤　冯育　常育林　常来顺　冯修聚　崔居顺　冯立业　张永兴

大清乾隆四十二年岁次丁酉暮春下浣之吉立石

玉工奉礼冯□□

梓匠韩遇春　李进余

丹青李宗瑞

一一四　玉皇庙创建东西房碑记

清乾隆四十二年（1777）刊。

碑高190厘米，宽60厘米。

现存于晋城市城区西上庄社区庞圪塔村玉皇庙。

【碑文】

玉皇庙创建东西房碑记

泽郡西南五里许曰庞家村，村之东北巍然而凝萃者为玉皇庙，其正殿三楹，创建于前明万历十三年，其南阁山门五楹，创建於天启二年，其西角殿创建于大清顺治五年。年深日久，渐就倾圮。至康熙五十七年，里人从而补修之，梁记碑文厘然可识，唯缺东西二房未建。乾隆三十九年六月，乡人诸善士因祀神，齐集庙内，有言及东西房宜修者，皆欣然曰：是诚善举也。余等住居此土，仰赖神庇有年矣，愿出己资共襄盛举。于是会同合社，照地亩均派，得钱六十千文有零，又将庙内柏树售钱四十三千文，鸠工庀材，及乾隆四十年而工程告竣。创建东西房之外，墙之岸者修之，殿之漏者究之，而斯庙遂成全局焉。夫乡之有庙，所在皆然，而吾乡之庙唯一所，且历二百余年，创建四次而后成，成功之难如此。爰历叙修建序次姓氏，以勒诸石，俾后之睹斯碑者知创建之难而勤补修之，庶斯庙之不朽也，是为记。

计开捐金姓氏于左

宝山寺惠德银一两二钱　住持僧玄琇银五钱　姬尚志钱十千零五百文　鲁晋生钱七千七百文　宋福荣钱四千七百文　□□贵钱二千五百廿五文　魏德安钱二千二百二十文　姬奉义钱二千零一十文　尚全福钱二千一百文　李丕承钱一千六百五十文　贾成法钱一千六百文　史河龙钱一千四百二十文　尚丕公钱一千四百廿五文　焦贵生钱一千二百文　郭友钱一千二百文　史龙公钱一千一百廿五文　杨奉贵钱九百二十五文　庞荣钱九百二十五文　贾述祖钱五百四十五文　李顺钱八百五十文　史掌盘钱七百五十文　贾辉先钱七百五十文　郭福钱七百五十文　陈晋钱七百文　姬奉林钱六百三十文　宋福祥钱六百五十文　靳尚明钱七百三十文　贾成元钱七百文　李文瑞钱五百二十五文　李小闰钱五百三十五文　侯进禄钱五百文　侯存

义钱四百文　魏清钱五百文　吕光生钱五百文　韩法旺钱五百五十文　李有根钱五百文　陈旺钱五百文　朱德贵钱三百五十文　庞九锡钱二百文　姬天赐钱一千八百五十文　晋福灵钱二百文　李有庆钱六百文　庞贵钱一千零廿五文　张文保钱四百八十文　魏小顺钱九百二十五文

　　郡人贾辉先撰文并书丹

　　大清乾隆四十二年岁次丁酉仲冬月朔一日合社公立

　　宝山寺住持僧惠德　住持僧玄琇　徒真传全立

一一五　三义庙重修献殿乐楼记

清乾隆四十三年（1778）刊。

碑高180厘米，宽67厘米。

碑额书"功加于时"。

现存于运城市闻喜县东镇仓底村三义庙。

【碑文】

三义庙重修献殿乐楼记

天下事，创与继相因。继之者固资於前创，而创之者亦期於后继，古今来比比然矣。余庄三义庙，创自洪武年间。迄於今，修理者非一次，亦非一人，断简残碑，固历历可考而知也。独自乾隆己（乙）酉修理而后，历年久远，风雨飘摇，本庙正殿以及献殿、乐楼，莫不损坏渗漏。彼都人士，孰不触目而伤心？乃力苦不支，而逡巡莫前。戊戌年，时和年丰，村中耆老共为商议，本村按粮石拔取，再央贸易人等及首事在外募化，共得金九百余两。因而鸠工庀材，当修者修之，当创者创之。於是庙前庙后焕然一新，庶继之者不至含羞於前创，而创之者岂犹抱恨於后继也哉？爰勒贞珉，以垂不朽云尔。

庄人赵炳文沐手谨撰

后学杨邦彦沐手敬书

孙云鹤募化泾阳纹银一百四十两

赵蔚文募化睢州元银六十两零八钱八分

南企适募化运城元银五十九两

张复新募化陕州纹银二十九两四钱

卫学义募化西安府元银一十四两二钱

南福珍募化芝川元银十两

杨芝刚捐银十二两　德盛绪捐银十二两　来盛店捐银十两　合盛顺捐银八两　益盛长捐银八两　同协合捐银八两　保兴隆捐银七两　月盛长捐银六两　义顺合捐银二两　天成兴捐银五两　三合绪捐银五两　三合丰捐银五两　元享贞捐银五两　源盛裕捐银五两　合盛通捐银五两　同心成捐银五两　义和范捐银五两　乐成通捐银二两　天裕当捐银四两　诚裕当捐银四两　中和当捐银四两　永益当捐银四两

福沅当捐银四两　德沅当捐银四两　隆德当捐银四两　振兴当捐银四两　义生隆捐银一两五钱　协发正捐银三两　天成永捐银三两　集贤店捐银三两　协发烟店　和裕金店捐银三两　丰泰祥捐银二两四钱　中信店捐银二两四钱　东三合捐银二两四钱　德寿园捐银二两四钱　公益信捐银一两五钱　泰和当捐银二两　裕隆号捐银二两　四合福捐银二两　长庆号捐银二两　天裕金店捐银二两　永茂甫捐银二两　吉庆和捐银二两　长盛杨捐银二两　益盛魁捐银一两　永盛号捐银一两一钱三分　祥泰丰捐银一两　通顺号捐银一两　三盛玉捐银一两　天成号捐银一两　和顺号捐银一两　董立生捐银一两　牛高文捐银一两　长顺和捐银一两

一一六　施穑（脊）兽石记

清乾隆四十四年（1779）刊。

碑高48厘米，宽56厘米。

现存于吕梁市离石区后瓦村古坤庙。

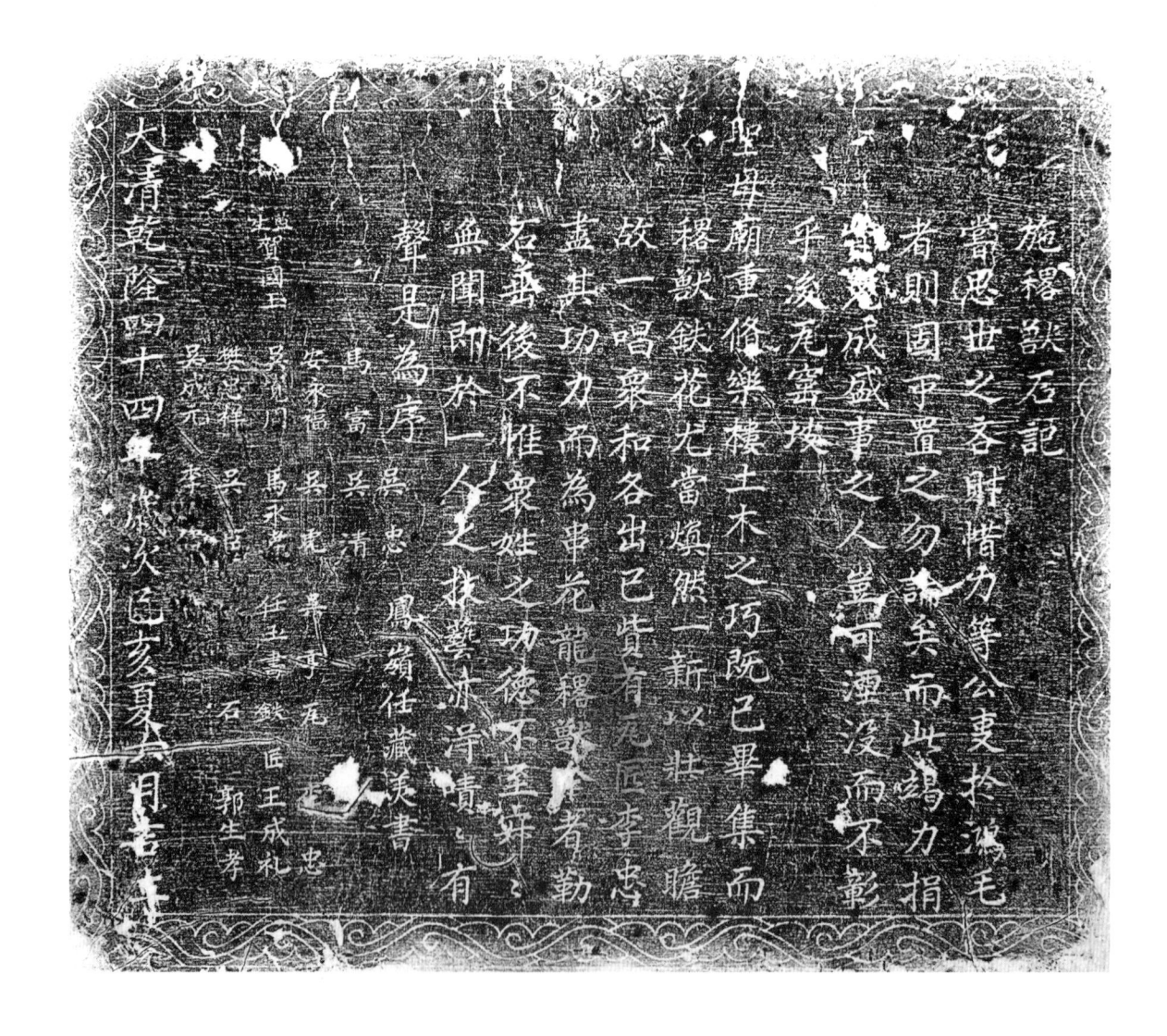

施穑兽石记

当思世之吝啬惜力等公吏於鸿毛者则固中置之勿论至而此鸠力捐乎後无窑埃成盛事之人岂可湮没而不彰

圣母庙重修乐楼土木之巧既已毕集而穑兽铁花龙当燦然一新以壮观瞻故一唱众和各出已赀有无匠李忠尽其功力而为串花龙穑兽者勤若无後不惟众姓之功德可至好无闻即於一是抹艺水浮清有声是为序

鳳鳴任藏溪書

鐵匠王成礼
石匠郭生孝

吴忠
吴龙礼　任玉寿
吴凡礼
马永礼
吴清
吴寬门　安永福
吴覚元
樊忠祥　李自
吴益

大清乾隆四十四年歲次己亥夏六月吉旦

【碑文】

施穋（脊）兽石记

尝思世之吝财惜力等公吏於鸿毛者，则固可置之勿论矣，而此竭力捐资□成盛事之人，岂可湮没而不彰乎？后瓦窑坡圣母庙重修乐楼，土木之巧，既已毕集，而穋（脊）兽铁花，尤当焕然一新，以壮观瞻。故一唱众和，各出己资，有瓦匠李忠尽其功力而为串花龙穋（脊）兽。今者勒石垂后，不惟众姓之功德不至寂寂无闻，即於一人之技艺亦得啧啧有声。是为序。

凤岭任藏美书

监生贺国玉　马富　安永福　吴览周　樊忠祥　吴成元　吴忠　吴清　吴虎　马永荣　吴臣　李富　吴亨　任玉书

瓦匠李忠

铁匠王成礼

石匠郭生孝

大清乾隆四十四年岁次己亥夏六月吉立

一一七　重修成汤大帝庙碑记

清乾隆四十五年（1780）刊。

碑高184厘米，宽62厘米，厚19厘米。

现存于长治市长子县色头镇王晃村成汤庙。

【碑阳】

重修成汤大帝庙碑记

昔先王之制祭祀也，法施於民则祀之，以劳定国则祀之，能御大灾则祀之，能捍大患则祀之。是以坛壝祠庙之设，其典至钜，其意至深且远也。恭惟成汤大帝智勇天锡，圣敬性生。声色易以迷人，帝天默鉴其不迩；货利最能惑主，臣工显扬其不殖。讨征四面，刑威止及乎贼残；祈祷桑林，膏雨广被乎兆□。厚德深仁，难以殚述，建祠立庙，遍乎寰区。王晃村西南有□□庙一所，正位南面，若向明而理焉。西有牛王殿，亦奉祀马王圈神於内，尚未有像。东道舍五间，□西道舍五间，仅存其址。门出离方，建舞楼五间於其上，此旧制也。不知创始何时，重修几次，无碑记可考。春秋祈报，在乎是矣。但年深日久，殿宇有倾覆之忧，圣像无金碧之光。村中善信不忍残废，徘徊久之。适有马王社七人，愿建马王殿宇，又恐人寡力微，难成胜举。因同住持请合村社首，不但公议创建，兼议重修。志同道合，决意兴工。坠者举之，缺者补之，朴者华之，故者新之。补修正殿三间，创建东殿三间，即塑马王圣像於内。重修西殿三间，塑圈神於牛王之右。较昔之仅奉牌位者，而顿觉赫濯矣。又增建舞楼，东西四间，共计九间，与正殿九间相配。重修西道舍五间，与东道舍相对。竹苞松茂，基址巩固於千年；鸟革翚飞，榱桷辉煌於一旦。是不特一院之庙貌森严，且巍巍乎据沿村之胜概，擅一方之大观也。竭一村之力，以新神圣之宇；即竭一村之心，以崇神圣之祀。将见雨旸若而百谷用成，民物安而灾患不作。其所谓人有善念，神必佑之者乎。於是庙之再造重新，而益信其不爽哉。是举也，其所费者马王社七人，素积资财三百三十八千也。又村中照地捐谷，催拨人工与牛工者，大社社首十一人也。至总督其事，而鸠工庀材，又请村中素有经济六人，递□更代，而寒暑不辍，以共勷厥成者，则道会司郭来源功也。兴工於乾隆四十三年正月，落成於乾隆四十五年王（三）月。余不能文，因迫於维首道人再三之请，不得已，即其□传述者，搦管而为之记，并将捐助姓名刻列石后。

信士陈大寿施舞楼东南十角地基

邑儒学候荐岁进士鉴远康世德薰沐敬撰

业儒本社人郭延昌薰沐敬书

马王社首陈有　陈永　郭秉□　王明　陈起福　董世兴　陈遇安

经事维首陈起林　李唐智　郭秉安　王有文　董万国　郭时昌

大社社首张进贤　张开发　陈起兴　郭秉智　郭秉言　王洪瑞　张起富　陈有禄　陈增林　董万兴　王世稳

总理社功川口庙道会司文远　郭来源率徒□复成　徒孙许本祯仝立石

时大清乾隆四十五年岁次庚子四月上浣谷旦

玉工王兴

【碑阴】

川口庙郭来源施钱两千文　陈永施钱三百文　王范施钱二百文　王玉林施钱一百文　王满施钱一百文　陈天永施钱一百文　董万国施钱一千二百文　陈有禄施钱三百文　王好施钱二百文　陈彪施钱一百文　陈金库施钱一百文　李芳施钱一百文　张进贤施钱一千文　郭秉礼施钱三百文　郭发成施钱二百文　张开典施钱一百文　孙义施钱一百文　李永施钱一百文　李廷臣施钱一千文　张起凤施钱三百文　王有德施钱二百文　张开智施钱一百文　陈刚施钱一百文　陈□施钱一百文　李唐智施钱一千文　陈起兴施钱三百文　李润施钱二百文　陈大寿施钱一百文　郭秉起施钱一百文　王兴施钱一百文　郭秉智施钱七百文　郭秉言施钱三百文　王□□施钱二百文　杜有林施钱一百文　陈户则施钱一百文　张宣施钱一百文　郭秉和施钱六百文　陈起福施钱三百文　郭□□施钱二百文　张聚文施钱一百文　李子举施钱

一百文　李平施钱一百文　积玉号施钱五百文　陈起发施钱三百文　陈敖施钱二百文　陈大宣施钱一百文　陈金锁施钱一百文　张起玉施钱一百文　张起全施钱五百文　张川施钱三百文　陈敏施钱二百文　陈高施钱一百文　王天德施钱一百文　郭秉义施钱五百文　陈仓施钱三百文　张兴施钱二百文　陈重施钱一百文　陈起全施钱一百文　陈跟安施钱一百文　李唐宰施钱五百文　张开发施钱二百文　陈增义施钱二百文　陈唐施钱一百文　陈□便施钱一百文　陈国施钱一百文　郭秉安施钱五百文　陈好施钱二百文　陈碾管施钱一百五十文　孙兴施钱一百文　张锁明施钱一百文　卫起法施钱一百文　张起山施钱五百文　康福施钱二百文　张起发施钱一百五十文　程贵林施钱一百文　张宝珠施钱一百文　李咒则施钱一百文　郭海施钱五百文　郭秉贤施钱二百文　张起垒施钱一百五十文　王选明施钱一百文　□兴施钱一百文　陈增禄施钱一百文　王有文施钱五百文　王佐施钱二百文　郭秉好施钱一百五十文　程贵芳施钱一百文　陈天祥施钱一百文　王海秀施钱一百文　郭时昌施钱五百文　郭斌施钱二百文　陈智施钱一百五十文　王洪瑞施钱一百文　郭□昌施钱一百文　郭趟锁施钱一百文　郭明昌施钱五百文　董万邦施钱二百文　陈天禄施钱一百五十文　陈起盛施钱一百文　陈□则施钱一百文　陈□法施钱一百文　陈增林施钱五百文　陈聚施钱二百文　张重妆施钱一百五十文　陈□施钱一百文　陈金宝施钱一百文　陈增玉施钱一百文　张孝施钱四百文　陈良施钱二百文　郭元昌施钱一百五十文　陈亮施钱一百文　陈德昌施钱一百文　张大施钱一百文　董世兴施钱四百文　张起富施钱二百文　候发荣施钱一百五十文　张景全施钱一百文　陈□施钱一百文　王天福施钱一百文　陈朗施钱三百文　候玉全施钱二百文　郭延昌施钱一百五十文　郭秉宽施钱一百文　陈起玉施钱一百文　□□□施钱一百文　陈起林施钱三百文　陈□□施钱二百文　陈洪基施钱一百五十文　□洪便施钱一百文　陈起进施钱一百文

一一八　重修圣祖庙平头社郑家庄路家河教场平韩家沟碑记

清乾隆四十六年（1781）刊。

碑高174厘米，宽74厘米，厚17厘米。

碑额书"轩辕圣祖"。

现存于晋中市寿阳县平头镇董家庄村轩辕祠。

【碑阳】

重修圣祖庙平头社郑家庄路家河教场平韩家沟碑记

　　且自混沌初分，圣人代作，上古之事，弗暇深考。惟轩辕圣祖，有熊氏之胤也，继炎帝以土德王，分井疆，创礼乐，制衣冠，始征伐，善政班班。知生为明后者，没必为明神。先民慕神功浩大，卜云其吉，爰作庙於此山之上。夫是山之耸峙於西北隅也，足为众村之冠盖。况兼有神灵庇荫，苍松翳蔽，讵非胜境也乎？考其遗□，与董家庄、南安多共为三大社，鼎足而献享。而平头一社，亦分而为三。三大社之父老，祈谷恒於斯，祷雨恒於斯。今届白露，献戏三期，所以惟神锡福，有求必应。龙泉受纸，示年丰也；大旱降水，济民生也。其灵爽如此，但多历年所，虽屡经修葺，而风雨燥湿，庙貌不无颓毁。三大社之纠首，同本山住持恭议，各办资财，共举盛事。而平头社同功协力，纠首薛彦国等议定，按粮输财，三大社共捐金六百余两。倾者起之，缺者补之，大兴土木，章采交施。於正殿圣祖像，十二药王之配享左右，以及东西殿之诸神，石龙洞之圣像，乐亭钟楼，无不焕然，昭旧制也。至东西殿之丹楹，钟楼之券洞，左建砖窑一座，右起廊房二间。且西殿后凿石开渠，以通水道，则创始焉。厥功告竣，理宜勒石，以志不朽。又念三大社姓氏甚繁，兼有盂邑南社之善士施银五十两，晋阳马驼之善士施银五两一□，不能尽载，复议各扶一碑，□□来兹。而南社与马驼二项布施，俱附於董家庄碑记。兹之所叙，特本社事耳。且是碑之作，岂徒壮观瞻已哉？实欲使后之人晓然於神明之感应、纠首之功□、众善之施舍，以启乐善不倦之心也。於是乎书。

　　本社平头镇儒学生员郑成广　　本社平头镇儒学生员孙光谱撰

　　本社平头镇儒学生员邢启运　　本社路家河儒学生员卢汝霖书

总理钱粮纠首监生邢常吉银四两　　孙满库银二两五钱　　孙法楼银二两五钱

邢日满银二两五钱　卢学夷银三两　郑成法银二两二钱　王学明银二两　韩福海银一两五钱　薛彦国银二两

　　经理纠首邢月光银四两一钱　郑荣满银四两一钱　孙万粮银三两九钱　孙玘财银二两七钱三分　张麒银二两五钱　韩金盛银二两二钱　王廷银二两一钱六分　邢发银一两七钱五分　郑宏奇银一两七钱

　　钱粮纠首王海发银一两七钱　王谟施木香炉一副　孙大法银一两六钱　孙荣学银一两五钱　邢美玉银一两三钱　李生先银一两二钱　王付彦银一两一钱　张尔贵银一两　郑成学银一两　王德明银一两　韩福仁银八钱　张福成银七钱　卢义银五钱六分　王秦威银五钱　邢月威银五钱　弓万荣银五钱　邢耀明银五钱　孙文贵银四钱　段伏威银四钱

　　经理修造本山住持僧人悟月　徒玄□　普照寺住持僧人心恺　铜钱观住持道士合珍

　　二宅杨清泉

　　木匠陈茂贵

　　泥水匠孙玘顺

　　瓦匠王锡库施砖一千　王佐　张尚花

　　丹青匠弓□威　潘宗敏

　　铁匠安近仓

　　铁笔匠潘生正

　　铁石匠潘生忠

　　时大清乾隆四十六年岁次辛丑南吕之月谷旦

【碑阴】

　　韩俭然银四两　韩玉兴银三两一钱　邢琇玉银二两七钱　邢元朝银二两□□　邢玉良银二两　孙□□银二两　郑成章银一两九钱　朱明仁银一两八钱　孙见碧银

一两七钱六分 孙思顺银一两七钱三分 李添明银一两七钱一分 郑成海银一两七钱 韩有必银一两七钱 郑法珍银一两七钱 孙大宝银一两六钱七分 冯士杰银一两六钱五分 王传满银一两五钱 孙文宝银一两四钱六分 孙建宝银一两三钱八分 孙贵金银一两三钱七分 冯禄奇银一两三钱 郑成业银一两三钱 郑成旺银一两二钱五分 韩会林银一两二钱五分 王谅银一两一钱八分 李添元银一两一钱六分 弓见文银一两一钱二分 王典文银一两一钱二分 张尔盛银一两一钱 郑成享银一两一钱 李旺祥银一两一钱 王传元银一两一钱 郑成广银一两六钱 邢日□ 张尔仁 薛□遐 王奉君 韩宝贵 孙茂选 邢焕明 韩秉训 孙见祥 王奉水 孙万要银各一两 邢凡□银九钱六分 郑守成银九钱 张旭银八钱六分 王才银八钱二分 孙法才 朱伏林 张尔因 朱伏山银各八钱 王谟银七钱八分 孙国位银七钱六分 孙珇顺银七钱四分 韩奉林 王应朝银各七钱一分 张同喜 朱的钧 邢邦正 韩俊美 邢焕文 韩伏正银各七钱 梁同喜银六钱七分 王普银六钱六分 邢显明 张万成 韩伏花 李奇山 韩伏有银各六钱五分 孙有明 李生保银各六钱三分 王传义 张茂 王传吉银各六钱二分 郑明会 郑法因银各六钱 孙桂月银五钱九分 张进才 孙韶仁银各五钱八分 张维焕银五钱六分 孙得库 那邦治 孙保才 弓见仲银各五钱五分 弓有桂银五钱四分 邢开银五钱二分 王传威 郑之藩 王传安 郑□传 王□章 王□的 孙文英银各五钱 卢□仁 孙见傅 卢学桂银各四钱六分 孙见有 张福喜 李维玉银各四钱五分 卢思训 孙思得银各四钱四分 王传伸 张伏仓 张伏仁银各四钱三分 弓见成 邢月凯 薛彦□ 弓见通 郑荣旺 韩传桂 薛彦得 弓见达 邢月栋 朱伏宝 吴美芝 邢忠元银各四钱 孙全仁银三钱九分 孙思祯银三钱八分 弓见伏 韩伏□ 孙继□ 孙福□ 弓□库 孙□□ 孙玉元银各三钱七分 张茂林银三钱六分 韩旺林 孙韶美 王文□ 孙□伏银各三钱五分 韩伏治 李生光 张维正银各三钱四分 卢学维 孙全义 邢月有 孙力久 孙贵焕 韩名威银各三钱三分 张旺正 冯召宝 王进文银各三钱二分 孙大宽 孙有楼银各三钱一分 成绪 郑成斌 韩有威 郑荣安

孙美荣　韩有英　邢邦卫　邢焕武　韩友直　郑永奇　孙云会　邢登山　韩文选银各三钱　弓见魁银二钱九分　张明　孙并音银各二钱八分　孙思亮　王福　弓万仓　郑之的银各二钱七分　孙玉库　邢泰　弓见然　韩伏贵　邢万年　王文库银各二钱六分　施银二钱五分者　张迎珍　王传然　邢景年　邢月传　李纪全　郑荣茂　王佐　王奉伸　邢府　王传楼　冯大□　孙大文　冯召□　孙建□　施银二钱者　李添成　韩伏文　王奉伦　杨清泉　张伏明　弓文桂　邢日常　王近□　卢学文　王传□　郑旺仲　朱传才　郑旺业　梁同养　郑之彦　郑大祥　段伏多　韩法生　郑荣君　郑法桂　张伏达银一钱九分　卢学武　韩代芬　王海□银各一钱八分　邢月才　韩伏云银各一钱七分　孙友传　□□□　□大杰银各一钱六分　施银一钱五分者　□元□　□□□　孙□厰　邢高明　王时进　韩□□　邢月先　孙□金　李祥　孙金　梁子　施银一钱□分者　□法生　孙全伏　□□虎　吴本根　王奉凯　郑恒义　施银□□者　王传者　张尔惠　孙见桂　□文传　□宽和　孙荣成　邢月成　冯元玉　孙贵让银八分　张添福银八分　张见□银八分　冯兆才银六分　王进境银五分

一一九　重修圣祖庙南安多社沟北村界口庄碑记

清乾隆四十六年（1781）刊。

碑高176厘米，宽83厘米。

碑额书"乐善不倦"。

现存于晋中市寿阳县平头镇董家庄村轩辕祠。

【碑文】

重修圣祖庙南安多社沟北村界口庄碑记

尝谓神依庙栖，庙因人立，由来久矣。县治正西七十余里，西山之界有一境焉，号曰北神山。旧有轩辕圣祖庙宇，原系南安多社与董家庄社、平头镇社同心协力，共为创建，嗣后屡次修补。每年白露，献戏奉祀，并无偏□不均之弊。迨至乾隆四十五年，三社公议，均摊资财，复为修理。又有盂邑南社施银五十余两，晋阳马驼村施银五两有余，俱刻入董家庄社碑内。一时庙宇辉煌，焕然改观，有心者目睹心喜，互相传诵。咸谓三社里居相接，运转如环，庐舍相望，鼎立如山。因之各鸠尔工，以继前徽，各镌尔碑，以昭后世。《诗》曰：不愆不忘，率由旧章。三社有焉。《书》曰：不矜者莫与争能，不伐者莫与争功。三社有焉。岂非士民之古朴，县治之休嘉欤。是为序。

本邑生员大智陈若愚撰

巡抚部院吏马长安书

总理纠首马继银银八两六钱一分七厘　霍正宝银二两六钱五分五厘　侯连山银五两六钱二厘　刘伏花银三两八钱九分二厘　刘光海银二两九钱　陈汉君银一两九钱三分五厘　刘清宰银一两八钱六分七厘　刘阁银九钱九分　王成麒银一两一钱　赵玉璠银一两七钱　王时玉银三两　王燕梅银二两五钱六分　王财玉银一两七钱三分　郑桓锡银二两七钱　张成富银二两七钱　梁瑾银一两八钱

侯恺伟银五两四分　霍文选银三两八钱七分　侯恺宽银三两六钱四分五厘　王会元银三两三钱七分　王登唐银一两九钱三分　刘玘盛银一两八钱　霍正财银一两七钱七分七厘　侯连成银一两七钱一分　王锡明银一两六钱四分　王秉仁银一两五钱八分　陈玉安银一两五钱五分二厘　赵廷璠银一两五钱四分　王云禄银一两五钱三分　刘贵伏银一两四钱六分二厘

刘秉义银一两三钱九分五厘　刘伏满银一两三钱六分二厘　刘清相银一两三钱二分七厘　王汉银一两二钱九分

□□安子银一两二钱七分　刘玘财银一两二钱六分　刘玘恺银一两二钱一分五厘　张成会银一两二钱　刘□银银一两一钱九分二厘　刘玘刚银一两一钱八分　刘润玺银一两一钱七分　王财金银一两一钱四分　王成恩银一两六钱　刘付海银一两五分七厘　王锡昇银一两五分　王登惠银一两四分　刘加满银一两三分五厘　刘□宽银一两一分二厘　刘清虎银一两一分二厘　刘贵宝银一两一分二厘　郑武元银一两　刘满广银九钱九分

经理修造本庙住持悟月　徒玄政

泰山庙住持同治

圣教庙住持□龙

龙王庙住持同治

阴阳侯连山　陈□富

木匠陈彦贵　兰法仓

铁匠安进仓　安进库

砖瓦匠王锡库施砖一千　王佐

泥水匠孙玘舜

石匠潘生正　潘生忠

丹青弓见成　张尚花　潘保敏

土功王思安

铁笔匠张满谦　苏碧□

本社泰山庙住持同治

大清乾隆四十六年岁次辛丑季秋谷旦

一二〇　重修东岳庙记

清乾隆四十七年（1782）刊。

碑高 195 厘米，宽 74 厘米。

碑额书"重修东岳庙记"。

现存于晋城市阳城县润城镇屯城村东岳庙。

【碑文】

重修东岳庙记

虎谷雄秀甲诸山，山之麓为屯城村，而东岳庙介居其间。庙之昉於何时无可据，第据旧额，有金泰和年号，则其从来远矣。严严翼翼，壮伟闳耀，洵巨观也。夫山川之祭自有主者，东岳於乡人何与？毋乃僭甚，虽然《记》有之：有举莫敢废。且古者乡必有社，因以申祈报而展诚敬，於义亦有取焉。盖曩者张中丞洎谷先生，尝序郑君室彪之重饰庙貌而言之矣。然则善作之而必善成之，将无望於后人乎哉？岁在壬寅，社众以风雨飘飖，自正殿至山门、舞楼俱就倾圮，而关帝庙亦需完缮，因谋葺而新之，甚盛举也。故一时奔走趋事者，以后为羞。继以工费不资，不得已复於募化外，伐东山之灌木，取同阁之废材以充用，所谓以公办公也。用人之力，积千余工而人不以为劳，其良材坚甓之用，凡数百金而人不以为多。经始於夏四月，责成於□（冬）十月，而人不以为迫。当其时，慕由张君、廷辅赵君暨大勋、多祉二赵君实为首事，而倡议者则公定张君等六人也，募化者则念祥赵君等十五人也，督理者则□巨川韩君等廿二人也。语云：众志成城。其是之谓乎？工既讫功，规模采绘，一复其旧，爰属予志之。予馆於兹土数年矣，且程氏，予外家，张氏，予姻家，盖不啻桑梓也。予多诸君子之无废后观，而可以兴起人心，长为名山胜地增辉也，於是乎书。

乾隆四十七年岁次壬寅冬十一月十五日

辛卯科举人吏部拣选知县洎水窦铤沐手谨撰

倡议姓氏列后

张泰安　程世勋　赵宏　王朴　郑锄经　张光先六人做缘簿请客募化使费钱四千八百文

募化姓氏列后

武安赵念祥银十两　赵建本　高继贤　高继孔　郑励　赵式抃五人银六十四两　韩从庚　韩广渊银三十六两　郑学士银三十两　张士杰　王煦儒银廿一两三钱四分　赵铭银十两　张元声银三两　王格银十两　张敦智银十八两　以上十五人共银二百零二两三钱四分

督理社首二十二家施银列后

张惟果银一两　赵光弼银一两　赵宏银一两　赵应福银三钱　张惟清银一两　赵世泰银四钱　王栋银三钱　赵建本银四钱　王朴银五钱　郑锄经银四钱　程思敬银五钱　赵时可银二钱　赵式抃银四钱　张元声银七钱　张梏银一两　郑师笃银一两　张光曾银一两　吉文运银二钱　张储英银三钱　郑友侨银三钱　程长时银四钱　韩广渊银二两

仝勒石

一二一　重建药王神庙记

清乾隆五十年（1785）刊。

碑高 145 厘米，宽 59 厘米，厚 32 厘米。

碑额书"皇清"。

现存于运城市河津市城关九龙山真武庙。

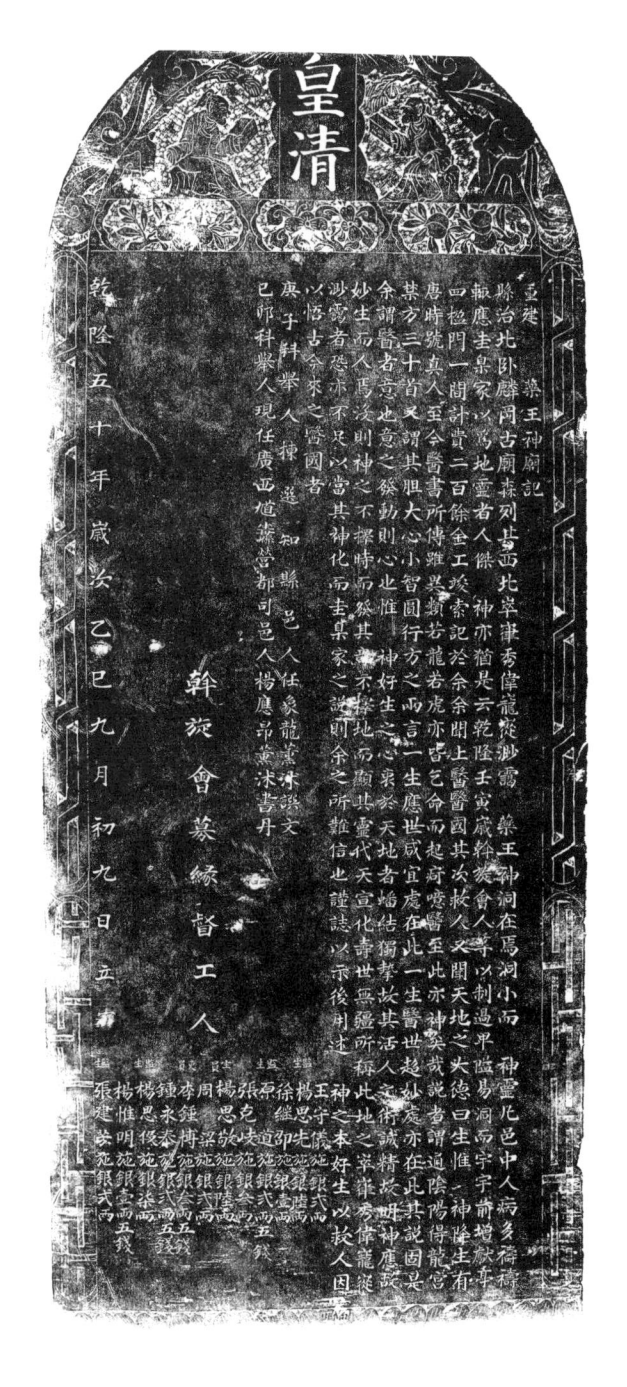

重建药王神庙记

药王神洞在马洞小而神灵屹邑中人病多待祷县治北卧麟冈古庙森列昔西北苹津秀伟茏葱渺需应圭峯家为地灵者以制过早临洞而宁宇前增献车四拱门一间计费二百余金工竣索记于余阊上医国其次敕为文闲天地之大德曰惟神有唐时号真一首又谓其发勋大心小智圆行方而言一生应世咸宜藏估独垫所余谓医者意也起诸疑疵扶幼起沉疴亦辄通阴阳说言某一生应世咸宜藏估独垫所妙生而人马洩则神之不探时心业怪其不足以当其神化而圭臬沙觉古而恐不之誓圃者以悟古来之管窥庚子科举人现任广西道蒙营

乾隆五十年岁次乙巳九月初九日立石

韩旋会募缘督工人

张杨钟李周杨张原徐杨神建扬思永钰思克缕思守王安苑惟明俊泰博梁放大邵先仪银银银银银银银银银本好生以救人因

【碑文】

重建药王神庙记

县治北卧麟冈古庙森列，其西北崒崔秀伟，尨岌渺霭，药王神洞在焉。洞小而神灵，凡邑中人病多祷，祷辄应，圭臬家以为地灵者人杰，神亦犹是。云乾隆壬寅岁，斡旋会人等以制过卑隘，易洞而宇，宇前增献亭四楹，门一间，计费二百余金。工竣索记于余，余闻上医医国，其次救人；又闻天地之大德曰生，惟神降生。有唐时号真人，至今医书所传虽异类，若龙若虎亦皆乞命而起疴。嘻！医至此亦神矣哉。说者谓通阴阳，得龙宫禁方三十首，又谓其胆大心小，智圆行方之两言，一生应世，咸宜处在此，一生医世，超妙处亦在此，其说固是。余谓：医者，意也，意之发动则心也。惟神好生之心衷於天地者，蟠结独挚，故其活人之术诚精，故明神应，故妙生而人焉没。则神之不择时而发其奇，不择地而显其灵。代天宣化，寿世无疆，所称此地之崒崔秀伟，尨岌渺霭者，恐亦不足以当其神化，而圭臬家之说则余之所难信也。谨志以示，后用述，神之本好生以救人，因以悟古今来之医国者。

庚子科举人拣选知县邑人任象龙薰沐撰文

己卯科举人现任广西馗蠢营都司邑人杨应昂薰沐书丹

斡旋会募缘督工人

王守仪施银二两　监生杨思先施银六两　徐继邵施银一两　监生原道施银二两五钱　张克岐施银三两　生员杨思敬施银六两　周梁施银二两　吏员李钟博施银三两五钱　钟永泰施银二两五钱　监生杨思伇施银七两　杨惟明施银一两五钱　监生张建芳施银二两

乾隆五十年岁次乙巳九月初九日立石

一二二 二仙庙重修记

清乾隆五十三年（1788）刊。

碑额书"万世流芳"。

现存于晋城市泽州县柳树口镇范山堂附近二仙馆。

【碑文】

二仙庙重修记

泽郡东南隅离城五十里，地名圪套村，西有二仙神庙一坯，虽有重修碑记，未知创自何时。余因避嚣，薄居丹水之窟。暇时游观奇峰幽壑，到此谒神憩足。见神殿巍峨，松柏森耸，庙貌雄观。东北院宇缺其西南，因叹神栖尚有缺陷。余居土窟，何伤嗟叹？怅返，偶逢掌神赵翁，闲谈道及此事，谓何不融葺胜举？赵翁亦叹曰：虽有其心，未得其时。余意赵翁见时在岁歉耳。今於戊申春，余因修磨，置买物料，偶又路过於此，见众社翁搬运木石，勇跃兴工，余见而喜。不数月，工成告竣，赵翁拉余手指而看，创修西房六楹，外又包石台数丈，比前大有改观焉，因而嘱余撰文。余不觉大笑，自愧俗陋，何敢言文。赵翁执意教余书，余亦不敢固推，则是有污神碑，启后人笑谈耳。不得不粗说道实，记其掌神赵翁於众社公亦端胜事，勒石永垂於不朽云尔。

丹窟痴憨人冯云从书并篆

柳树口玉成号施树一根　义顺号施钱二百七十　高进朝施钱一百八十　宋玉堂施钱一百八十　李明银施钱一百六十　常玉奏施钱一百　郑尤昌施钱一百　王进艮钱四百　张润钱二百

掌神赵宗瑞钱一千八百　赵真明钱八百　赵文德钱六百

东社主神

赵真汉钱一千四百　赵世堂钱一千二百　赵文朝钱一千二百　赵宗德　赵文安钱一千　赵君立钱一千　赵大伦钱一千　赵文瑕钱一千　赵文柱钱一千　赵大惠钱一千　赵文信钱一千　赵生贵钱一千　赵大存钱一千　赵文宣钱八百　赵宗房钱八百　赵君好钱八百　赵君富钱八百　赵真举钱八百　赵真元钱八百　赵世全钱八百　赵真顺钱八百　赵真明钱八百　赵大法钱八百　赵真正钱八百　赵生立钱六百　赵

文财钱六百　赵大印钱六百　赵宗相钱六百　赵文德钱六百　赵世太钱六百　赵大伏钱六百　赵兴瑞钱六百　赵大业钱六百　王进好钱六百　赵世聚钱六百　赵小信钱六百　赵大士钱六百　赵大全钱六百　赵宗库钱四百　赵文川钱四百　赵世强钱四百　赵文仪钱四百　毋成立钱四百　赵文印钱四百　赵殿元钱四百　赵君廷钱四百　赵文广钱四百　赵其明钱四百　赵宗恺钱三百二十　赵宗喜钱三百二十　赵世法钱三百二十　毋成信钱三百二十　赵大仪钱三百二十　毋成堂钱三百二十　赵起印钱三百二十　赵君铜钱三百二十　赵世道钱三百二十　赵世会钱三百二十　赵君仪钱三百二十　赵大斌钱三百二十　赵世贞钱三百二十　赵世运钱三百二十　赵文顺钱三百二十　赵起锡钱三百二十　赵起正钱三百二十　赵生尧钱三百二十　赵文月钱二百四十　赵文富钱二百四十　赵君选钱二百四十　赵文通钱二百　赵文法钱二百　赵文捷钱二百　赵文□钱二百　赵文锡钱二百　赵世贵钱二百　赵文进钱二百　赵文来钱二百　赵君文钱二百　赵君礼钱二百　赵君宝钱二百　赵世章钱二百　赵世印钱二百　赵兴广钱二百　赵君信钱二百　赵文河钱二百　赵兴通钱二百　赵世祥钱二百　赵生展钱二百　赵生顺钱二百　赵文立钱二百　赵其斌钱二百　王大顺钱二百

中社主神

许天顺钱一千五百　许秀行钱一千二百　许可义钱八百　许禄印钱一千六百　许有仁钱一千　许进州钱七百　许金仁钱六百　许有德钱六百　毋大成钱六百　毋通成钱六百　毋成章钱六百　许录信钱六百四十　许天得钱四百　许金仪钱四百　许录亮钱四百　许有宝钱四百　许有金钱四百　许法成钱四百　许天行钱三百二十　许世荣钱三百二十　许存富钱三百二十　许世仁钱三百二十　毋成先钱三百二十　许有文钱三百二十　许有山钱三百二十　许万余钱三百二十　许天龙钱二百八十　许有余钱二百八十　许存贵钱二百四十　许天旺钱二百四十　许天成钱二百四十　许天苍钱二百四十　许天海钱二百四十　许世贵钱二百四十　许世英钱二百四十　许有伏钱二百四十　许万甫钱二百四十　许可德钱二百　许金惠钱二百　许金

堂钱二百　许金玉钱二百　许金相钱二百　许同贵钱二百　许金良钱二百　许金顺钱二百　许存荣钱二百　许天奉钱二百　许天宝钱二百　许天立钱二百　许秀成钱二百　许天富钱二百　许天聚钱二百　许天兰钱二百　许天堂钱二百　许有喜钱二百　许有惠钱二百　许有印钱二百　许见成钱二百　许有英钱二百　许有思钱二百　许有苍钱二百　许万录钱二百　毋正孝钱二百

北社主神

毋文相钱一千　毋文凤钱一千二百　毋文相钱一千　毋文汉钱一千　毋君□钱一千　毋玉宪钱二千　毋文悦钱八百　毋成公钱一千　毋成水钱一千　毋文枝钱八百　毋成财钱八百　毋正宽钱八百　毋成伏钱八百　毋有廷钱六百　毋文甫钱六百　毋成广钱六百　毋成印钱六百　毋文亮钱五百二十　毋文美钱四百　毋文正钱四百　毋文印钱四百　毋成好钱四百　毋成有钱四百　毋成翰钱四百　毋成龙钱四百　毋成正钱四百　毋成宪钱四百　毋成仪钱四百　毋成□钱四百　毋正旺钱四百　毋成玉钱四百　毋小顺钱四百　毋有勋钱三百二十　毋文宪钱三百二十　毋文堂钱三百二十　毋成礼钱三百二十　毋正兴钱三百二十　毋正全钱三百二十　毋文贵钱二百八十　毋文保钱二百八十　毋成安钱二百八十　毋成照钱二百八十　毋成兴钱二百八十　毋正海钱二百八十　毋文库钱二百四十　毋有功钱二百四十　毋文通钱二百四十　毋成宽钱二百四十　毋仪贵钱二百四十　毋成良钱二百四十　毋成富钱二百四十　毋成住钱二百四十　毋成明钱二百四十　毋成世钱二百四十　毋文星钱二百　毋成锡钱二百　毋成稳钱二百　毋成展钱二百　毋成仓钱二百　毋成虎钱二百　毋正友钱二百　毋正功钱二百　毋成法钱二百　毋小根钱二百　毋正轩钱二百　毋成根钱二百

南社主神

张文会钱一千六百　毋聚瑞钱一千四百　许文玉钱一千二百　毋成余钱一千一百　毋法枝钱两千两百六十　毋印兴钱一千　毋生悦钱一千四百　许文法钱四百　张进祥钱四百　毋生荣钱四百　毋印真钱三百二十　毋法存钱四百六十　毋印轩钱

四百　郝印□钱六百　芦正乾钱一千　郝金创钱八百　郝金印钱八百　郝金帝钱八百　毋成鑑钱六百　许见成钱六百　张进忠钱六百　毋法轩钱六百　芦金选钱六百　毋印仁钱五百六十　许文都钱五百六十　毋印保钱五百二十　毋印通钱五百二十　毋生富钱四百八十　毋金义钱四百四十　张进福钱四百　许文宪钱四百　芦金□钱四百　张有稳钱四百　毋印公钱四百　郝金祚钱四百　郝大宽钱四百　郝大必钱四百　毋成文钱四百　毋成进钱四百　毋金文钱四百　毋金仁钱四百　张有印钱四百　毋生金钱四百　毋生艮钱四百　毋聚友钱三百二十　芦金贵钱三百二十　毋成斌钱三百二十　毋成顺钱三百二十　张有伦钱三百二十　芦正法钱三百二十　许文旺钱三百二十　毋印友钱二百八十　毋印海钱二百八十　毋印现钱二百七十　毋金亮钱二百四十　毋印珮钱二百四十　毋成宪钱二百八十　毋成才钱二百四十　毋进祺钱二百四十　许文襄钱二百　芦正锋钱二百　郝大德钱二百　芦正稳钱二百　芦自余钱二百　毋印官钱二百　郝金裘钱二百　张有海钱二百　毋金武钱二百　许文良钱二百　许有海钱二百　毋成印钱二百　毋成兴钱二百　毋成海钱二百　毋成枝钱二百　张有贵钱二百　毋元根钱二百　芦正安钱二百　芦门毋氏钱一百　毋成竟钱二百　许有富钱二百

大清乾隆五十三年四月谷旦

住持僧心清　徒见住　见性钱二百文

玉工刘绪汉刊

一二三　重修乐楼西廊玉帝庙南街施财碑记

清乾隆五十四年（1789）刊。

碑高163厘米，宽65厘米。

碑额书"皇清"。

现存于运城市闻喜县东镇仓底村三义庙。

【碑文】

重修乐楼西廊玉帝庙南街施财碑记

三义庙旧有乐楼，数年来风雨飘摇，几就倾颓。向欲与本庙相继而动，乃力苦不支，辄为罢工。己酉年丰合庄父老咸思修理，费银多寡，两街公议平捐，众皆欣然，无不乐施。於是因地输资，共襄盛事，计有余金，并修西廊五间及堡上玉帝庙，不数月而功告竣焉。今而后，式歌式舞，以妥以侑，有光於祀典者多多矣。爰勒贞珉，以志年月云。

儒士杨步瀛谨撰

儒士张仰元敬书

口外一百□□□万盛号施银三两　运城三合号施银二两　稷山郭财富施银三钱　本庄恒聚号施银五钱　张冲银四两五分　南望适银三两零二分　孙翔银二两八钱　杨廷任银二两二钱七分　杨步云银一两八钱六分　杨步瀛银一两五钱　张仰元银一两五钱　杨耀先银一两五钱　卫宗康银一两四钱　南成德银一两三钱一分　杨麟璠银一两三钱　南友德银一两二钱八分　杨渠银一两二钱八分　国学生南师适银一两二钱八分　杨文花银一两二钱六分　贾松山银一两二钱　孙子杰银一两一钱九分　南效适银一两一钱九分　杨文超银一两一钱八分　南仰适银一两一钱二分　杨大统银一两一钱　张温银一两零九分　卫斌儒银一两零六分　杨麟瑛银一两零四分　杨步廉银一两　张佩玉银一两　张佐仁银九钱七分　杨文英银九钱七分　刘新魁银九钱五分　南宗适银九钱五分　卫俊儒银九钱二分　杨步箕银九钱二分　杨宗圣银八钱五分　孙冲汉银八钱五分　张必明银八钱五分　张达义银八钱四分　南永和八钱四分　张守义银八钱三分　杨文忠银八钱　张学广银八钱　杨永善银七钱七分　杨大本银七钱三分　孙自立银七钱三分　张盛银七钱一分　孙子章银七钱　张殿财银六钱八分　张殿忠银六钱八分　孙凌汉银六钱八分　刘仰魁银六钱四分　南进德

银六钱一分　杨文康银六钱　贾林山银五钱九分　张佐林银五钱八分　杨步轸银五钱八分　杨步晖银五钱七分　刘学书银五钱六分　孙立德银五钱六分　张治银五钱四分　杨景奇银五钱　杨宗贤银五钱　刘兴魁银四钱九分　张成元银四钱九分　刘学诗银四钱七分　杨大勋银四钱五分　南□治银四钱五分　杨文信银四钱四分　杨金庄银四钱四分　张捷元银四钱二分　张希元银四钱二分　杨文通银四钱二分　杨宽银四钱二分　孙进生银四钱一分　杨景峨银四钱　杨汉凤银四钱　杨汉英银三钱七分　张佐燕银三钱五分　王绍荣银三钱三分　刘宗富银三钱三分　杨永彪银三钱二分　杨永怀银三钱　杨景琏银三钱　杨文元银三钱　张顶元银三钱　杨大兴银二钱八分　张佐富银二钱七分　杨永法银二钱七分　刘星魁银二钱七分　刘学春银二钱　刘占魁银二钱　杨景普银二钱三分　杨洪银二钱　孙集文银二钱　张择元银二钱　卫则康银二钱　杨宗贵银二钱　杨敏修银一钱九分　孙集圣银一钱五分　孙恒兴银一钱五分　刘宗正银一钱三分　马春佐银一钱　王永富银一钱　刘登魁银一钱　张伦银八分　孙正礼银八分　杨宗汤银八分　孙致兴银八分

　　首事孙翔　刘新魁　卫斌儒　南成德　杨大统　张冲　杨廷任　张温　杨文元　孙子章　孙冲汉　张仰元

　　乾隆五十四年岁次己酉十二月初六日立

一二四　补修佛殿碑记

清乾隆五十五年（1790）刊。

碑高 121.2 厘米，宽 51.7 厘米。

现存于晋城市阳城县凤城镇汉上村佛堂。

【碑文】

补修佛殿碑记

窃维守成之兴，开创其功，实相等也。盖开创者殚思竭虑以成其事，糜不甚善。然而历久必衰，亦属物理之常。惟赖有守成者，审时度势，待其将敝也而整饬之，财力省而功多矣。譬如斯殿肇造久矣，按其珉石已重修於天顺五年，由明逮清，代不废修。迄今风雨飘零，墙倾脊摧，其何以妥神灵而便祈祷乎？谟等忝居社长，睹其景象，不胜感伤。因各输微资，重为增补。幸本村善信男女又捐布施钱一宗，赞勷厥事，今功已落成，恍觉焕然改观矣。虽不敢自诩其绩，然神有所依，人获以宁，亦可为有志兴工者之一劝。故志之。

庠生吴璲薰沐撰并书

施财姓氏列名

卫孝全施钱一千文　监生李璨施钱七百文　李洪垣施钱六百五十文　姬准施钱四百文　李珆施钱三百文　姬炳施钱三百五十文　王唐荣施钱二百文　姬通施钱二百五十文　成满施钱一百二十文　成言祥施钱二百文　李珠施钱二百文　李福施钱三百文　王保施钱一百文　□惠橡施钱一千文　姬宽施钱一百文　李洪㧐施钱一百文　王旨施银一钱　卫兴周施梁一根　姬文恺施铜元十三个　王钧施钱一百文　王朋施钱一百文　张庄王俭施钱二百文　姬佼施钱一百文

本堂住持惠珩施钱一千文

卫门王氏施钱一千文　姬门张氏施钱一百文　李门贾氏施钱一百文　李门梁氏施钱五十文　姬门郭氏施钱九十文　王门张氏施钱五十文　王门姬氏施钱五十文

姬荣小工一个　姬准小工一个　姬在小工一个　郭村小工一个　姬燧小工一个

买木头共使钱三千七百文

买砖瓦五千共使钱四千文

买脊鬼使钱九十文

买材料共使钱一千一百九十一文

买铜瓦方砖一百五十个共使钱二百七十文

买□□滴水猫头一百个共使钱二百四十文

买石灰二十五驼共使钱八百五十文

买钉圪钯二十六斤共使钱六百三十五文

买大小红盖钉共使钱一百五十文

木匠石匠工价二宗共使钱三千五百二十文

谢神共使钱一千五百文

油画匠材料工价共使钱七千五百文

零使钱一千二百一十二文

立碑使钱一千七百文

以上共使钱二十七千三百五十八文除收布施钱八千五百一十文净短钱一十九千零四文三家均认

凡一应犒劳工匠饭食根基石做小工等项俱属三家均认

木匠王钧

画匠王俭

玉工李在周

补修佛殿社长姬磁　姬谟　李荣仝立

乾隆五十五年岁次庚戌六月中浣之吉

一二五　南楼二次联会牌记

清乾隆五十六年（1791）刊。

碑高118.5厘米，宽56.5厘米，厚17.5厘米。

碑额书"流芳百世"。

现存于临汾市洪洞县堤村乡干河村净石宫。

【碑阳】

南楼二次联会牌记

尝读《关帝真经》，所载善行不一，而创修庙宇其要务焉。盖谓庙宇之创修，倍急於诸善之奉行也。然非经营有人，修造有资，亦徒谈无济耳。余村东南隅，旧有菩萨神庙，气象森严、规模宏敞，神灵能妥矣。奈年远代沿，风雨飘摇，而墙垣基址塌毁渐多。夫以神圣凭依之所而听其损坏，岂都人士所敢安哉？爰有纠首诸公有志重修，联百福盛会每会拔钱千六五十文，以为修造之资。一时不约而至者百有余人，於是积数年之赢余，为合村之盛举，构木为楼，砌砖为窑，而庙貌始以重新矣。然犹以补葺微劳，未尽全功。近复联会，以继前休，俾庙之森严宏敞者赫然改观焉。后之君子缘其基而扩之，因其□而道之。种种善状，莫逾於斯，此□余之厚望也夫。

主事人国学生李梓　男庠生恒彪撰并书

纠首李耀龙　总管王如光　李宗汤　郭士利　孙茂华　监生李桂　李友谅　郝如珞　李荣枝　耆士李逢瑞　吕永章　李友益　郭学彦　郭学信　李培基

住持比丘僧人见玥　门徒水潮

玉工贾庠　南清山

乾隆五十六年岁次辛亥姑洗上浣立

【碑阴】

计开

——本镇东挨河渠，境内有地五百余亩，正德年间塌地一百□，苦累赔粮。幸万历九年奉例明丈，地粮相当，奈十三年河渠益侵，塌地三百余亩，仍包无地虚粮二十五石二斗一升四合四□。於二十七年本镇人民编为二十夫头，各管夫九名，二百人役修成前塌地三百亩，计工分地，以□前塌地额粮创开百亩，待□年依示照例，起科余百亩，挨河东山觉圆寺呼斋僧广玄二头在漫成地内，与二十夫头照数分析。

——新修河滩地，总四至。东北一节至河□东山东。中南二节东至河□南至河西。北中二节，俱至挨善利渠车道一丈三尺。西南一节至挨郝文金、续应科、郭金等通南河车，道一丈三尺，通行上下二滩，各地出入。

——东西徝水官渠南坡车道一丈三尺，渠底七尺，□□五尺，自本镇通行东河，各地出入。

——顶李尚中分水，渠口以上在善利古渠源头，展宽渠底六尺，用余水浇本镇新漫地亩。不□□镇□□，本镇系经明丈地册外，其余侵占过河渠地，上径行开渠，以下新渠，底阔五尺，东西渠埂各五尺，东西俱至□地，南至河，北至分水口为界。四通上下子渠，渠并二埂，俱阔六尺，上堰暂分□□□□。

——大小车辆般运粪土，田禾耕地、种籽谷地照上滩出入通行。

——水利官、子渠道、车路渠，埂地上已载明白。日后倘有阻隔侵占者，众夫摊修，如有各夫欠工者，除地。

——河神四圣，四镇各以寺期奉祀。

——呼齐寺僧虽与各夫析地，一分内摘地三亩，许寺僧永守河神庙□养膳之，备余地并兴工一分与概寺系众，日后不许盗卖盗买。

——看守河庙宇僧贤□许种，挨堰水地一段永不兴工，不得盗卖，如悮者以违规论。

一二六　新建献殿碑记

清乾隆五十六年（1791）刊。

碑高 194 厘米，宽 76 厘米，厚 14 厘米。

碑额书"神人共乐"。

现存于晋中市介休市龙凤乡张壁村古堡关帝庙。

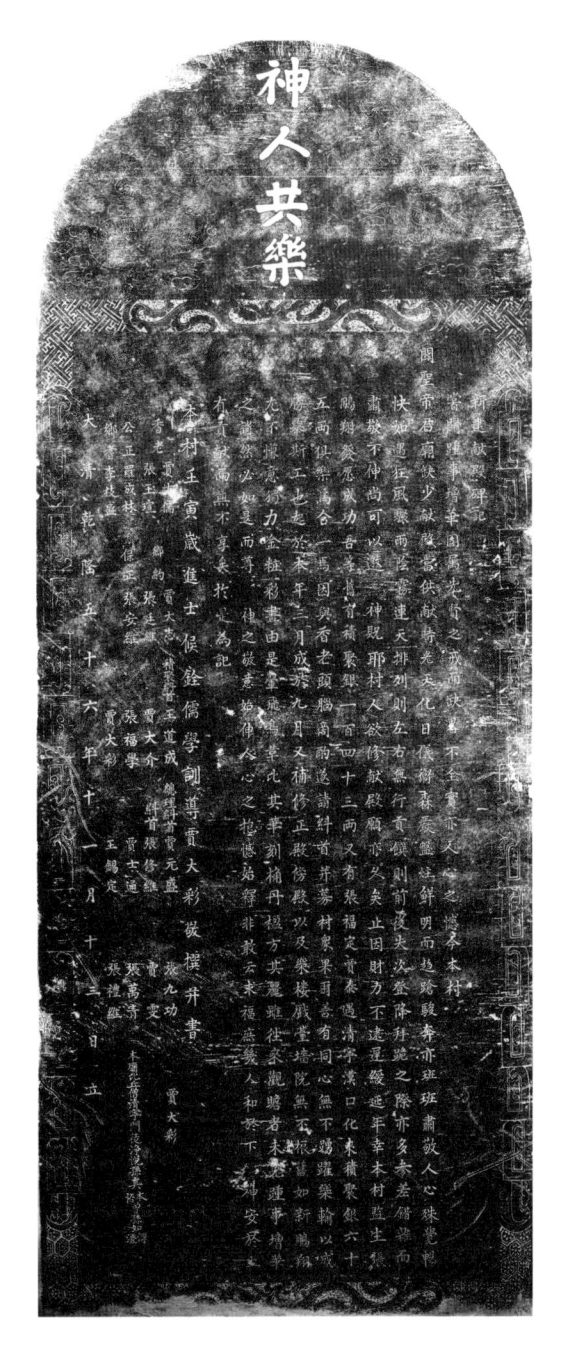

【碑文】

新建献殿碑记

　　尝闻踵事增华，固属先贤之戒，而缺略不全，实亦人心之憾。今本村关圣帝君庙缺少献殿。当供献时，光天化日，仪卫森严，盘炷鲜明，而趋跄骏奔亦班班肃敬，人心殊觉畅快。如遇狂风骤雨，阴雾连天，排列则左右无行，贡馔则前后失次，登降拜跪之际，亦多参差错杂而肃敬不伸，尚可以邀神贶耶？村人欲修献殿，愿亦久矣，止因财力不逮，迟缓延年。幸本村监生张鹏翔发愿成功，吾等旧有积聚银一百四十三两，又有张富定、贾泰遇、清宁汉口化来积聚银六十五两，俱乐为合一焉。因与香老头脑商酌，遂请纠首并募村众，果尔善有同心，无不踊跃乐输，以成胜举。斯工也，起於本年三月，成於九月，又补修正殿傍殿，以及乐楼戏台墙院，无不振旧如新，鹏翔尤不慊意，独力金妆彩画。由是，翚飞鸟革比其华，刻桷丹楹方其丽。虽往来观瞻者，未免踵事增华之消。然必如是，而尊神之敬意始伸，人心之抱憾始释。非敢云求福，庶几人和於下，神安於上，有贡献而无不享矣。於是为记！

　　本村壬寅岁进士候铨儒学训导贾大彩敬撰并书

　　香老贾士儒　张玉瑄

　　公正罗成林

　　乡耆李枝盛

　　乡约贾大志　张廷维

　　保正张安维

　　积聚纠首王道成　贾大介　张福学　贾大彩

　　总理纠首贾元盛　张九功　贾大彩

　　纠首张修维　贾士通　王锡定　贾雯　张万青　张礼维

　　本庙比丘僧清宁　门徒净悦　孙真本　真悟　曾孙如源　如澄

　　大清乾隆五十六年十一月十三日立

一二七　重修真泽宫碑记

清乾隆五十七年（1792）刊。

碑高192厘米，宽86厘米，厚20厘米。

现存于长治市壶关县树掌镇神郊村真泽宫。

【碑文】

重修真泽宫碑记

真泽宫者，以祠有唐二仙真人。按真人以纯孝格天，精灵常在，功德及人。或传其炼形冲举，理或有之，然儒者所不道也。奥稽诸古，凡有功德於民者，没后为神。若至孝之真，通乎神明，尤理之至常，而不可一日亡者也。且夫孝则必仁，孝则必诚。推其仁而通天下以诚，乃体乎物而不遗。以故岁旱而祷雨者，往焉而无弗应也。愚夫愚妇弗无子者，亦往而无弗应也。或以弗无子者，为近於诬。然准诸周雅所称锡类不匮，亦理所不违。且人无已而祷，煮蒿凄怆，若或见之，虽妄者可以使之诚，忍者可以使之仁，忤者可以使之孝。夫至妄者诚，忍者仁，忤者孝。固宜乎其无弗应也。其或有不然，而神之功德已被於无涯矣。今祠宇久不治，附近村落地僻人稀，不能独任。用是募诸四方善人君子，各出资财勷兹盛事。阅六载，庙貌一新，复其旧观。则神之功德，未尝忘於心；即至孝之理，未尝亡於天下也。岂曰栖居仙所好而漫以相奉哉？谨序。

赐进士出身以知县原管河东盐运司教授平陆县教谕事山西己卯科解元冯文止撰

庚戌岁，余燕居无事，与二三弟子诵法先王，研究经史已耳。时有客荣先杨子者，谓重修二仙真人庙，请序於余。余以荒谬之识，曷敢妄赞高深。辞不获已，乃缀数言以记之。窃以庙者，所以妥神灵而崇孝敬也。《诗》曰：作庙奕奕。又曰：实实枚枚。其位置虽有不同，所以妥神灵崇孝敬一也。或疑神所凭依，将在德矣。庙之作也，奕事巍巍为然。人有功德，殊人者，天之所笃。爵禄名位必隆焉，宫室车马必异焉。况真人之功德，倍於寻常万万耶。闻之唐陈兵西陲，几至奔北。幸真人庇荫默佑，□（始）能大克西戎，奏凯而归。夫以小乱大，以逆犯顺，祸莫甚焉。假使不有真人不将华而夷人而禽乎。是真人功著寰区，泽被生民。由唐以来，已藉藉人口，而况孝行之纯，又深入人心，而不敢忘也。亦何疑於宫室之巍巍乎哉。第历年久远，风雨漂（飘）摇，栋宇楹桷不无残缺。真人则犹是也，而庙貌改观矣。《传》曰：世室屋坏，书，不共也。守其土者，敢安之以取罪乎？以故求之四方，四方乐输资财，诿任首事，首事不避拮据，数载告峻（竣）。第见庙貌辉煌，廊庑皆新，则过墓思哀者，能不入庙思敬乎？是以志。

山东兖州府阳谷县岁进士职授清平县训导孟延祀撰

本邑弟子冯葆中书

壶关县正堂李助银三十两　壶关县督捕厅何助银十五两　壶关县部厅田助银十两　□水社捐银五两七钱　□盛号重捐钱一千五百　□□□重捐钱二千五百　□□□重捐钱七千　大□□捐银六两　（阙文）社重捐银三两　上河社重捐银三两　□□□□南郊庄重捐钱三千　（阙文）　神郊□□□□重捐钱二千　冯葆真捐银二钱　董□成　张元恒□捐钱□千　（阙文）

神郊社　河□社重捐钱七千　东社重捐钱九千　中社重捐钱六千　西社重捐钱四千　南社重捐钱六千　后沟社重捐钱九千七百　东刚三盛号等捐钱二千三百　河顺集东盛号施钱□千二百　黄崖底捐银十两　树掌四社重捐钱四千

社首赵□　李建起　李建梗　张宪臣　丁长增　赵良义　冯光宗　盖万魁　冯金云　丁文□　（阙文）

道人赵景国　张淳硕　赵景柏

石匠（阙文）

木匠（阙文）

大清乾隆五十七年闰四月吉日立

一二八　重修昭懿圣母祠碑记

清乾隆五十九年（1794）刊。

碑高180厘米，宽82厘米，厚23厘米。

碑额书"显名录"。

现存于晋中市和顺县义兴镇邢村昭懿圣母庙。

【碑文】

重修昭懿圣母祠碑记

吾里居艮山之原，其东北隅有庙而圮，盖昭懿圣母祠也，俗第称曰崒山庙。癸丑岁，好义者量力输财，谋为修葺废坏之举，更募化四方钱若干缗。於是卜吉兴工，而余与郭君子玉实董其事。工既竣，或问曰：此山不名崒，而庙以崒山名者，何也？且昭懿何神，里人祀之者何义？愿闻其略。余应之曰：余亦未知其然，然尝考之《辽志》而得之矣。辽州多胜境，而崒山居一焉。其上有圣母祠，按古碑记，以为孟夫子七世孙女，生而至孝，没而为神，宋加号为昭懿圣母。元时，神降语於广众中，道所自出。时知南辽平城县事王举疑其诞，亲谒祠下，尤征灵异焉。前明洪武七年，赐号为崒山之神，敕辽州岁祭。其旁有昭懿泉，当王某拜瞻时，适值旱，因而祷雨神前，果赐甘霖，其应如响。昔人谓圣母职司雨簿，盖准诸此云。吾闻国有祀典，法施於民则祀之，能御大灾则祀之。以圣母之至孝，其仉氏之遗德欤，真不愧亚圣之裔矣。且於人有御旱之功，是德足以法民，泽足以润民，其为国家之所祀，固无疑者。即吾里之有斯庙也，更以见神之灵如水之在地中，无乎不至，而使天下之人皆有以畏敬之，奉承之也。然则辽之有是山，斯有是神，斯有是庙。而和邑之山村亦庙祀之，以为祷雨祈年之所，谓为崒山神庙则可，谓为崒山庙则不可。振古建庙之义虽无可稽，然以余所闻征之，何疑焉？而又何修葺之能已也。夫是举也，布施者若干人，力资於众也；告成者几何日，神相乎人也。补葺正殿三楹，新妆眼光圣母、插花圣母於正殿左右。东西殿共六楹，乐楼一座，仍其旧不敢踵而增也。又创建东西僧舍各三间，钟鼓楼各一座，花围墙二堵，昭其新不必安於陋也。物则木石砖瓦之备需，工则陶梓圬画之尽利，亦曰有其举之，莫敢废也。是为记。

大清乾隆五十九年岁次甲寅孟秋月中浣之吉

庠廪生王如璠撰并书

文林郎知和顺县事加三级纪录五次汪大锜

修职郎和顺县儒学训导加一级彭襄圣

和顺营城守司厅加三级纪录二次李伟

和顺县督捕厅加二级王文□

纠首王米山　子明给工匠食□钱二十二千　总理庠武生郭子玉施钱一十三千五百　经账庠廪生王如璠施钱三千　王育德施钱一十五千五百

拨工宋存福施钱九千六百一十　管工账王祥成施钱一千二百　李槐施钱四千　宋存富施钱六千四百

攒布施郝才施钱四千　管账王纯成施钱三千五百　王承三施钱二千四百　王元智施钱三千一百二十

买物料巩邦仁施钱一千七百二十　管账白应龙施钱六千六百　王广忠施钱三千　郝忠施钱四千零七十

借物件药和施钱二千四百　王进福施钱二千　王喜成施钱二千二百　巩邦前施钱四千

僧心诚　徒住持源亮　孙广顺　曾孙绪先施钱一千

通方　侄心月　心忠　心平　心正　心诚　心光　心乐　源文　源旺　源泰　源亨　源恺　源寿　广生　广兆　广珠　广龙　广瑞　绪宝　绪禅　绪世施钱七百

木工王荣布施六百

画工李金玉　葛明远钱三百

铁笔直隶内丘县郑之富　郭得名布施五百

泥水工杨万春布施八百

一二九　重修碑记

清乾隆五十九年（1794）刊。

碑高199厘米，宽69.9厘米。

碑额书"重修碑记"。

现存于太原市阳曲县北小店乡扫峪村华严寺。

【碑文】

重修碑记

　　盖闻高明配天，博厚配地。天真地秀，而万物生焉；乾坤周覆，而日往月来。恭望圣德以垂慈，恳乞八方之清净，有我神灵庇祐，庙貌辉煌赫赫，巍峨大德盛矣。原夫慈悲大士利益人天，有求皆应者，无愿不从，寻声救苦而摩顶利人。随所住处之胜境，先人所成之大街，年远日久，毁之不甚。乡耆公议，移其大庙佛殿於东，钟楼移治於西，是以整而大地鲜明。爰有乐亭，由来久矣，鼠雀盗窜，风雨漂零，墙垣地基而一尘不立。村人思意欲其重整，唯铁唯木，如甍如甃，非是一力之工，协力四方募化，众心共之。所作银两，鸠工僝砌以确实，凋凌刻划以明真，古往今来，如是端俨。神灵之妙体，壮丽观瞻，湛然一新，以传后代，永垂不朽。立为志也。

　　住持祖义　门徒印武　印元　法弟祖忠　祖智　祖恴　法侄印文　印章　印降　印隆

　　祖义谨撰

　　王锡煆敬书

　　钱粮经理纠首

　　王展云　田正　王成云　武定国　王魁云　田元　王卓云　何文宝　王凌云　田满库　郭维库　王治　田满银

　　本村施财众姓人等

　　王凌云钱三千文　王治钱三千文　郭维库钱二千文　王魁云钱二千文　田元钱二千文　王生云钱二千文　何俊钱二千文　王丕元钱二千文　王锡估钱二千文　王伏元钱一千文　王丕成钱一千文　何敖钱一千文　王丕猷钱一千文　田正钱一千文　郭维仓钱一千文　郭全相钱一千文　田国玉钱一千文　田国金钱一千文　田尔

俊钱一千文 何益钱一千文 田满银钱一千文 田满旭钱一千文 田满库钱一千文 田满福钱一千文 王进朝钱一千文 侯天法钱一千文 王卓云钱一千文 王哲钱一千文 王玉云钱一千文 田满荣钱一千文 田满富钱一千文 王韶钱一千文 田进钱一千文 王展云钱一千文 田尔□钱一千文 田□林钱一千文 王贵兴钱一千文 武绪钱一千文 武满宝钱一千文 赵见威银一两五钱 张志宽银一两 张金海银一两 张志财银一两 秦亮银一两 田法玉钱五百文 田生银钱五百文 王衢钱五百文 王成云钱五百文 张生仁钱五百文 武缵钱五百文 王恭云钱五百文 王金文钱五百文 王金武钱五百文 孟□君钱五百文 侯羲钱五百文 侯永仓钱五百文 王林银五钱 何有银五钱 秦满仓银五钱 王碧云银五钱 秦满库银五钱 王泽云银五钱 王润云银五钱 张成山银五钱 王宗重银五钱 武论银五钱 张礼昌银五钱 武安国银五钱 田满海银五钱 刘法钱三百文 王庆云钱三百文 田旺钱三百文 杨□钱三百文 田尔全钱三百文 何门高氏钱三百文 王盛云钱三百文 田□钱三百文 赵告钱三百文 姜□聘钱三百文 田世钱三百文 田□钱三百文 王行云钱三百文 王浩钱三百文 秦法库钱三百文 王法重钱三百文 王天重钱三百文 王金财钱三百文 武满财钱三百文 王恺云钱三百文 田满敖银三钱 陈近富银三钱 □光财银三钱 耿玉礼银三钱 王赤云银三钱 李府银三钱 王斌贵银三钱 李府州银三钱 王俊银三钱 王世弘银三钱 王伏云银三钱 王礼银三钱 田满江钱二百文 田绪钱二百文 何文宝钱二百文 田模钱二百文 王贵显钱二百文 田满仓钱二百文 田轩钱二百文 田妙钱二百文 李富基钱二百文 曹三的钱二百文 秦益钱二百文 王府钱二百文 王文云钱二百文 田类钱二百文 郝命元钱二百文 王满银钱二百文 王贵士钱二百文 王金全钱二百文 王满仓钱二百文 侯永明钱二百文 王世禄钱二百文 田国艮钱二百文 何文成银二钱 王江银二钱 李何银二钱

所费资财开列於后

木匠工价钱三十千文

泥水匠工价钱三十四千九百五十文

砖瓦钱三十六千零二千六文

画匠工价钱二十七千八百文

买木植丁线钱三十三千二百二十一文

石灰炭钱十二千二百零六文

三次犒工花钱一万零四百二十七文

开光共花钱一万九千二百八十一文

石匠工价钱一万五千三百文

共杂使费钱三万三千八百八十文

每垧地起钱三十文　共起钱四万四千九百一十文

共总布施钱二百二十一千五百二十文

共总使费钱二百四十八千一百五十一文

下长钱一万七千文

阴阳生王世忠

大清乾隆五十九年阳月廿五日谷旦立

一三〇 重修庙碑记

清乾隆六十年（1795）刊。

碑高147厘米，宽63厘米，厚18厘米。

碑额（阳）书"川流敦化"。

碑额（阴）书"重修碑记"。

现存于临汾市翼城县武池乡武池村乔泽庙。

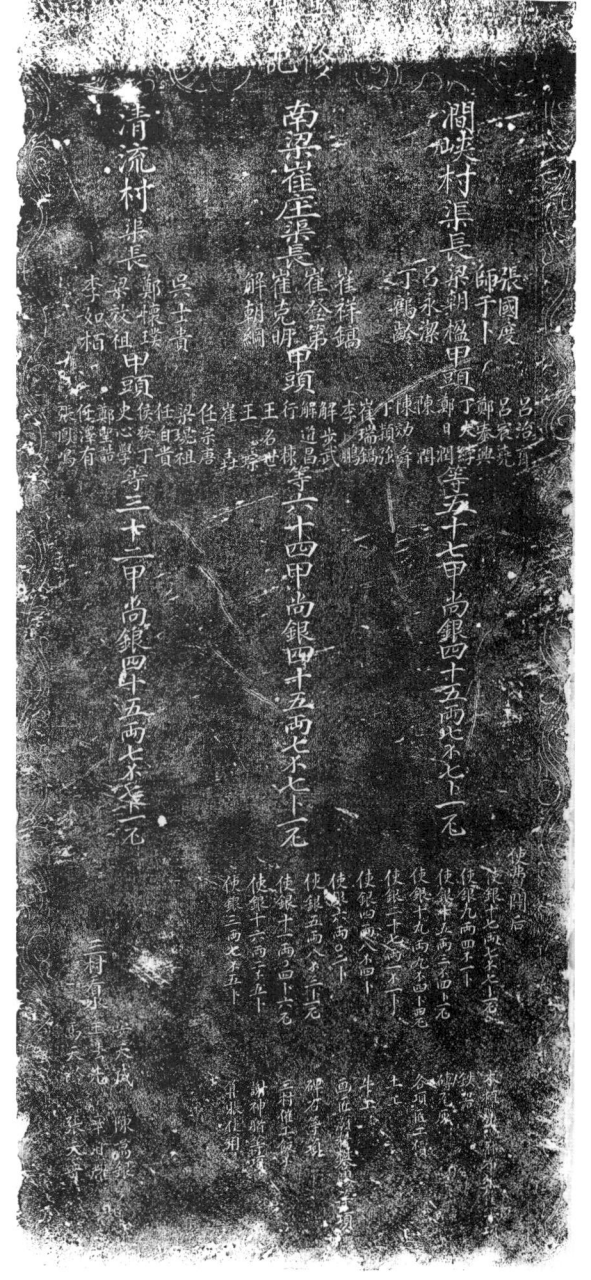

【碑阳】

重修庙碑记

邑庠生员彭龄吕植椿撰文

邑庠生员昇五王名世校阅

邑庠生员静亭侯宁国书丹

环池皆山也。其东南文峰高耸，林壑尤美，望之蔚然而深秀者，翔峦也。山行十数里，渐闻水声潺潺而泻出於捍门之间者，滦泉也。恩波浩荡，水德无疆。驱旱魃以植嘉禾，泽洽桐封者，乔泽神之赐也。峰回路转，古柏森严。祥云覆布，祠宇辉煌，巍峨於池之坤方者，乔泽尊神庙也。乃风雨漂（飘）摇，殿宇倾圮。三村渠长，集众公议，悉散谪仙之金，捐资乐贡。因运公输之斧，鸠匠经营者，襄厥事也。若夫既勤垣墉，惟其涂塈茨；既勤朴斲，惟其涂丹雘。翚飞焕彩，曳虹栋而舞盘螭；粉垩凝霞，驾虹梁而曳文杏者。工告竣也，爰是书于石竖诸殿右，以为后之慎重祀典者。劝将黍稷非馨，明德维馨，膺大祭而恪遵古礼，隆禋祀而步趋成规。不愆不忘，率由旧章者，神庥永被於无穷也。

乾隆六十年岁次乙卯十月十二谷旦

督工渠长

梁朝楹　师于卜　吕永洁　张国度　丁鹤龄　崔登弟　崔克明　崔祥镐　解朝纲　郑怀璞　梁效祖　吴士贵　李如柏仝立石

【碑阴】

涧峡村渠长张国度　师于卜　梁朝楹　吕永洁　丁鹤龄

甲头吕治齐　吕宸尧　郑泰兴　丁大绎　郑日润　陈润　陈効舜　丁类强等五十七甲尚银四十五两七钱七分一厘

南梁崔庄渠长崔祥镐　崔登第　崔克明　解朝纲

甲头崔瑞镐　李鹏　解步武　解道昌　行栋　王名世　王琮　崔垚等六十四甲尚银四十五两七钱七分一厘

清流村渠长吴士贵　郑怀璞　梁效祖　李如柏

甲头任宗唐　梁琨祖　任自贵　侯发丁　史心学　郑圣诰　任泽有　张凤鸣等三十二甲尚银四十五两七钱七分一厘

使费开后

使银十七两七钱七分一厘　木植□□麻布纸□等项

使银九两四钱一分　铁器

使银十五两三钱四分一厘　砖瓦灰

使银十九两九钱四分四厘　各项匠工价

使银二十七两一钱一分　土工

使银四两八钱四分　牛工

使银六两零二分　画匠颜料矾胶等项

使银五两八钱三分一厘　碑石等项

使银十一两零四分六厘　三村催工饭钱

使银十六两二钱五分　谢神猪等项

使银三两七钱五分　算账使用

三村看水安天成　陈万银　王法先　辛日耀　马天龄　张天奇

一三一　创建出厦补修殿宇禅室戏楼碑记

清嘉庆元年（1796）刊。

碑高162厘米，宽58厘米，厚19厘米。

现存于晋城市高平市野川镇大野川村天齐庙。

【碑文】

创建出厦补修殿宇禅室戏楼碑记

余不善乐道人之善，凡闻修桥补路、建立庙堂，莫不忻然而揄扬之。兹东岳庙於乾隆丁酉年补葺，迄今已廿年矣，大殿前檐挑开，后墙鼓皮，群殿禅室戏楼，尽皆塌颓损坏，神像之摧残暴露，有不堪入目者。维首目击心感，急欲整理，特功大费烦，社小民贫，一时不敢妄动。适春赛甫毕，首事咸在，公议各社募化，可得钱伯（百）千有奇。五月初十日开工，木石兼举，彩画并兴，创立大殿外出厦三间，捱补后墙，揭瓦上盖，补素神像，妆饰门庭，兼包门外石台，以防流水，以便行走。不两月而工程告竣，焕然维新，因缘余作序以碣石。余思善固当好，而好善之人卒鲜。兹三社同心戮力，仗义输财，而新请住持通会师徒等，亦甚踊跃争先，以襄盛事。是可征善为恒性，而好善有常情，彼此故无殊□也。夫作善降之百祥，圣经不有云乎。行见神灵默佑，大启人文，将于此焉基之也。是为序。

邑庠士王化行撰并书

三社维首高广辉钱三千　田克信钱六百　杨时成钱一千八百　王化成钱二千四百　王钧　苏显钱一千二百　郭永聚钱二千三百　田景双　郭□麟钱一千零四十　张煜钱一千五百　郭□钱六百　李太钱四千　苏天锡钱七百　赵江钱四百二十　赵忠钱五百二十　郭玉钱一千二百

施财善士□□伦钱二千　田永年钱二千　施群□钱二千九百　田韫玉钱三千　郭永贵钱二千三百　王士统钱二千三百　赵启达钱二千三百　田奇珍钱二千　崔兴李通各钱一千八百　郭玉瑞钱二千三百　贾复容　孙万各钱一千　苏天锟钱一千三百　赵镕钱一千八百　李福宗钱一千五百　郑德荣　田缙绅各钱一千　赵武□　郭法各钱一千二百　赵范钱六百二十　苏君贵钱一千四百　赵恺钱一千一百廿　张其

智钱一千一百　王万钟　王玉洪各钱八百二十　苏□裕　李琦　王铠各钱一千　张灿　杨得臣各钱八百　王湖钱七百二十　王炳　赵启迁各钱六百二十　赵德庆　王□金　郭永荣各钱七百　乔万仪钱八百　郭敬　郭恒各钱六百二十　郭必贵　郭彦平　王玉兴　郭昌　杨淳　郭玉温　郭永修　杨脩圭各钱六百二十　李兴　李汴各钱六百　苏中礼钱四百　王玉英钱六百二十　赵管成钱六百八十　李进福钱六百二十　李秀　李玉梅各钱六百　郭玉琰钱五百十　苏君保　乔万兴　张希孟　苏泽魁　乔万成各钱六百　苏君□钱五百　苏天锐钱六百　苏有太　珍盛号　田景武　赵德锦　田发兴　王秉德　田增　赵文杰各钱五百　张志宇　赵小春　郭旺各钱四百二十　焦志荣　苏安各钱五百　王福增　赵汴　王玉宝各钱四百二十　赵复聚　苏如权　赵德种　苏景德　郜万益　侯德旺　苏君旺　苏君道各钱四百　苏大兴钱四百　苏君羡钱七百　张煓　杨发臣　张书绅　杨栋　苏根桂　苏万增各钱四百　郭永祥　杨时义　郭印和　赵启运　郭来成　赵满屯钱三百廿　苏有贵　张三牛各钱三百　郭睢钱三百廿　张京成　张□　乔万忠　张玉珍　杨汉各钱三百　田发奇　张永冈各二百四　王玉成　苏羡洛钱一百五　赵良　郑英钱二百四　张炘钱二百六　赵德旺　王士寅　韩□　苏如东各钱二百

仝立

关帝庙施银二十两□西社

买物料匠艺工价，共使过大钱一百二十四千五百文，三社均摊，每社该钱四十一千五百文。□社郭氏合族施淳池一所，东岸小地一块。

大清嘉庆元年七月初八日谷旦

住持僧通会　徒心仁

玉工袁顺镌

一三二　玉皇庙补修殿宇金妆神像碑记

清嘉庆三年（1798）刊。

碑高146厘米，宽53厘米。

现存于晋城市城区西上庄社区庞圪塔村玉皇庙。

【碑文】

玉皇庙补修殿宇金妆神像碑记

泽郡皆山也，其西南诸峰林壑尤美，望之蔚然而深秀者，庞家村也。不数武，有庙翼然，临（阙文）玉帝之行宫也。作庙者何年？於万历十三年作正殿三间，东西角殿二间。后天启二年，建立南阁五间，又顺治五年补塑金神。康熙五十七年，又补庙而金妆神像。乾隆四十二年，创建东西六间。年深日久，庙因风雨之弃，像为灰尘之蔽。忽有善士偶举修补金妆之念，闻斯举者，合社人皆喁然而向善。於是告峻（竣）之后，凡我善士姓氏芳名，悉勒於石碑之上，立千载而不朽，百年而常存也。

计开捐金姓氏於左

王九如钱七百文　姬尚志钱十千零五百文　晋福林钱四千五百文　李得福钱一千四百文　魏得安钱一千五百文　吕广生钱一千零五十文　尚全福钱九百文　宋王斌钱五百五十文　宋王富钱二千文　宋王太钱一千二百文　陈广生钱一千七百八十文　魏得才钱一千一百文　李官钱一千文　庞华钱八百文　贾钰钱六百文　郭永富钱六百文　韩法旺钱七百文　姬天根钱七百文　张旺山钱七百文　宋王全钱六百文　尚培公钱六百文　李法祥钱五百五十文　鲁永德钱五百四十文　焦引成钱五百文　史湖龙钱五百文　姬福元钱四百文　魏青钱五百五十文　李支顺钱三百文　□成钱三百五十文　庞有才钱三百五十文　杨廷钱四百文　朱有食钱三百五十文　朱有禄钱三百五十文　郭永顺钱三百文　鲁永□钱五百文　姬天锡钱二百五十文　郭永才钱二百五十文　尚全禄钱三百文　李支禄钱二百五十文　李连钱三百文　庞贵钱三百文　李法才钱三百文　侯存义钱二百文　姬福成钱二百文　史小二钱二百文　□□夺钱二百文　赵□□钱三百文　郭□□钱一百文　秦太□钱三百七十文　惠德钱五百文

维首宋玉富　李官　郭永富

大清嘉庆三年岁次戊午九月朔一日合社公立

住持僧（阙文）

一三三　大清国山西泽州府陵川县普安乡下川都廖池村重修碑记

清嘉庆三年（1798）刊。

碑高113厘米，宽52厘米，厚16厘米。

现存于晋城市陵川县冶头乡廖池村高禖祠。

【碑文】

大清国山西泽州府陵川县普安乡下川都廖池村重修碑记

　　夫天仙圣母，今东土普度众生，天下皆闻，无不归善也。祈嗣嗣有，祈福福生，祈安康健，诚心有感无不应。然众生者，纤毫之恶，无不改也；毫发之善，无不迁也，改恶迁善之所当为也。今岁月深远，庙宇坍塌，有碍神像。今本村善人住持，见词（祠）倾颓，不堪瞻仰，鸠集檀那，乃谋於众。尽心竭力，募化四方兴复之资，不惮远近拔（跋）涉之艰，鸠工而新增其旧制。人人无倦怠之心，个个有殷勤之志。谨以工匠抽换材木，金妆圣像，重修东顶太山天仙圣母宝殿。自修之后，至灵至圣，所求必应。亢阳礼水於斯，甘泽应祈而降，乃天仙之祐护矣。至嘉庆二年为首，至戊午四月吉日工成告竣，夺目争光，诸人恭敬之心从此而愿足矣。

　　赵辿村牛□□钱五百　牛建功钱五百　牛□长钱五百　牛□□钱五百　牛□□钱五百　牛□□钱五百　牛□□钱五百　牛□□钱二百　牛□□钱二百　牛□□钱二百　牛秉刚钱二百　牛四女钱二百　牛进魁钱二百　牛廷弼钱二百　牛秉印钱二百　牛锡兴钱二百　牛继□钱五百　牛吉永（阙文）共捐八千五百文

　　刘家庄捐钱六千二百文　冶头村捐钱五千五百文　大□□捐钱四千文　□□村捐钱三千七百　艾苍村捐钱三千文　南尧上捐钱二千七百　张杰捐钱二千文　窑则上捐钱一千五百　赵光晋捐钱五百　赵殿元捐钱三百文　南河村捐钱一千八百　南召村捐钱二千七百　北尧村捐钱二千文　冶南村捐钱一千九百　凹正村捐钱一千九百　张山社捐钱一千八百　西井头捐钱一千六百　拱山底捐钱九百　□□□二百　□其昌钱二百　□□□捐钱一千三百　□□□捐钱二千一百　寨则村捐钱一千文　庄头村捐钱一千文　东壁村捐钱一千文　黄□掌捐钱一千文　郭家村捐钱一千文　楼头村捐钱七百文　沙场村捐钱六百文　磙脑村捐钱一千文　丘则□捐钱七百

黄松背捐钱五百　赵活池捐钱六百　池南掌捐钱五百　小庄上捐钱五百　佛堂掌捐钱四百　□头村捐钱六百　□□西坡捐一千二百　王□□钱三百

□□河

复兴店钱七百　德兴店钱七百　万盛店钱五百　三同号钱二百　同顺店钱三百　六合号钱二百　□□金钱五百　□广忠钱五百　神南底钱四百　范玉成钱二百　小番底钱三百　曹效宗钱□百　义兴煤窑钱四百　冯勋钱二百　六泉村钱三百　泰合号钱二百　岭□底钱三百　增义店钱四百　焦二钱二百

（阙文）靳德伦　杨天一钱五百文　杨落□钱二百五十文　□□□　□□□钱二百文

木匠陈廷甫　石匠本村和娃

王任远书丹

时龙飞嘉庆三年四月十八吉日合社仝立石

住持僧人广秀　徒孙本立

一三四　创建山门东西两廊碑记

清嘉庆三年（1798）刊。

碑高113厘米，宽50厘米，厚18厘米。

碑额书"碑记"。

现存于临汾市霍州市辛置镇北益昌村娲皇庙。

【碑文】

创建山门东西两廊碑记

溢涧村西北,古有众神庙宇一座。两廊倒塌,缺少山门。逢享祭之日,难以停坐。因而合村公举首事管理,恭请百福盛会,后积资财二百余两。建造东西两廊、厦房十间、山门一座,又造桌椅凳机十席,於备村中便用。以今资财用尽,工举完成。因此勒碑,谨志永垂不朽矣。

信士人名开例於后,众神垂祐获福无疆矣。

高星照施钱五千　李兴荣施钱五千　张金旺施钱五千　高福德施钱二千五百　张治己施钱二千五百　李生季施钱五千　李必兴施钱二千五百　董善过施钱二千三百　王文功施钱一千二百五十　负口常施钱一千二百五十　杨礼施钱二千五百　张万仓施钱五千　张兴旺施钱二千五百　张永德施钱二千五百　李魁强施钱二千五百　张朝臣施钱二千五百　张福口施钱二千五百　续淑敏施钱二千五百　杨应召施钱一千二百五十　王口第施钱一千二百五十　郭明五施钱二千五百　郭明贵施钱二千五百　靳绍贤施钱一千二百五十　赵生法施钱二千五百　靳凤施钱二千五百　郭茂柱施钱五千　刘秀儒施钱二千五百　刘真儒施钱二千五百　靳尚贤施钱二千五百　郭忠学施钱二千五百　郭金梁施钱二千五百　赵文中施钱二千五百　郭口山施钱二千五百　靳勤修施钱二千五百　张口臣施钱一千二百五十　郭迎朋施钱二千五百　郭全石施钱五千　赵立德施钱二千五百　赵登元施钱二千五百　郭光法施钱五千　斤立唐施钱二千五百　斤立栋施钱二千五百　李谦虎施钱二千五百　郭永忠施钱一千六百七十　郭光密施钱一千六百七十　郭忠朝施钱一千六百七十　郭光渊施钱二千五百　马达生施钱二千五百　郭金明施钱二千五百　郭忠法施钱一千二百五十　斤立元施钱二千五百　郭迎茂施钱五千　郭兴安施钱二千五百　斤万敖施钱二千五百　斤世学施钱二千五百　郭学忠施钱五千　郭口山施钱二千五百　郭金山施钱二千五

百　赵密施钱二千五百　郭永保施钱五千　郭光敖施钱二千五百　郭光益施钱二千五百　郭迎宅施钱二千五百　郭迎彪施钱二千五百　赵有同施钱二千五百　赵良施钱二千五百　赵茂隆施钱一千二百五十　木匠郭永喜施钱一千　斤天敖施钱二千五百　刘养儒施钱二千五百　郭大安施钱五千　赵立正施钱十千　郭忠礼施钱一千五百五十　郭祥德施钱三千七百五十　□尚汉施钱五千　纯起施钱二千五百　赵益施钱二千五百　郭生林施钱二千五百　通学施钱二千五百　赵祥惠施钱一千二百五十　郭金玉施钱五千　斤天福施钱二千五百　斤华施钱二千五百　郭迎光施钱二千五百　郭永土施钱一千二百五十　郭迎□施二千五百　郭□林施二千五百　郭光务施二千五百　郭迎绪施五千

总管郭大安　刘养儒　赵益　靳尚谦　郭明五　郭祥德　郭忠礼　监生赵立正　靳□敖

郭有圣书

住持僧人纯起　徒清晨

时大清嘉庆三年岁次戊午季冬之吉旦立

一三五 重修三教庙碑记

清嘉庆四年（1799）刊。

碑高215厘米，宽69厘米，厚13厘米。

碑额书"流芳百世"。

现存于晋城市泽州县高都镇泊南村三教庙。

【碑文】

重修三教庙碑记

窃思古佛之宫，参犹龙仙，礼尼山，圣天下，莫不极其崇隆瑰丽。钟磬之音不绝，以眩惑人之耳目，而生其尊奉之心。惟创建历久，屡坏屡修。兹三十六年，住持明珍亟请纠首，同心饮助，不惮劳瘁，竭力劝募倡捐，以乐成其事耳。次又愤然努济，以成山门舞楼。次又竭绪，以成两处厢房，全其局。四方来往瞻视者，莫不羡之。以至四十三年工竣，则焕然一新矣。及大规模之宏敞、金碧之辉煌矣。诚敬之心有不油然而生者乎！本村为东西冲要之路，依依可观。今又首事公议，未得勒石立碑，今众捐施以为勒石刻名志耳。夫天下事有善作者，尤贵有善成者，以众首事，克勷乃事，踊跃急公（阙文）始重建之人互相辉映，厥功其浅鲜欤？自此以往，善以继善，后之人而续之，永兴不废，虽历万祀可也。

计开众捐施

善获村

程茂盛施银一十五两

保伏村

乔鹏致堂施银五两　杨家庄捐银六两八钱　田士福施银一两

本村

司九堂施槐树一根　薛大环施银一两　薛其堆施银一两柏树二根　张三益堂施银一十一两　司庆怡堂施银二两　司锦亮施椿树一根　田士义施银一两

本村五社

东社捐银二百七十九两　西社捐银一百二十六两　中社捐银三百六十一两　南社捐银一百五十二两　北社捐银一百二十二两

始建维首司九义　司锦亮　张兴太　司锦仁　司锦温　李士成　司锦恺

催工维首和星得　李福才　司天印　司大伟　司九立

妆饰维首薛大成　司锦印　司九和　司东昇

立碑维首司锦川

仝勒石

后计大社

西道口槐树一根　东南角椿树一根　南坡槐树一根　北石圪截槐树一根

大清嘉庆四年巧月下浣二十九日

住持僧通宝　徒心旺仝立石

一三六 重修柏山圣母陀郎龙王诸神庙记

清嘉庆四年（1799）刊。

碑高 136 厘米，宽 65 厘米，厚 21 厘米。

碑额（阳）书"永垂不朽"。碑额（阴）书"六社同立"。

现存于临汾市乡宁县管头镇樊家坪柏山祠。

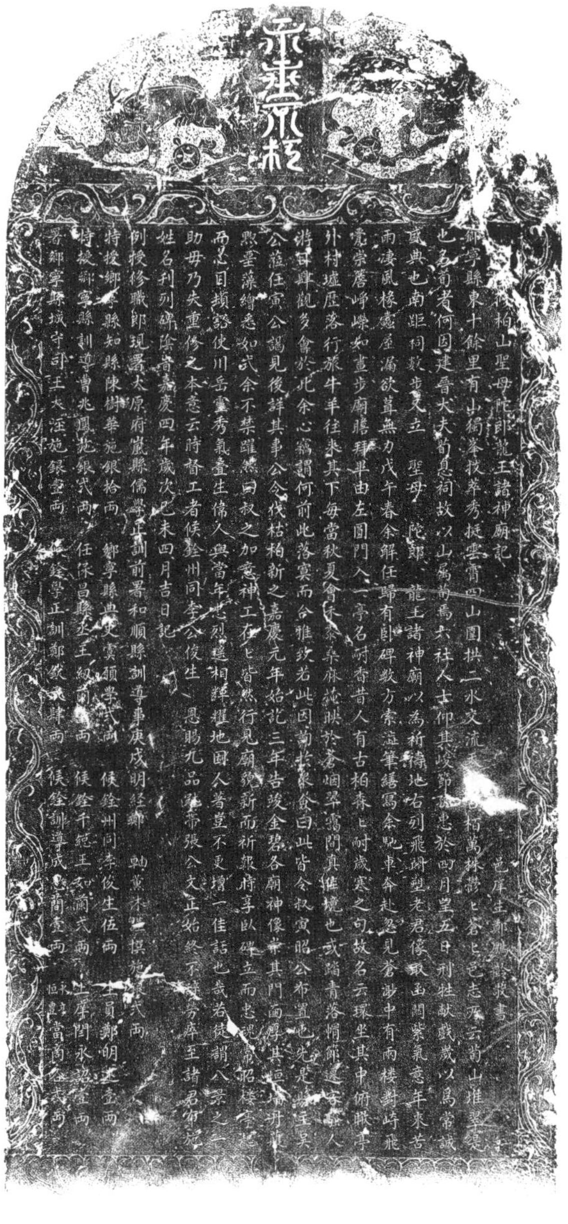

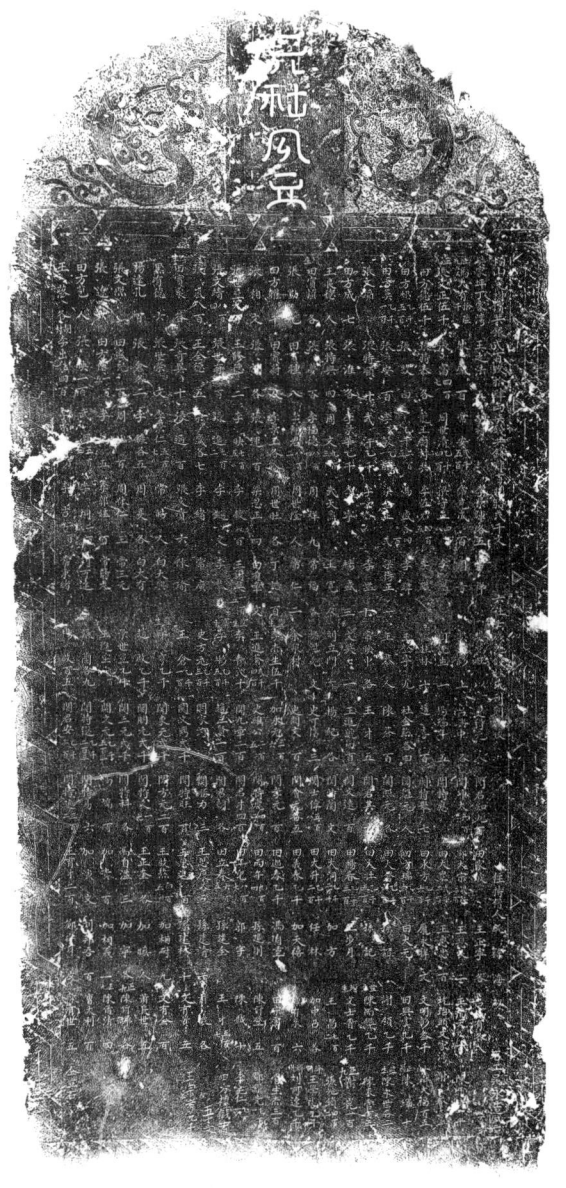

【碑阳】

重修柏山圣母陀郎龙王诸神庙记

邑庠生郑鹏龄敬书

乡宁县东十余里有山，独峰拔萃，秀挺云霄，四山围拱，二水交流，天□古柏万株郁郁苍苍，邑志所云荀山堆翠是也。名荀者何？因建晋大夫荀息祠，故以山属荀焉。六社人士仰其峻节孤忠，於四月望五日，刑牲献戏，岁以为常，诚盛典也。南距祠数步，又立圣母、陀郎、龙王诸神庙以为祈祷地，右列飞阁，塑老君像，取函关紫气意。年来苦雨凄风、椽蠹屋漏，欲葺无力。戊午春，余解任归，有卧碑数方，索涩笔缮写。余驰车奔赴，忽见苍渺中有两楼对峙，飞甍崇檐，峥嵘如画。步庙瞻拜毕，由左圆门入，一亭名耐香，昔人有"古柏森森耐岁寒"之句，故名云。环坐其中，俯瞰亭外村墟历落，行旅牛羊往来其下。每当秋夏，会禾黍桑麻掩映於苍烟翠霭间，真佳境也。或踏青落帽节，迁客骚人游目肆观多会於此。余心窃谓：何前此落寞，而今雅致若此？因询於众，佥曰：此皆令叔寅昭公布置也。先是县主吴公莅任，寅公谒见后详其事，公令伐枯柏新之。嘉庆元年始，讫三年告竣。金碧各庙神像，崇其门面，厚其垣墙，丹腰黝垩藻绘悉如式。余不禁跃然曰：叔之加意神工，在在皆然。行见庙貌新而祈报时享，卧碑立而忠魂常昭，楼亭起而心目顿豁，使川岳灵秀，气叠生伟，人与当年忠烈遥相辉耀。地因人著，岂不更增一佳话也哉？若徒谓八景之一助，毋乃失重修之本意云。时督工者，候铨州同李公俊生，恩赐九品冠带张公文正，始终不辞劳瘁，至诸君布施姓名刊列碑阴。

时嘉庆四年岁次己未四月吉日记

例授修职郎现署太原府岚县儒学正训前署和顺县训导事庚戌明经郑轴薰沐谨撰 施银二两

特授乡宁县知县陈树华施银十两

特授乡宁县训导曹兆凤施银二两

署乡宁县城守司王大泾施银一两

乡宁县典史虞顾学二两

任保昌县丞王纫兰一两

候铨学正训郑钦天四两

候铨州同李俊生五两

候铨千总王如兰二两

候铨训导成思简一两

生员郑明述一两

上庠闫永诏一两

永亨　恒丰当商各二两

【碑阴】

柏山变树价共银二百九十四两七钱共钱四百八十二千文

六社士庶施钱姓氏刊列於后

住持僧人纯　孙海□

石工吴永造钱二百文

樊家坪丁家湾正九冯大有十六千　正九张文正五千　田方德五千　田方照一千五百　田方美一千一百　张文韬　田方成　王良德　增生田实颖　张勤　田方耀　张相七人各一千文　张世丰九百　张文靖八百四　张岚八百　庠生田实栗　黑有德　杨达孔各六百　张文照　张辽　田方苞　王落　王之法　陈盛六人各五百　张富四百七　张时泰　张敖　张安　张特顺各四百廿　张淮　张特兴　张梦各四百　田实种　田实蔚　张违　王修德　张世有　王全德　张奇异　张世荣八人各二百五十文　张仓　田盛儿各二百　田方信一百五　张映一百

胡村常安二千五百　周世清一千四百

龙王庙村共一千二百五　李敏一千一百　武汗一千　李景华一千　周文九百三　李福德八百四　李辅君八百二　李景玉　张运各八百　李映七百五　张违七百二　柴盛　张通各七百　李景仁五百七　李铲　周□　李□各五百五　武河五百三　李景（阙文）　李景辉　常克成各五百　梁守正四百八　李佐君四百五　冯盛　梁金正各四百二　李景□　李宁　武天爵　周祥　周世隆　周世旺　梁思正　李鋑　李鑲九人各四百文　李绪　张文贵　常皓　周夏　周体仁　李郭娃六人各三百　李珦二百五　李吉二百四　常祥　周奇　李铭　李镒　李铎　梁得正　李溢　杨盛　王宽　常福　常仁　丁诰　白有章一十三人各二百文　王谢英一百五　李恭　常广　陈瑜　白大兴　白大有　常三元　常□□　刘可达　常秉绪　樊旺　樊□彩　闫逢生　滕桂林　王登宁　王恭　常映中　文英英　刘立门　樊魁儿　以上一十九人各一百文

余泉村监生李杰生五千　王进苍二千四百　监生李青二千　庠生李彬一千五百　史方元一千三百　王仓一千一百　监生李亨一千　赵启一千　景世丰一千　王进宝九百　张兰　杨启各九百五　史得元　吕兴中　杨瑞年　赵喜各五百　杜金熬　陈苍　王才各四百五　王进号四百　杨纪　史可信　史阙文各三百　加永元二百六　史维公二百五　关九章二百　赵三贤一百

关家河关文鼎二千　关东元二千　关朋元二千　关三元二千　关文元一千五百三　关特选一千二百三　关君安一千三百　关君知九百　关冲太六百二　关特应　关特举　关魁元　关照元　关君其　关文远　关特兰七人各六百文　关士伟五百八　关会元　关孝元各五百　关特虎四百二　关君才四百　关君朝　关胜力　关特旺各三百　关方元二百　关特爻一百七　关特科　高端　关特易各百六　关特建三百二

田家坡郑大宗二千二百　田大丰二千二百　田永方一千六百　田方瑞一千六百　田大仓一千六百　田大壮一千五百　田阳春一千三百　田大洞一千二百卅　田大升一千二百　田义春一千　田遇春一千　田丙午九百四　田午儿八百七　田立春六百五　王思康　王思进各五百　王启熬四百五　王正奎　冯自溢　加贵　加演各三百

文　王育才二百　王正宁　王思□　王思忠　庞永祥各二百文　田大元　孙谊　孙记　□步月　加方　任林　加天禧　冯自重　孙建刚　郭宇　孙建全　孙建清　孙建林　加相耐　加慎　加宁　加相义　刘邦吾　郑守□一十九人各一百文　□□有王□□各八十

圪垯头文家湾文明彰三千　田兴虞一千　谢领一千　监生陈丙鉴一千　增生文士晋一千　王昌七百二　加中吕　苏有来　田宗虞　陈尔登　陈钺各六百五十　王才五百七　箫怀　文有贵　文有全　萧长世各五百五　正九陈尔墀　正九陈尔清　曹大利　陈有世各四百五　陈尔（阙文）　谢三　□大福　正九陈铎各三百五十　监生陈永世　陈来管各二百五　正九谢昆一百　张□锁四百二　绛州王学礼一千　绛州刘可达一千　管生杰三百　邓缵尧一百一　李宅仁一百一　田方礼钱一百五十文　王宗考一千

仝立石

一三七 创建福田院诸神殿碑记

清嘉庆五年（1800）刊。

碑高247厘米，宽62厘米，厚14厘米。

现存于晋城市泽州县东沟乡辛壁村福田院。

【碑阳】

创建福田院诸神殿碑记

　　且自金身入梦，白马西来，而诸佛菩萨之号，遂盛传於中土。以故，或埏土，或铸金，或琢石，或刻木，肖像而庙祀之者，代不胜数。村中旧有石佛一龛，建庙藏之，与吴神殿相比。后因吴神殿宇狭隘，重为廓修，权移石佛於玉皇殿左，更十余年未遑修举。辛亥秋，社首张得仁、常积福等，以神像之迄无宁宇，不敢惮劳，遂於吴神殿北隙地一块，筮吉而经始焉。不虞，岁偶告饥，工以中止。继因执事代更作辍，相间凡阅数载，而始得告厥成功。於是虔塑佛菩萨像三尊，并石佛建竖於前，又移置庙中蚕姑、牛王诸神像於西厢夹室，新塑五谷、财神、马王诸神像於东厢夹室。土木金碧之费，数百余金，虽皆计亩均收，而得之乐施者亦复不少。因思人心之向善也，有其举之，无不乐赴，而且输力输财，历久不倦。行看神人以和，农桑并茂，土物心臧之训，车牛服贾之风不已，基福田於此日哉。谨将神功之巅末与捐输者之姓氏勒诸琐珉，以为将来之一券云。

　　邑庠生李凤仪沐手敬撰

　　原任道会司吴德楷薰沐书丹

　　共地三十四顷八十三亩，每一亩捐钱六十三文，先捐钱五十文，二共每地一亩捐钱一百一十三文。

　　共社一百八十五分，每分管饭十八人，做工十七工。

　　督理社首李洪瑄　常积福　张得仁　崔居顺　冯久业　冯修顺　冯万金　冯肇礼　王得银　冯立业　张□□　□□□　常来顺　常积福　□□□　冯积　冯玉烛　李均　冯珠　冯昌　冯坤业　冯□　冯创业　常普　李世玫　冯福业　王文仁仝勒石

　　勒工卫国良

南村李大有镌石

大清嘉庆五年岁次庚申六月癸未谷旦阖社公立

【碑阴】

　　□镇大社银四两　岭南大社银二两　马村大社银一两　大益炒炉银二两　协成号银二两　通盛号银一两五钱　双合号银一两五钱　太承号银一两五钱　忠成号银二两七钱　容昶号银二两二钱　张振甲银二两二钱　都盛号银二两　德昇太银一两七钱　徐交贵银□两六钱　周吉侯银一两五钱　明远号银一两五钱　冯肇武银一两四钱　义合号银一两二钱　冯满元银一两二钱　德成号银□两二钱　徐交华银一两二钱　泰成号钱一千文　徐崇明钱一千文　同兴号　义顺号　和顺号　泽成号　鸣元号　协裕号　太顺号　益盛号　恭太号　祥盛号　三吉号　世泰号　宋文良　王国怀　聂尔寅　冯聂氏　李宗谅　张永纯　冯毓　陈金荣　李世珍　李九信　常福成　常福广　常福隆　以上各银一两　路宗玉　全盛号　张得韦各银八钱　常应成　上魁号各七钱　王正旭　冯陈氏　冯伦业　冯修海各钱五百文　吴德楷　李凤来　焦兰谷　马文仓　双和号　复盛号　三太号　金太号　德太号　玉义号　新太号　三义号　顺兴号　顺成号　财顺号　冯双太　董食店　马永法　李□　邰得瑞　张振礼　冯满贵　张兴信　冯孟杰　王君弼　冯满福　常雷　王明旺　张永盛　李得成　徐云山　候天富　甄秋林　裴文茂　宋旺　邢有宽各银五钱　常广基　常应辅　双合号　各钱四百文　冯郭氏钱三百五十文　张天禄　司福贵　刘天福　李青　赵聚庆　冯建业　常振基　冯小瑶各钱三百　常绍先　西公太　东同聚　德合号　忠亮号　王富义　裴文斌　常应重　张振新　司永宁　常普　邰宇　任得　张发各银三钱　因御师　宋绪昶　冯正长　冯正选　李广岱　辅兴号　徐天珮　徐学孝　张振铎　李永清　张振嵩　李法润　郭永奇　□□　李世建　原法　李永法　李永惠　李永积　崔居顺　冯玉宝　李世玫　常郭氏　李洪韦　张永兴　冯锁业　张如意　李甲寅　李洪隆　冯太　常本梅　冯孟熊　冯引群　冯革济　冯召礼　冯召勋　冯

玉松　李标　王富贵　常进金　王□□　王□润　冯天才　韩□义　张如万　冯满金　以上各钱二百　常积富　李守中　吴通显　崔进才　吴永银　刘芳兰　冯修业　张如仓　李九奉　冯满库　刘学力　冯奇业　张荣美　崔享　冯玉珍　冯满仓　冯满银　赵一元　张思正　冯银喜　李洪先　冯狗饶　富买□　常王氏　张宗氏　赵常氏　张安氏　曹来旺　王国宝　以上各钱一百五十文

社首冯万金银九两　冯久业银一十八两五钱　张得仁银七十三两五钱　冯玉烛银九两　冯昌银六两　冯创业银一两二钱　常本新银一两七钱　冯福业银一两七钱　李秀金银一两四钱　王文仁银一两一钱五分　□□祖银六钱　李润银九钱　常积福银七钱　李均银六钱五分　常来顺钱五百　李洪瑄钱二百文　冯修顺银三钱正　王得银钱五百文　冯坤业钱二百文　冯积钱二百文

本庙清净之所，理宜洁肃，如有在内乐席、避暑、吃酒、赌钞，社中议罚。

一三八　补修真泽宫碑记

清嘉庆六年（1801）刊。

碑高50厘米，宽98厘米。

现存于长治市壶关县树掌镇神郊村真泽宫。

【碑文】

补修真泽宫碑记

余，陵邑人也，舌耕于兹三年矣。今岁冬，东主复初丁公因补修真泽宫，详其由来，请序于余。余不辞浅陋，勉为志之。窃以天道不能有盛而无衰，人事不能有得而无失，其积势使然也。况庙宇为香火之地，村民人等咸于是乎告虔焉。年深日久，重以风雨之所漂（飘）摇，其颓败尤易，易者哉，不有以补治而修葺之，何以妥神灵而举祀典？如二仙真人，壶邑水神也。时值炎旱，祷无不应，应且速，其灵爽之所感。东西朔南被呵护而奉肆祀者，比比矣。是以历代增修，历年补葺，大抵有得于四方之捐资居多。公等自乾隆五十八年经理社事，营堧殿宇、东西行廊、前后院址，圮者修之，阙者补之。戮力同心，共勷盛事。至嘉庆五年，工成告竣。数年来捐积银两计有六百余金，而费用不无少歉焉。虽人事尚有未尽，抑亦力有不逮耳。故略而不详，示阙也；详而不略，纪实也。若夫兴废举坠，大补前人所未备，不能无望於后起之君子也夫。是为记。

本村处士仰三丁景元书

陵章辛酉选拔副贡生都长寿撰

乾隆五十八年至嘉庆六年树掌村接换社首共九班

一班冯金逢　李泰然　冯秉京　赵永吉

二班牛璜　李泩　秦更则　赵艮川

三班冯君相　冯大伦　李德招　赵宏玉

四班赵艮灏　冯秉鲁　李仙振　赵云省

五班李文殿　李仙振　冯学连　赵云省

六班冯承芳　赵世法　赵之英　赵世柏

七班赵伯礼　赵秉伦　李仁法　冯桂臣

八班李文恭　冯文炳　秦克明　赵拴

九班冯秉志　李建宇　赵仝允　冯文炳

乾隆五十八年至嘉庆六年神郊村接换社首一班

盖永锡　张贵水　郭天信　杨民观　丁起元

本观道人三门赵景相　长门王仁梓

木匠王宽

石匠盖永仁　赵七斤

画匠赵力

嘉庆六年岁次辛酉辜月谷旦立

工师杨润镌

一三九　创建三清殿磨针亭静乐宫碑记

清嘉庆六年（1801）刊。

碑额书"源远流长"。

现存于临汾市乡宁县关王庙乡大河村五龙宫。

【碑文】

创建三清殿磨针亭静乐宫碑记

辛酉春,予坐荒於予家塾,适有族叔名相者,以创建三清殿磨针亭静乐宫碑记属予。予不文,询厥由兴。相曰:五龙上殿后,旧有基址三层,独上建殿宇三楹,内祀上帝公母,未审创自何年,大率不离乎桥梁会居功近是。惜下二层仅旷基耳。历年来风雨漂(飘)摇,鞠为茂草。届嘉庆元年间,天爵张公妻郑氏,施银百两。我等九合诸黄冠,制蔬(疏)募化约略数百余金。即於本年十一月动工,中下正侧再建房十楹,上塑三清神像,中为磨针峰焉。迁帝公母於下层之中,曰静乐宫。告厥成功,於今三年。予应之曰:碑以志其事也,君之所述既详且悉,何烦复赘,即以君言为记也可。然春秋之义,不没人善。爰将首事布施姓氏为颅列云。

例授儒林郎候选布政司经厅高梁王恭敬撰

恩赐伊川世袭祀生古勋州程法曾谨书

稷邑张家庄天爵张公妻郑氏捐银一百三十两　众善男女三载六料捐粟变银九十五两

河津募化香首张仰吉捐银五两

张家庄武生王永泰银十两　王□仪银二两一钱五分　武生张世谦银二两　张思业　张世英　王昌　张三辰　王金禄　张□贵各银一两二钱　张方选银六钱　张思圣银五钱二分　张好仁　王□方　张大章各银五钱　王流银五钱　张尔有银四钱

王高村杨□敏　李□□各银三钱五分　张思□银三钱　张杨氏　李宁氏　李尉氏　李朱氏　张拾元　张□□　王天德各银三钱　王尚醇　张三福各银二钱五分　王永宽银二钱二分　张申午　张丕选　张□信　张光明　张吉仰　张孟贵　王庭　王久禄　王绍成　王陈暑　王亦儿　常分儿　卫敖儿　李生花各银二钱　蔡李氏

张贾氏　宋王氏　毛王氏　□五□　王永喜　张思清　张宝成各银一钱　张湖　史忠　王大梁　张达志　张敬文　张五管　王志□　张然□各银□□　张鸣纫　李三光各银□□　张尚思　张□□　张□□　张九宁　张九定　张□元各银一钱　王孝儿银一两　李学□　李不平　毛思禄　毛思忠　李生兰　王如金　李生□　王登山　王棚　张依中　张国祥　李生春　张九锦　王松山　张发林　王怀礼　王□禄　王□隆　王札根　王知礼　王林龙　张景元　张思相　张尊矣各银一钱　蔡金喜　蔡付得　李□人　李日喜　张尊道　张世则　张文元　张世俊　张尚敏　张国忠　张赖汉　张其盛　张永康　张振海　张回娃　张□人　王大鼎　王之贵　王富易　王□　生员王锡九　王尚义　王尚友　王尚官各银一钱　李耀喜　张和贵　李□才银三两　朱保成　王志盛　王峨　王桐　王朴　王如善　张佳玉　□福　王会　张刘海　王永问　王大宝　张岐山　王□府　王小糠　王法根　王赖巴　张士矣　王娃　张尔法各银一钱　王暑娃　王□羔　张小闷各银一钱　张三朝　张存有　张涌泉　张三建　张中杰　张德正　张其贵各银七分　张净观　张成观　张年荒　张其义　张尔成　许可耀　张观忍　张王章各银五分

刘家庄程□代众银八两　程玉瑞银九钱　贾氏银八钱　张建秋银□钱　祀生程芳　程可经　生员张国花　程友善　程中元　祀生程希天　张国安　程友辅　监生焦炎昇　程御天　赵威各银一钱　吴心尚　程许氏　张文德　张学恭　张学诗　监生程友士　程保天　程可全　张统元各银五分　杨国安　程学周　又众善人银二两五钱

东庄王克侵代众银一两八钱五分　王文杰银一两五钱　李国奉银五钱　□怀崇□学考　张六娃　张成儿各一钱　张相恭五分　王张氏银一两　李张氏　郑贾氏各二钱　张赵氏　张董氏　张朱氏　赵张氏各钱半　王张氏钱三分　王郑氏　王原氏　郑□氏　王韩氏　王李氏各一钱　郑王氏　王贾氏　王张氏　王许氏　王氏　王郑氏　王宋氏　张王氏各一钱　王李氏　王贾氏各六分　又众善人二两五钱

高渠辛刘氏　焦王氏各五钱　焦可志　焦可耀各三钱　武绍魁　武可都　焦小

八各一钱　焦宗周五分　又众善人银二两六钱

沙沟薛安儿钱二分　众善人银三钱

西社张王氏　邓氏代众银五钱

中社贾五斤　贾□儿各五钱　贾大利钱二分　又众善人银二两

仁义村樊善代众银二两八钱　贾德盛银一两三分　柴金希六钱八分　樊金兴五钱六分　生员樊茂义四钱五分　生员贾林川　马付花各钱五分　贾具□　贾光荣各钱二分　贾陈修二钱五分　贾玉怀　马儿　贾铎　樊学成　樊茂梁　贾朋各一钱　张日兴八分　樊挨金　樊治道六分　杨敖成五分　王天荣　王天贵　马有放各五分　贾孙氏　王李氏各二钱　马陶氏代众银一两四钱　马杨氏钱八分　樊郝氏钱五分　马杨氏　马段氏　杨马氏各钱二分　樊马氏　柴樊氏各一钱　贾樊氏　贾王氏　樊李氏各八分　樊柴氏七分　樊薛氏六分　张马氏五分　又众善人银九两一钱三分

□□许可述银一钱　又众人六钱

铺头代众银一两五钱　贾辛氏　阎张氏　阎薛氏　阎贾氏　王阎氏　阎金牛　贾阎氏　阎张氏　王根儿各一钱八分　阎张氏　阎李氏　阎刘氏　阎李氏　阎吴氏各一钱

小河庄贾马氏一钱　贾张氏五分　原家庄众人钱二分　原均钱六分

四乡助缘信女常王氏　卫吴氏　李陶氏　张焦氏　张贾氏施银二两五钱

张家庄督工香首张鹏起一两二分　刘荣先三两　王相一两二分　常积福　张友雍一两　张思慎二两二钱　张尔有

本宫助事道人王本诚　赵义桐　道会司杜智亿　光信道　马合伦　李智仰　张合绪　张智□　段信□　郑教福　理事住持陶礼昶　张本思　杨信达

嘉庆六年三月姑洗之吉

一四〇　重修静养洞碑记

清嘉庆六年（1801）刊。

碑高137厘米，宽54厘米，厚22厘米。

碑额书"永垂不朽"。

现存于临汾市霍州市辛置镇北益昌村娲皇庙。

【碑文】

重修静养洞碑记

益间村古有静养洞者，四壁萧然，寂无人声，可以修真养性，悟道成功也。屡年风雨飘洒，殿宇倾颓，圣像忾然，洞亭之间倒塌（阙文）刘师目睹心伤，爰谋诸众，欲为修葺，因联百福盛会，捐拔资财，落成钜工。佛神上闻，默然拥护，获福无疆矣。是为序。

石溪卫进德书

肃州三道沟施金银名开列於上

朱蕴彩施银八钱　赵祁硕施银一两六钱　王世有施银八钱　张福施银一钱二分　王世荣施银四钱　朱朗仕施银六钱　郭兴顺施银三钱　许朝路施银一两二钱　张礼施银二钱四分　张布孔施银四钱八分　元太合施银六钱　洪师□施银六钱　张全施银二钱六分　张□伦施银二钱六分　李芝□施银六钱　□太法施银七钱　庞天成施银四钱　刘仁杰施银四钱　合兴公施银六钱　法盛合施银九钱　□太公施银六钱　法太公施银九钱　王永太施金八分　王成公施金一钱二分　永成房施金六分　石成基施金六分　张如海施金六分　赵德胜施金一钱二分　张文勇施金一钱二分　杨永盛施金六分　许昇施金四分　刘健施金三分　恒成顺施金三分　武光盛施金三分　李明施金三分　陈玉英施金六分　支玉本施金三分　武荣祖施金八分　永顺公施金八分　赵邦直施金一钱二分　李凤平施金八分　万镒公施金一钱二分　梁凤翔施银八钱　杨朝俊施银五钱　李国保施钱一千八百　李生怀施钱一千八百　张福泽施钱一千八百　李有隆施钱一千八百　张道臣施钱九百　张万瑞施钱九百　张希汤施钱九百　张金殿施钱九百　张万库施钱一千八百　负梦荣施钱一千八百　张杰施钱一千八百　张斌臣施钱一千八百　杨常春施钱一千八百　杨朝英施钱一千八百　杨凤阁施钱一千八百　杨春荣施钱一千八百　斤得均施钱一千八百　斤世喜施钱一千八

百　李学智施钱一千八百　李兴武施钱一千八百　李学宗施钱一千八百　李发齐施钱一千八百　李文正施钱一千八百　贠怀金施钱九百　贠石娃施钱九百　贠怀众施钱一千八百　高登霄施钱一千八百　高绵施钱一千八百　李文学施钱一千八百　李文芳施钱一千八百　李生季施钱一千八百　李国仁施钱一千八百　张星明施钱九百　张汉臣施钱九百　张星旺施钱九百　张星贵施钱九百　高星照施钱一千八百　李国祥施钱一千八百　贠元学施钱一千八百　贠元位施钱一千八百　郭一功施钱一千八百　武光福施钱一千八百　郭金在施钱一千八百　郭金山施钱一千八百　郭洪□施钱五百　郭永久施钱九百　和畅号施钱一千八百　刘养儒施钱四百五十　郭永邦施钱九百　郭忠□施钱一千八百　刘真儒施钱四百五十　郭金石施钱九百　斤盛施钱九百　张凌元施钱四百五十　斤世法施钱一千八百　五人伙施钱一千八百　斤立有施钱九百　张得胜施钱九百　斤立强施钱一千八百　斤万有施钱一千八百　郭光敖施钱九百　赵显华施钱九百　郭光益施钱九百　郭生虎施钱九百　马达生施钱一千八百　郭忠发施钱九百　马仓施钱九百　赵立德施钱九百　马常发施钱九百　郭茂柱施钱九百　郭学忠施钱九百　郭忠礼施钱九百　永兴号施钱九百　郭学元施钱九百　赵元忠施钱九百　郭学诗施钱九百　郭光春施钱九百　赵有斌施钱一千八百　赵有全施钱九百　斤会元施钱一千八百　斤天成施钱九百　刘三鼎施钱九百　斤动修施钱一千八百　斤世梅施钱九百　斤艮光施钱九百　郭茂旺施钱九百　郭得元施钱九百　斤凤施钱二千七百　斤立杰施钱九百　郭永金施钱一千八百　郭永祯施钱一千八百　郭金山施钱一千八百　郭艮山施钱一千八百　张彦　郭永士施钱一千八百　郭迎清　赵狗娃施钱四百五十　郭迎宅施钱一千□□　斤守成施钱四百五十　郭永信施钱四百五十　绩密施钱一千八百

　　总管马常有施钱九百　郭光法施钱一千三百五十　郭学孝施钱九百　监生赵芝施钱一千八百　赵立正施钱九百　郭有圣施钱九百　郭祥德施钱一千八百　郭大安施钱一千八百　靳万福施钱九百　郭忠宪施钱四百五十　刘百库施钱一千三百五十　靳则义施钱四百五十

募化人靳绪文　刘百福

住持纯起　徒清晨施钱九百

石匠翟绍思　翟密

时大清嘉庆六年岁次辛酉季春之月吉旦立

一四一　重修关帝庙碑记

清嘉庆六年（1801）刊。

碑高 217 厘米，宽 80 厘米，厚 18 厘米。

碑额书"昭垂奕世"。

现存于晋中市榆次区乌金山乡小峪口村关帝庙。

【碑文】

重修关帝庙碑记

　　盖闻殿宇辉煌，地灵人杰，神威显赫，物阜民安。况夫万古真心常昭彰乎日月，千秋义气实表著於天壤，庇遐荫迩，护国佑民，肸蚃明禋，不诚宜乎。本村旧有关帝庙一座，建自前朝，迄今年湮日远，雨洒风飘，庙宇凋残，殊少碧金之彩；楼台倾颓，迥非壮丽之观。既无以崇庙貌，又何以妥神灵哉！爰是阖村士庶，公议重修。咸以事神之道，盖取诸诚；修建之功，原贵乎笃。兴善事而仅资人力，非所谓诚；成盛举而必输己囊，乃所为笃。是以鸠工选材，同心协力。自丙辰肇造，迄辛酉告成。赴功趋事，悉踊跃以登先；施物捐财，尽跌蹶而恐后。将见栋宇峻丽，备极丹楹刻桷之华；台榭高标，聿著鸟革翚飞之美。而且禅院清幽，举焚修其悉备；门楹齐整，谨出入而维严。事竣勒石，属余为文。余虽鄙猥，亦不容以不文辞也。但念余先君子，说礼敦诗，学识超越乎后辈；矢公□□，功德表范於同人。惜乎善举方兴，仅得以美哉始基，未获著观成之绩。於焉不揣固陋，因得以焕然新业，亦聊献□盛之词。伏念聪明正直，缅传语而诚然；文武圣神，想书言而允若。倘神明其降鉴，胥沾大化以消灾；竭焚祝之虔诚，咸被宏恩而受福。庶乎幽明感格，有求必应耳。是为记。

　　邑庠生崔四岳谨撰

　　邑居士崔永图敬书

　　总纠首施纠首布施银开列於后

　　候铨巡司崔鬵施银六十五两　候铨巡司崔生瑛施银五十五两　寿官刘照施银五十五两　张秉刚施银三十五两　李植施银二十七两　张子元施银二十五两　胡宗周施银二十五两　寿官王枢施银二十四两　正殿扶大梁信士刘有伟施银六十两　戏楼挂正牌候铨巡司□生瑛施银三十五两　戏楼扶二梁信士刘有信施银三十两　帝君

圣像系寿官王枢金妆施银五两　关将军神像系崔攀印金妆施银一两　周将军神像系侯在山金妆施银一两　寿官葛成栋施银二十三两　高惠吉施银二十二两　刘有信施银二十一两　耆老崔友鹏施银一十九两　桑有库施银一十九两　崔□施银一十八两　崔应宝施银一十六两　崔□施银一十五两　正殿扶二梁信士张子元施银十两　正殿挂外东牌信士张子元施银五两　西门外挂正牌候铨巡司崔霱施银五两　又施戏楼吊挂一面

副纠首施纠首布施银开列於后

寿官桑瑜施银一十四两　庠生崔生锦施银九两　耆老崔生□施银十两　礼生崔峻岳施银十两　张□直施银九两　王大官施银九两　礼生焦福遐施银八两　□玉中施银八两　大殿重新正牌信士崔□裕　崔□裕施银四两　正殿挂外西牌信士葛成楣施银四两　正殿挂内东牌信士张秉直施银三两　监生崔发中施银七两　崔振裕施银七两五钱　崔振明施银七两　□友□施银六两　□有塘施银六两　张银铠施银六两

散纠首施纠首布施银开列於后

寿官王官施银五两　张元施银五两　胡进理施银五两　崔友伟施银四两　桑恂施银四两　崔玉施银四两　崔国柱施银三两五钱　崔可钦施银三两　信士张秉奇施银三两　正殿□内□□信士□正印施银二两　山门□□□□信士崔霓施银二两　张□□施银三两

崔仙裕施舍庙后用□地基南□□一尺西长一丈　张秉□施舍大殿正脊（阙文）丈　白成伦施舍大（阙文）

住持源涌　源清　法徒广居

大清嘉庆六年仲□谷（阙文）

一四二　武邑应感庙地亩碑记

清嘉庆七年（1802）刊。

碑高 60 厘米，宽 73 厘米。

现存于长治市武乡县监漳镇五龙山五龙庙。

【碑文】

武邑应感庙地亩碑记

武邑应感庙道会司□□□永垂庙守地□志。凡碑砥易作而难工。盖以文生乎情，情不真则文不至。况以俗士而写道门之委曲，不啻隔墙听奕，大费揣摹，岂不难之尤难乎？时余在庙中与同班共襄神祀，李仙师向余言曰：吾生乎懦弱，颇置地若干。恒虑后嗣或为变更，以隳我前辛，子为我勒列诸石以垂永远，可乎？余曰：善哉，善哉，此庙有地五十亩，人每苦其太瘠，师何於地之堕落者，修之使成，本无者充之使有，反其瘠而致之有余耶。噫！余知之矣。师厚重醇朴，外不足而内有余。一丝一粟不敢奢华，所以铢积寸垒，勺水也而渐成沧海，寸木也而可高岭楼。夫是以颂其功者，高才仰止；羡其德者，清可挹流。细述生平之为人，虽更十仆，莫罄也。师今者，年迈五旬未及衰老。将来增置，岂可限量。姑即目前之地亩，座落粮数开列於后，以示不朽云。

裴回地五亩粮一钱七分

立石上地三亩粮六分

社山地四亩半粮一钱二分

东丈八凹地三亩粮七分

石牛温地三亩　石东汕地一亩二处共粮一钱二分

玄门弟子道会司道会王盛　□□　程同　徒张敖　原善　□理法　崔琳　成楷

孙白元　李士　韩宗秀　杜瑞仝立

大清嘉庆七年梅月望日刊石

一四三 重修龙王庙碑记

清嘉庆七年（1802）刊。

碑高140厘米，宽60厘米，碑厚22厘米。

现存于晋中市寿阳县宗艾镇尚家寨龙王庙。

【碑文】

重修龙王庙碑记

云行雨施，然后品物流形。故有渰萋萋，兴雨祁祁，《大田》诗人之望雨，如此其切也，而沛然下雨，龙王实司其职，此真有功烈□□□致反，始以厚其本能，不春祈秋报，尽其悫而悫，尽其敬而敬哉。尚家寨旧有龙神祠，报雨泽也。因祭龙王而追祀龙母，以及文殊菩萨、关圣帝君、子孙圣母、老赵将军，莫不塑像而崇祀者，所以扩敬神之心，即戴记索飨之义也。历按古碣，昉於故明天顺八年，至万历二十八年会重修之，然基址逼仄，规模谫陋，且僻在西偏，无以束一乡之元气，都人士欲改弦而更张也久矣。岁庚申，国学生尚子万仁，慨然煮茗，会同纠首，协力捐资，而乡人罔弗轻财重义，共勷盛举，捐银一千五百余两，因相厥地势，择於旧寺之东，狭者拓之使阔，沟者填之使平。凡正殿两廊、钟鼓二楼、山门戏台等概从而新之，其仍旧者，惟神像而已。而两马二童不与焉，况神像中之加大者，且居其半，虽曰重修，实与创始无异耳。於是栋宇辉煌、金碧耀目、规模宏整、气象阔大。以今视昔，固大有间矣。计其费，八会纠首，按地起工二千余，作银二百余两，共费一千七百余金。经始於庚申之阳月，落成於壬戌之季春，越年半而工乃毕，属愚以文记其事。夫文岂鄙人所能，而事则愚之所素悉。因靦缕以陈如兔园册，惟欲使后之君子读是碑，如亲其事，庶竭力轻财相与，敬修於不替也已。

廪膳生员郝秀廷撰

本邑儒士尚弼昌书

时大清嘉庆七年岁次壬戌季春谷旦立

阴阳赵载

正殿泥木匠吴廷润　吴廷潮

山门泥木匠王金才　贾世宗　贾占梅

戏楼木匠贾喜廷　贾生廷　铁匠闫开有　瓦匠尚万成　尚玉宝　尚勇　脊兽匠闫广珍

正殿画匠傅汗千　门徒塑匠赵殿

山门画匠蔡仪廷

戏楼画匠魏茂功

盂邑铁笔赵兴法

一四四　增补庙宇神池改作歌舞台碑记

清嘉庆七年（1802）刊。

碑高186厘米，宽56厘米，厚19厘米。

碑额书"永垂不朽"。

现存于晋城市高平市唐庄乡谷口村济渎庙。

【碑文】

增补庙宇神池改作歌舞台碑记

昔者圣人之系《易》也，通於幽冥之故，深穷鬼神之情状，以著其二气之良能。是以洋洋在上，骏奔走而告虔者，天下皆是也。里党踵而行之，敢忘前谟哉？谷口村东南建立济渎庙，由来旧矣。考之《禹贡》，济漯九河为西北之大水，厥神之灵，昭昭千古。兹者颅山之原，济水出焉，载在县志，信而有征。名既相符，神亦不异，祠而祀之，显佑无疆。上院左殿地藏，右殿眼光；中院左殿药王，右殿高禖；下院左殿牛王，右殿五瘟，祷无不应，感而遂通。举四境之人民，皆赖神之灵应以为安。前院凿斯神池，其水清冽，其鱼鲜泽，方之文王之灵沼，所称於牣鱼跃者，不是过矣。但岁月更易，不能无风雨漂（飘）摇之患，乡人触目而警心，畴咨而订议。功程既大，所费繁多，竭己之余，继以募化，於是众善咸应，乐输恐后。营谋既定，规为遂行，庀材鸠功，朝夕不遑。旧者补之，新者增之，於神池之石栏，则井甃而巩固之。外有歌舞台一座，局势湫隘，则改诸爽垲，恢宏而廊大之，磨之砻之，丹之臒之，焕然一新焉。自戊午年开工，庚申年告竣，於以歌功而颂德，於以荐芬而索飨，不亦承休前烈，辉映来兹也哉。今勒石书名，特彰著众人之善，而不敢湮云尔。

邑庠士陈爽西山氏薰沐撰文

里人申继烈澹村氏书丹

出入银钱总录

客省功德入银三百三十四两五钱七分

本村功德入银五十八两

卖树四次入银九十八两零五分

茧用五年入钱四十千零四百五十二文

止戏四年入钱六十六千三百七十八文

地亩公分入钱一百零二千一百六十文

大小木料出银钱一百四十五两四钱

顶石石柱出银钱十六两三钱零八厘

砖瓦屋脊出银钱六十六两七钱六分五厘

匠役六行出银钱一百九十五两一钱八分

谢神演戏出银钱一百零三两六钱零六厘

一切杂费出银钱一百六十三两八钱六分

共入银钱六百九十九两六钱一分九厘

共出银钱六百九十一两一钱一分九厘

除出净余银钱八两五钱竖碑扫用

照社做工一千三百有零

耕牛车载石料□百余晌

大清嘉庆七年岁次壬戌仲秋谷旦阖社维首并住持僧仝立

一四五 增修白云寺碑记

清嘉庆八年（1803）刊。

碑高170厘米，宽70厘米，厚11厘米。

现存于长治市壶关县树掌镇紫团村白云寺。

【碑阳】

增修白云寺碑记

白云寺者,《壶邑志》所谓驻云亭者是也。在翠微洞侧洞,为紫团真人修炼之所。出云降雨,功在生民,厥灵彰矣。故时值旱暵,远近望泽,祷祀而来者,皆憩於此寺。则此寺之兴,实神灵所式凭,其不可废也明甚。但旧址粗具规模,营造多所不备,加之世远年湮,风雨摧残,渐形坍塌。又住持无人,过往者必呼村众,村居窎远,至不以时,倦者不得息,饥者不得食,渴者不得饮。迁延顾望,感极而悲,客途之艰所不免也。居民冯公继述等,目触其事,久为悯恻,乃发愿倡修,倩人看守。但穷乡僻壤,经费靡所自出,用是告诸四方大众、本乡居民,共捐银钱若干,补葺殿宇两庑,增修山门、寺外西房三楹,戏楼一座。工兴於嘉庆元年九月,嘉庆八年九月告竣。於是廊庑森严,金彩焕发,烧爨有其地,栖息有其所,人至此无招呼延望之劳,无饥渴委顿之苦。庶乎,宾至如归,各得其物。诚一时之盛举,无量之功德也。谨记。

赐进士出身即选知县原任河东都转盐运司儒学教授山西乙卯科解元邑人冯文止撰文

赐同进士出身河南道监察御史邑人申瑶书丹

布施

荫城北社捐钱三十千零五百文　三圣会捐银十四两　十字东捐银八两五钱东字号捐银八两五钱　南社捐钱四千八百文　西社捐银三两

西火镇

郝家墓捐钱十七千五百文

树掌镇

四大社捐钱三十一千文

建□（宁）

南北社捐钱十三千八百文　来村捐银七两　冯交止施银四两　米山镇捐银卅三两　崔东宅捐银八两　北社捐银六两　三家店捐银六两　郭良社捐钱五千四百文　王坊中村捐钱五千六百文　平城捐钱四千九百文　檫梓捐钱五千文　梁家庄捐银五两　河东社捐银三两　东西牛皮掌村捐钱三千三百文　侍郎岗捐钱二千五百文　马安□（壑）捐钱二千四百文　六合社捐钱二千四百文　西枝□捐钱二千文

陵邑西关

北社捐钱二千文　大□（回）社捐钱二千文

焦家沟墓坡

二村捐钱二千文　野南村捐银二两　□水村捐银二两　东庄姬宅捐银二两　东庄村捐银二两一钱五分

神郊村

北社捐银二两　南社捐银一两　胡永法施钱一千五百文　王家庄捐钱一千五百文　孝义西社捐银一两五钱　罗掌社捐银一两五钱　下河社捐银一两五钱　东北坡捐钱一千二百文　回车村捐银一两二钱　霍村捐钱一千二百文　北兆社捐钱一千五百文　女善人捐钱一千八百五十文　西□（陈）掌村捐钱一千二百文　东□（陈）掌村捐钱一千文　黄崖底捐钱一千文　贾合捐钱一千文　上河村捐钱一千文　永盛当施钱一千文　恒盛当施钱一千文　九德当施钱一千文　敬兴当施钱一千文　恒昌号施钱一千文　苏璘魁施银一两　蔡世公施银一两　蔡国良施银一两　蔡凤鸣施银一两　梁尚濮施银一两　北城头社捐银一两　安乐庄捐银一两　屈进会施银一两　东井岭捐银一两　前后哭水捐钱一千六百文　兴盛号施钱八百文　晋兴号施钱八百文　万盛号施钱八百文　复盛号施钱八百文　顺义号施钱八百文　峰盛号施钱七百文　万成号施钱七百文　炭场平捐钱七百文　李子端施钱六百文　森掌社捐钱六百文　靳永兴施钱六百文　郭家村捐钱六百文　南郊社捐钱六百文　姬养和施银六钱　陵邑王学人施钱五百文　王振强施钱五百文　任得保施钱五百文　协成公施钱五百

文　恒兴号施钱五百文　富聚兴施钱五百文　恒聚号施钱五百文　东兴盛施钱五百文　梓成斋施钱五百文　隆庆馆施钱五百文　合盛馆施钱五百文　隆泰馆施钱五百文　赵宏川施钱五百文　赵子兴施钱五百文　（阙文）

大清嘉庆八年十月谷旦

社首侯德有　高昇　李永能

（阙文）管理秦增寿　冯继述　秦福海　冯继宽　冯继辰　李发财　李应枢　秦兴义　秦增盛　冯继顺　赵永　侯起行　赵秀仁　秦福宽

玉工和宏　梁永臣勒石

【碑阴】

布施

西北坡　平头武　庄则上　云盖寺　崇云寺　北脑村　南脑村　秦建伦　□盘脚　□掌村　三教口　石盆村　郭堡庄　红岭村　王之瑞十五人各施钱五百文

韩德晋　郑有仁　张振理　广兴号　□兴义　王聚世六宗各施银五钱

乔麦山　靳法仁　永振斋　福兴铺　义兴铺五宗各施钱四百文

张家村　五枝岩　清阳脑　杨福祯四处各施钱四百文

张□义　□起川　通义磨　盛隆磨　郭增茂　刘世稳　李澽　李建宇　□盛斋　□汉　秦□君　冯葆中　李文殿　赵子健　石河木　高岸上　李建福　秦建保十八宗各施钱三百文

蔡永义　郭景利　王天福　王思成四人各施银三钱

顺兴号　亨通典　贵兴号　立成翊　恒盛号　万振典　玉兴号　照兴义　□善兴　城会村十宗各施银三钱

郅君义　王典　赵宁　魏世安　牛松　原□村　张兴荣　晋法聚　牛起万　牛起祥　张敬修　秦土顺　联兴楼　申全玉　同义号　赵简十六宗各施钱二百文

赵铨　振兴楼　李□湘　李建起　下石坡　张永利　张宏瑞　楼则上　赵宏永

赵宏远　秦九皁　秦琛　秦九轩　李文光十四宗各施钱二百文

　　璩应宗　王和则　建成号　新盛号　王孝　王岐山　王斯宁　王锡□　协成号　义兴号　丰太号　准提社十二宗各施银二钱

　　梁增兰施钱三百文　小圪倒施钱四百文　木研村施钱五百文　冯继述施银十两　秦增寿施银二两　冯继顺施钱一千文　冯继宸施银一两　李发财施马房南梁一条　冯际锦施钱五百文　冯补则施钱五百文　秦福直施钱四百文　秦福运施钱三百文　秦增盛施钱二百五十文　秦福教施钱二百文　赵永施钱二百文

　　维首布施

　　侯得有施钱一千二百文　高昇施钱一千二百文　李永能　冯继述施钱一千文　秦增寿施钱一千文　冯继宽施钱一千文　冯继顺　李发财　秦福海　秦福宽施银一两　李应枢　□□永施钱一千文　冯继宸施银五钱　秦增盛施银五钱　侯起行施银五钱　秦兴义施银一两　赵秀仁

一四六 重修碑记

清嘉庆八年（1803）刊。

碑高 223 厘米，宽 71 厘米，厚 13 厘米。

现存于临汾市尧都区金殿镇姑射村仙洞沟。

【碑文】

重修碑记

尝思神非人不显，人非神不安。按《姑射图经》引庄子云：尧临天下，见四子，藐姑射之山有神人居焉，肌肤若冰雪，绰约若处子，不食五谷，吸风饮露，其神凝，使物不疵疠而年谷熟。至大唐武德元年重建，逮宣和元年敕赐庙曰崇道，洞曰神居。仰视崚嶒，缕脉错落，若垂云之状，真神仙府也。其洞至今有四子之遗像在，自四仙登天之后，每岁之春，郡邑士庶云集雾聚来游此山，遐览灵迹，拜谒仙真者，不啻万数，乃为胜游之区也。但历年久远，虽经修葺，总未完璧。今其住持等，徒跣广募，俾神像赫濯，庙貌增辉，更有鹿女洞亦焕然维新。人依神乎，神依人乎？是知神显威灵千载盛，人蒙惠泽万年兴，信不诬也。工兹告竣，爰将首事施舍信士勒诸石，以志不忘云。

云团道人明斋高濬撰

梅峰虞封赵晋书

河东王庄村王金龙布施盐一石

马务村祖师会施钱一千文

孔家庄徐光增施钱四千五百文　祖师会施钱一千文

合村施谷豆一石二斗　首事人徐富增　徐容　徐三得

府东关李全施银三两　安金富施钱五百文

府城东岳庙会施钱三千文　徐绍孔施钱二百文

十六位男女施钱九百五十六文

北关报房薛鑑施钱五百文

武功　乔万盛　周正基　王大孝　邵纶　邓国春　李天寿　亢学谦　王立盛　侯位各施钱二百文

义和号施钱一百文

南柴太柴景村薛村善男信女共廿七位施钱两千五百文成文昇等

襄陵县王继禄施银三两　王继寿施银一两　卢曰训施钱四百五十文　赵崇德李季春施化钱一千一百文　通信社施钱四百文　郭五典施化钱四百四十文　张美玉任大基施化钱四百卅文

刘庄村祖师会施银二两　郭三才　郭礼　杨国敬施化银三两

西徐村李永仁　陈大绪　徐悦寿施化银二两六钱

李村郭金盛　郭金鼎　郭金山　张荣　赵万才　黄生智施化钱二千八百文

木梳店宋廷炎　李逢杨　李三槐　李三壁　王纪祥　王秉玉施化银一两八钱六分　宋泽远施银五钱　光裕堂　宋时清　李新蔚　李生玉共施银一两二钱

洪邑玉头村贾生金　王世教共施银六钱　贾增荣施银一两二钱化银七钱八分

古襄村王秉玉　王纪祥施化钱三百廿文

东柴村段真儒　段洪义　李洪清　曹五元　段廷柱各施银一钱二分　夏三智共化钱六千一百文　徐峦　段恒　段□　段恂共施银四钱八分

白石村胡自兴　胡九思　程自周　李奇学　僧常有共施钱五百五十文

天井村段缉新施银一两一钱

东涧北张永康施钱二千七百四十文

屯里首事吕康　冯元芳　梁贵　冯龙　李兴　冯登　朱襄　柴九龙施化钱四千三百文

义店村首事人梁大法施银五钱七分　张九成　张世杰　梁明义　高泰　梁九霄　高定通　梁万镒　张九思施化钱二千六百文

京安镇孟瑞　褚富臣　郭功　张福海　王永魁　关永魁　王敬彦　关青云　柴屈氏　柴□氏施化钱二千四百文

首事各铺户关有瑄　杨文聪　高君弼施化钱二千一百文

南许村关永□　□□□　张方田　关永怀　张起顺　关永训　许世贵　许克武

许继世　邱吉仁　陈永顺施化钱二千八百文

西高河合村施钱一千八百文　祖师会施钱一千文　赵生镇施钱五百文　永宁当施钱四百五十文　赵廷梅　吴玉珍　赵东来　芦遵瑞共施钱四百六十文

高河店黄士洪等施钱三千文

神刘村施银十一两六钱　总约施银三钱

首事人樊得帝　樊景行　张希卜　樊得绪　邢福运　樊玉敬　晋玉琔　晋占科　郭洪旺　仇景远　樊景益　晋玉镜　晋玉栋　王学思　张希曾　袁五法各施银二钱四分　朱廷寿　张希贤各施银三钱　曹从富　樊大丰　樊大璧　郭永成　卢思兴　张斌会　樊士功　赵万库　赵承如各施银一钱八分

下靳合村施银八两七钱八分

首事王增禄　王发祥人等　王成珠共施银一两零八分　郝公相　郝金有　郝兴强　郝权　郝梅　王建福　郝可九　郝有浩共施银一两八钱　梁贵隆　梁贵有　柴金成　□盛法　梁克勇　梁克佑　王永兹　王文让　柴尧柏　梁克俭　王得明　王宰臣　王者臣　王进才　以上各施银一钱二分

瓦窑社雷玉第施钱九百文

金井村秉心如意会施银三两　杜君宝施银一两　杨廷仕施银二钱　授善　金甫各施钱一百文　府东关卫士杰施化银二两

永安村王应朝　安振光　安定璧施化钱一千五百文　刁胜彦施化钱一千文

焦堡张永海施化钱一千二百七十文

南焦堡安大顺施化钱二千六百文

屯里朝山会施钱二千文　叶学颜施钱一千文

郭家庄茹连施钱三百文　贾昇义施化钱一千九百四十文

后路地村张大富施化谷二斗七升

坂下村施钱一千五百文

北孝村施钱一千二百五十文

南孝村施钱一千七百七十文

张堡村朝山会施钱一千二百文　高万通施钱一百二十文

贾村贾林施钱一百二十文

东高河合村施钱二千一百四十文　茹玉环施银二钱四分　芦秉渊施银二钱　□克祥施银一钱二分　茹杰　茹严施银一两　茹玉美　茹百令施银三钱四分

井子头芦希岐　芦希英　芦希让施化银六钱四分麦七斗　雷光带　雷光聪施化银四百文

南社村施麦一石　首事蒋大禄　邢万仁　师奴子

燕家庄景明昶　景明诗　刘元施化麦一石五斗

景家庄张从昇　温洪义　景学福施化麦一石

古镇王金标　段永庆　闫枝施化麦一石四斗

□儿沟李洪瑞　侯大明　贾洪堂施化麦一石六斗　许成祥　李成龙施化钱二千一百文

阮家门同心会施钱二百五十文

南焦堡祖师会施钱四百文

大韩施钱一千六百六十文　陈□猷　张有富　□加猷　韩聪　陈建起　张祥秉　张学义　首事□舍施钱一千三百五十文　张广明施银三钱六分　侯广相　张琪共施钱二百文

伊村张义　王通英　景文典施化钱三千文　邓光发　焦如兰施化钱一千八百文　梁宗施银一钱八分

小贾村赵九锺施钱二百文

柴村共施钱五百文

管老高珍　高世　高淳　高江　高瀛　高嵩　高洪福　赵湖　辛庚光　王世立　高让　高彦君　高凌照　辛士强　辛克温　郭百宁　辛克恭　赵从义　辛保珠　赵登山　辛观光　辛源发　辛玉恒　高至亭　郭宗信　赵镇　高玉璧　高至恒　高全道　耿贤孝　辛有登　辛如怀　梁贵　辛连璧　赵从有　高良娃

时大清嘉庆八年岁次癸亥花月吉日敬刊

一四七　仙堂寺重修碑记

清嘉庆九年（1804）刊。

碑高173厘米，宽73厘米，厚17厘米。

碑额书"重修碑记"。

现存于长治市襄垣县强计乡九龙山仙堂寺。

【碑文】

仙堂寺重修碑记

襄城之东北有仙堂，旧传仙人隐居於此。其地山屏环列，悬崖万丈，清幽之况可豁尘胸，殆襄邑一胜□□□壮盛。时偕友人往游，沿深谷而上，古刹苍茫，僧房客舍隐现林木间。泉出佛座侧，味甘冽。下有琉璃洞□产石药如米，中盘石龙，时有瑞云出现，真天造地设景也。北行数百步，半山石岩娲皇宫建焉。倚峭壁、临深壑，栋栏凌空，不墙不盖。其右为观音洞，洞口建大士净室，迥超凡境。余登临遍览，有往复不厌之情，恨俗肠少所题咏，犹未得畅怀。既而阅碑记，乃余族祖浙江按察司凤仪於弘治十四年重修，功德主余祖引明。迨后历年久远，庙宇倾颓，神像暴露。余心恻然，谓苟有继起而整新之者。山寺崇峦，互相掩映，□足为佳景之助。兹八村首事刘子仪、刘殿升等协力经营，鸠工庀材，阅数年而工程告竣。诸戚族属余为文，以志不朽。余谓胜地名区，天生之，人力成之。实神之宝像金身，有以感之。凡兹十方善信，各出囊金，勷厥巨典，功德之普，可谓无边无量，如南海水矣。因书之以纪其盛。并以见余之曩昔游览不虚云。

岁进士候铨儒学训导刘炎上之氏敬撰

郡学生员刘炟耀廊氏并撰暨男子如锡九氏书丹

恩赐九品顶服刘学谦六吉氏篆额

八村维那刘进台　刘步魁　赵秉旭　刘殿升　刘子仪　刘福满　任聚　刘太和　刘致中

西营镇钱七千五百文　水碾社钱六千文　上良社钱五千文　刘贾氏　姚王氏李王氏合会人等钱四千文　武郝氏　连殷氏　郭杨氏合会人等施钱四千文　堡底社施钱四千文　窑峪沟社施钱三千文　李王氏等施钱二千六百文　赵守训施钱二千文

郝王氏等钱二千五百文　王玹钱二千文　西邯郸社钱二千文　王国明合会钱二千文　雷雨庙钱二千文　磁窑头社钱二千文　王家庄社钱二千文　郭刘氏等钱一千七百文　监生王效曾钱一千五百文　刘峥徽钱一千五百文　郭家恼钱一千五百文　李王氏等钱一千三百文　东邯郸钱一千三百文　刘富荣钱一千二百文　潘锦堂钱一千二百文　□□李来琛钱一千二百文　新明坊等钱一千二百文　广聚号钱一千一百文　生员赵振河钱一千文　郝领众等钱一千文　张华钱一千文　雷河钱一千文　信义号　太义号钱一千文　以成当钱一千文　宋亨当钱一千文　天成当钱一千文　永成当钱一千文　陈进旺　陈绪□　德茂号　天长号　永盛号　顺义号　德丰永　永和号　李小元　赵九璠　李辅廷　赵让　兴盛号　恒太当　史德富　魏思敏　李□元　王恩喜　韩丁琦　李金元　武李氏　韩法堂　刘庄　张文魁　复兴窑　雷琛　下合村二众□□　赵宋英合会等　刘李氏　姚王氏等　韩堡社　赵秉峻　以上各施钱一千文　张孟氏合会等　太和花店　东宁静　以上各施钱九百文　赵赵氏　亿成号　长太号　增盛号　合成号　立盛号　李□材　顺兴号　日盛号　牛进周　史兰芝　集成斋　亨太公　永兴号　长兴号　王德全　刘可祥　刘守珍　以上各施钱八百

　　住持僧梵惟　徒侄行渊　行注　徒侄孙心敏　心毓

　　时大清嘉庆九年岁次甲子四月上浣之吉

　　玉工王德武刊

一四八　重修关帝庙记

清嘉庆九年（1804）刊。

碑高178厘米，宽67厘米，厚15厘米。

碑额书"重修"。

现存于太原市阳曲县北塘乡大卜村关帝庙。

【碑文】

重修关帝庙记

　　晋阳兰伏七都大卜村旧有关帝庙，按前碑记，创始於康熙癸卯年，续建於雍正四年，补修於乾隆丙寅癸巳。则其创修勿替，而貌宇森严，洵足以壮观瞻，起敬畏矣。顾修理虽经屡次，而星日之久，风雨摧残，不无损坏剥落之感，若不时加补葺，非惟无以示更新，且恐渐以隳厥旧也。岁在辛酉，偶因正殿功案残缺，乐楼地基窄狭，阖村人等公同裁度，议及重修。於是村中之善人信士，慷慨奋兴，率先捐资，多方募化，择日兴工。内而正殿功案重画，找补完密，仍复孔曼孔硕之观；外而乐楼增加挑角，彩画新鲜，犹是美轮美奂之致。兼之南北两廊、钟鼓二楼，山门之左右，新建歇厦，皆已焕然齐新。韩子云：莫为之前，虽美弗彰；莫为之后，虽盛弗传。若此者，可谓能善其后矣。工峻（竣）问叙，余以为帝之德义服人，威灵显赫，能使黄童白叟莫不□献悃抒忱，争先踊跃以成其事者，不烦殚述。第略□陈始末，铭之碣石，以见不没人善之意，且以告后之君子，使知补修之功有举莫废也云尔。

　　忻郡儒学生员张阆然薰沐撰并书　　随施银三钱

　　郑家梁村功德待荣封张母郭孺人　男职员张成琏　张成瑞　张辑瑞　孙狗子　老根子施银四十两

　　功德郭生人　男郭永煌　郭永煜　郭永焕　郭永燮　郭永辉　郭永炜　孙郭之翰　郭之屏　郭之蕃　郭之俊　郭之重　郭之杰施银三十两

　　功德兼总管募化郭生源　男郭永隆　郭永昇　郭永亨　郭永健　孙创元施银三十两

　　功德募化郭生寿　男郭焕章　郭炳章　郭含章　郭锦章　郭蔚章　郭云章　郭汉章施银三十两

管账钱粮纠首郭永焕　郭永隆　郭永辉　郭宪章　郭生禄　郭生珏　崔玉安

经理纠首郭生玺　郭天保　郭生宁　郭天枝　郭永煌　郭永庆

二宅王世忠

木匠樊世旺　冯有禄　侯永旺

泥匠段有银　张玉法

瓦匠李法园

画匠李本直

铁笔匠张尔文

住持僧普仁　住持僧澄旺　门徒清宝　清桂　徒孙觉威　觉柱

大清嘉庆九年岁次甲子荷月十八日立

一四九　重修三庙记

清嘉庆十二年（1807）刊。

碑额书"皇清"。

现存于运城市盐湖区博物馆。

【碑文】

重修三庙记

　　三真君庙之建余庄西北隅，位北面南，中大殿，左佛殿，右药王殿。殿前有楼，沿俗名戏，盖东韩梁之巨迹也。弘治丁巳年，建区全具，而规模构所自昉矣。继修於万历乙卯年，又修於本朝康熙庚申年，亦第补阙弭隙，鲜所建树，绵沿百余年，风雨飘摇，日就倾圮，而戏楼之破漏尤甚。每值唱言奏格，殊碍侑妥。则虽有殷献之举，而不肃殷献之区，非所以悦神灵而罄诚敬也。又城外东南有祖师庙，正殿立，而垣与门并阙，其有坠鲜修，如真君庙。西北有玉皇庙，损厦缺阶，捄陿筑登之有待，亦如祖师庙。庄人屡计修营，往往畏难中阻。创始之有人，尤须继绪之有人，岂不要哉。己未岁，余目击心伤，谋之耆老，耆老俞，谋之衿士，衿士俞，谋之丁男，丁男俞。斯亦神假之灵，勃勃乎其群然动也。继得能事乡杰数十人，置私勤公，昼夜不息，夫然后审地势之咸宜，规工用之各得，去旧□，易毁折，於东南庙见剪茨列墙之完密，於西北庙见欂栌节梲之辉煌，而於庄内真君庙，则诸殿并整，崇台改建，维时继长增高，真有以极巍焕之观，而表庄丽之象矣。猗欤休哉！何功之茂与！夫事不患不成，而患於易坏，作者欲久存，而继者恒怠废。诸如此，曷可胜慨。兹庄人倾囊乐输，又济以四方信士之捐资而递修钜业。始嘉庆己未年之秋八月，终丁卯年之夏五月，历时非暂，殚力良多。则庄人之倾诚於神，与神之惠我庄人者，两无既也。功竣期，余官清源，不获与庄人共答神休。然庄人爱余朔为之倡，而又深悉此物之始末也，属言於余。余沐手斋心，邀神惠之无疆，羡庄人之向善，而又望夫后之能者，相与继起而增修之也。是为记。

　　例授文林郎戊申科举人辛酉大挑一等呈改教职现任太原府徐沟县清源乡儒学训导截取知县后学弟子郭培庚沐手撰文

　　儒学增广生员阎式金沐手书丹

儒学生员阎学古沐手篆额

承首乡老寿官郝永和　杨广聪　闫鸿魁　监生郝立安　寿官闫陟冈　李天集　兰学诗　任可宪　郝永义　闫之富　郝立德　杨尚顺　闫清俊　农官李天佑　闫上功　任洪盛　高发兴　任洪美　闫廷琮　闫立纲　任洪武　李志学　庠生闫鸿誉　杨如桐　李一杰　杨尚秀　李恩赐　杨廷松　高恒　郝永久　闫鸿矗　杨如槐　庠生李□修　杨有志　李健　闫肇京　郭均　闫清盛　李恩第　监生闫有望　李天显　杨有恒　监生任洪泰　杨尚节　杨宜春　郝永信　杨如椿　杨耀　闫君役　周致明　李俟　任吉超　李汝恂　高忻　兰修功　闫鸿洲　王德谦　郝培利　闫绍熊

时大清嘉庆十二年岁次丁卯六月吉旦立

铁笔闫鸿奇

一五〇　重修龙泉山东岩寺募化乡村碑记

清嘉庆十四年（1809）刊。

碑高152厘米，宽71厘米，厚13厘米。

碑额书"流芳"。

现存于吕梁市文水县苍儿会乡程家庄村东岩寺。

【碑文】

重修龙泉山东岩寺募化乡村碑记

昔者庐山既辟，银殿飞来，汉观初开，玉梁自下，凡由神异，无藉经营。然而龙宫象塔非属天成，而白马青鸳皆缘人为。是以给缘捐布布地之金，大士舍双林之空，至今传为美谈焉。余邑土安都龙泉山旧有东岩寺一所，佛氏大殿三楹，天王殿三楹，东西两廊各三楹焉。及至钟鼓二楼、山门亦皆齐整，诚胜境也。但年深日久，风雨飘飖，殿宇颓毁，见者莫不伤之。今阖都公议，重加修葺，奈工程浩大，独力难成，伏祈善士君子各助资财，共襄盛事。而善士君子果尔乐善不倦，愿输资财，而盛事告成焉。今既告成，将善士君子姓名谨注于石焉，永传不朽云。

阳邑河口镇武秉威撰并书

贾治禄施银七两二钱　真悟施银二两四钱　常生俊施银一两六钱　三合庄施银一两五钱　闫成俊施银一两五钱　德盛庄施银一两二钱　永辉庄施银一两二钱　三盛庄施银一两二钱　王明元施银一两二钱　刘明殿施银一两二钱　荆扶宁施银一两二钱　杨大仁施银一两二钱　田进海施银一两二钱　孙孔明施银一两二钱　张永文施银一两二钱　武奇长施银一两二钱　李一旺施银一两二钱　武支展施银一两二钱　彭守仓施银二两四钱　徐恭施银一两二钱　王成明施银一两二钱　杜珲施银一两二钱　杜金泰施银一两二钱　郭学富施银一两二钱　李学举施银一两二钱　彭守仓施银一两四钱　康玉昌施银一两二钱　王振贵施银一两二钱　李明施银一两二钱　闫荣花施银一两二钱　三全庄施银一两　永盛王记施银一两　宝和公记施银一两　如意庄施银一两　里宗尼施银一两　王海明施银一两　马子宽施银一两　张思义施银一两　乡耆李玘□施银一两　李玘琳施银一两　武成□施银一两　马思官施银一两　马子明施银一两　胡璋施银一两　王大华施银一两　张彦章施银一两　曹相周施银

一两　陈国银施银一两　张成明施银一两　李本法施银一两　李本福施银一两

张生福　郝龙　王元龙　张成达　张振常　张振太　刘洪玉　刘洪敬　刘世英　元要庄　梁居光　武生贵　李惟信　刘明拴　邢仲文　王佳有　高弘仁　武丕金　闫秉忠　韩丕功　孟建有　杨守虎　以上各施银八钱

张海宝　闫成合　张成茂　杨孔清　赵兴亮　冯天顺　李印成　杨国定　杨国学　杨乃金　杨乃川　杨乃皇　杨国太　长盛泰记　刘清元　李公睿　李庆　以上各施银六钱

李本武　王生科　李支荣　李本珠　闫荣斌　李治全　李荣枝　闫海通　复盛庄　吉盛庄　曹增明　闫振威　李敬德　三盛庄　王大成　安秀惠　杨成功　郭宝元　马学花　王海清　永泉号　李有玭　□帝德　任国有　马尔宝　梁文利　郭法尧　隆和号记　王殿义　马思昌　杜可治　萧福柱　赵林　武廷臣　赵常如　李兴斌　赵大富　冯美　赵清珍　梁如禹　赵明高　郝现　张汉鑾　郝宗朝　王德茂　王良地　张如林　王克红　王京有　张玑玉　陷凤图　陷凤灵　成玉宝　成福正　韩大科　常永吉　张凤成　任大致　孔喜　王元祥　冀学增　武成邦　梁成元　梁成明　姜玉琮　张彩云　梁大高　梁崇实　梁大鑾　闫荣进　田大亮　任进鑾　耿守财　武生荣　梁成绪　梁成统　梁承科　武成珠　卜玉富　李合　杨天忠　武长礼　马林财　马林斌　马林武　翟玉仁　张奇务　张世祥　张久荣　王世周　吕照盛　张志元　张作株　张世斌　吕安生　任汝在　张文郎　张文书　张文相　武仲魁　西盛庄　郭万年　薄振仓　德盛庄　武得章　杨守臣　杨守库　郭永璧　任玉光　董以文　武盛　陈玘申　陈玘龙　以上各施银□□

李共唐　武立旺　张合宝　武攀□　武忠深　武立贵　王孝兵　武忠喜　武忠正　武学科　武学金　武德威　武忠祥　冯天玉　武立全　武立银　武立明　武立财　武立唐　孟继禹　孟继盛　安永清　张常远　□法要　□居宝　成福海　张玘洪　陷凤鸣　冯玉振　成士杰　翟印常　成福喜　成福功　成玉元　王大成　李海珠　杨守财　常贵山　张玉喜　张玉贵　冯玉希　王京全　武立功　武立宝　陷凤

财　陷凤贵　张大奇　杜万宁　杜琇　张法仁　张贵全　张世夆　义合公记　任成贵　□根□　以上各施□钱四分

王生银施银二钱四分

苏永仁　郝文旭　王者圣　成国楼　以上各施银二钱

武永祯　武永正　武攀所　王正宝　武攀世　武攀尧　武攀生　以上各施银一钱□分

杜位　杜金明　武成全　李元柱　翟学文　杜玘生　魏生宝　王大才　兴盛馆　以上各施银一钱二分

大清嘉庆十四年十月二十二日谷旦立

一五一　重修三官神庙碑记

清嘉庆十四年（1809）刊。

碑高160厘米，宽60厘米。

现存于晋城市阳城县凤城镇汉上村三官庙。

【碑文】

重修三官神庙碑记

闻之：碑之为言悲也。以其人有可法可传之德业，故勒之于石，使后之览者传为不朽之美谈，如羊叔子岘山《堕泪碑》足以当之矣。若夫捐众资修庙宇，不过勤敏之微绩耳，乌足志，然而勤敏亦自有不可泯灭者。吾村东南旧有三官神祠，历岁既久而栋宇不无缺损矣，墙垣未免倾隳矣。岁时享祀，礼拜几无洁清之场；僧道宣经，风雨难免飘零之患。憾何如也。顾剥极必复，虽理有自然，实赖人谋。己巳岁孟春之初，宰斯社者集众鸠工，仍前人之旧址，弗侈奇观成，继起之增华，稍加润色。由是而缺损者、倾隳者，焕然更新矣。工既告竣，勒石垂后。予嘉宰礼者之勤敏，因略叙其大端，使后之览斯碑者，以今之宰社者为法，宰社者为谁？姬君学让、李君思俭、原君法重、姬君仪也。

陇西李鸿绪撰书

梁山宝钱一百八十七　李洪高钱二千三百廿五　李洪墀钱一百七十五　代（岱）岳观李一照施钱五百　冯一全施钱一百五十　潘阳润施钱一百五十　李广姬施钱三百　李洪周钱一百八十　姬鉴　姬世温　李在周各钱五十　姬万宁钱一百七十五　姬万恩钱五百八十七　姬万修钱一百卅七　姬万得钱一百五十

李小棍钱五十　卫满仓钱三百五十　白统山钱一百七十五　于满福钱一百　姬万统钱二百廿五　李思俭钱四百五十　王供钱一百　梁柱宝钱五十　姬丰钱七百廿五　姬在钱七十五　姬仪钱六百一十二　姬润钱一百七十五　姬甲钱一百卅五　王廷钱二百六十二　王小同钱八十七

姬小喜钱一百廿五　王子成钱三百七十五　姬世彩钱一百七十五　梁文认钱一百七十五　梁让宝钱一百八十七　张成文钱卅七　梁现宝钱七百七十七　梁海宝钱一千一百廿五　成起祥钱五十　姬世昌钱四百八十七　姬有恒钱七十五　姬有周钱

二百七十五　姬财钱一百　姬有家钱一百七十五　姬遇库钱一千零廿五

　　崔克谟钱五十　原随住钱一百廿五　韩桃宜钱廿五　姬魁钱三百　姬学礼钱五十　姬学镃钱五百五十　姬学文钱二百五十　姬世太钱一百　姬祥钱一百　姬小墓钱三百七十五　姬之壮钱八百五十　姬铮钱四百五十　姬钜钱五百廿五　姬之勤钱一百七十五　姬学诗钱五十

　　韩桂钱七十五　李洪垣钱一千二百六十二　李洪址钱一百八十一　姬育钱五十　姬进钱一百五十　姬印钱一百廿五　姬川钱二百廿五　姬学谦钱一千六百八十七　姬梅钱二百五十　吉文斌钱五十　姬世锦钱卅七　姬之堡钱一千二百廿五　王顺成钱廿五　崔小得钱一百廿五　王法孝钱三百廿五

　　李二扶钱一百卅七　李洪学钱二百七十五　李洪泰钱一百七十五　李洪坦钱一百五十　李洪垱钱一百三十　姬文正钱七百八十七　姬文库钱四百五十　姬有库钱五百一十二　姬文懋钱一百　李在如钱三百　姬便娃钱卅七　原守库钱一百卅七　原法通钱一千二百七十五　原法英钱二百廿五　原从钱六百廿五

　　韩魁钱二百五十　韩近钱三百五十　韩秀钱二百八十七　郭焕钱廿五　梁文水钱一百廿五　王元钱五十　张林钱二百卅八　成海钱一千八百五十　姬学智钱六十二　吉文周钱一百　梁小明钱一百五十　吉文宗钱一百五十　吉文楚钱二百七十五　吉文开钱二百卅八　原隆钱三百五十

　　卫恺钱七千五百　卫怀钱二千三百　卫恒钱二千五百　卫惊钱二千四百七十五　卫恂钱二千三百一十二　姬准钱一千七百七十七　姬之坤钱一千三百三十七　韩库钱一百七十五　梁惠宝钱廿五　王明钱一百一十二　郭林钱八十七　于满周钱三百八十七　王小玉钱五十　王俭钱五百　于满文钱六百一十二

　　于满都钱一百　于满金钱一百六十二　于林昌钱四百　卫满库钱七十五　李有金钱一百　姬岱钱一百七十五　姬世来钱三百七十五　姬永贯钱一百卅七　李在周钱一百一十二　李在旺钱一百廿五　王起钱一百五十　韩满钱一百廿五　姬鉴钱一百　李洪壤钱七十五　李明钱一百

于次昌钱七十五　姬永隆钱三百　李广姬钱一百　李在海钱六百八十七　王金钱卅七　王旺宝钱七十五　王文怀钱一百　姬可钱一百卅七　李洪晋钱五百七十五　李洪境钱六百卅七　李堆钱四百　李城钱二百　李坷钱一百八十七

张绪钱五十　王宜春钱七十五　李珩钱一百廿五　李洪周钱一百　姬寨娃钱一百一十二　姬学让钱五百五十　姬银钱二百五十　姬永仁钱二百　王法珍钱一百七十五　姬□钱一百　王保钱一百八十七　王中钱七百廿五　王□钱一百卅七　赵□□钱三百七十五

李□□钱（阙文）　成小（阙文）　李佩钱（阙文）　李金娃钱一百五十　李凤钱一百廿五　李闻钱（阙文）　李洪陞钱（阙文）　李保玉钱廿五　姬松山钱二百廿五　姬□隆钱五十　成□□钱一千三百　□□□钱五百廿五　董□□钱二百一十二　李□□钱一百八十七　（阙文）钱廿五　（阙文）钱一百　□克□钱一百八十七　□克□钱六百　李在中钱三百七十五　□海钱三百　梁□宁钱五十　梁库宝钱三百五十　□文通钱（阙文）　卫准钱七十五

张亮钱三百五十　崔均钱二千四百五十　姬□钱廿五　（阙文）钱四百七十五　田□□钱六百八十七　李□钱□百三十　马□钱二百□十二　高小狗钱五十

共地三千一十六亩　每亩收钱廿五文　共该收钱七十五千四百文

旧社老姬之坤　崔克美　李洪垣　姬世昌捐钱廿千加利息四千

卖枝稍柴皮糊砌钟架铲砖共入钱一千二百卅七文

入布施钱一千四百卅文

通共入钱一百千零二千零六十七文

买树株砖瓦石灰糊砌共使钱廿四千八百八十七文

石木匠工共使钱廿千零二百廿文

画工一切使费共钱廿一千九百七十七文

谢土使费共钱九千九百四十五文

杂费钱一十五千二百七十九文

立碑使钱五千三百四十五文

通共使钱九十七千六百五十三文

除使过净长钱四千四百一十四文

住持李一照

玉工姬世来

兴工老社姬学让　原法重　李思俭　姬仪

管账姬梅　姬准　姬岱

执事姬丰　卫恺　姬之堡　成吉祥　姬文正　李洪垣　卫怀　姬库　姬万宁　李佩　韩秀　姬世昌　卫恂　李在海　成海　崔克美　姬有见　王高　李洪高　姬有家　卫满仓　王保　姬学文　姬之壮　原法通　李洪晋　王俭　吉文昇仝立石

大清嘉庆十四年岁次己巳子月下旬吉旦

一五二　重修龙泉山东岩寺碑记

清嘉庆十四年（1809）刊。

碑高 183 厘米，宽 83 厘米，厚 14 厘米。

碑额书"皇帝万岁"。

现存于吕梁市文水县苍儿会乡程家庄村东岩寺。

【碑文】

重修龙泉山东岩寺碑记

夫古佛圣人，教传东土，大发善念。游其境者，雄恶改为良善，忤逆化为孝顺，愚昧学为贤□。佛圣之鸿恩庇美於人者多矣，不可举数而言也，而人可不□□奉祀乎？我土安都龙泉山旧设东岩寺一所，创自后汉永平年间，正有古佛宝殿，南有天王大殿，东有天仙圣母庙焉，西有七佛宝殿，□有观音菩萨阎罗之殿焉。圣像森严，殿宇辉煌，俨然可畏者也。自创建以来，一都之蒙其恩者，岂浅鲜哉？但历年既多，风雨飘飘，圣像淋落，殿宇倾圮，而先人屡代补修。自乾隆九年重修，以至於今，六十有余载矣，而圣像殿宇又倾圮之甚，往来祭之人触目心伤，无不惨然。有本寺住持僧人具全不忍睹其倾圮，请一都之纠首，公议募化重修，而一都人皆欣然曰：诚哉是言也。於是鸠工动众，圣像淋落者金妆之，殿宇倾圮者补修之。而殿之南又新修石窑六座，南楼六楹，及至正殿南殿、东西庙宇、大小神祠、楼台殿阁、钟鼓二楼、寺门山门、僧舍廊房无不焕然一新。不数月而工告竣焉。今工既成，岂可将好善乐施之君子、劳心劳力之纠首湮没不彰乎？故为之勒一石焉，以志不朽云。

阳邑河口镇武秉威沐浴谨撰并书

起意纠首马永刚　孟荣财

管账纠首李忠山　李玘厚　王世振　马成发

总纠首马治国　王世宽　任茂贵　李桂雄　马守义

买办纠首李成林　马国仁　任长山

众纠首马开泰　康守成　任茂盛　任久荣　马学元　任开基　李成法　李成喜　李元宝　李桂达　李忠常　马良德　马士宰　马守礼　杨朝官　王生禄　康守正　王世武　王世庆　王世涌　韩振威　张文举　杨生法　武攀英　李玘璟　李兴

贵　王大柱　武攀祯　武宗明　武攀相　武立宗　张合云　马林通　李有　武□茂　杨生成

中庄村扶梁人任门白氏　男长山　王氏　侄男长宝　长满施银一十二两

李家庄村扶梁人李门武氏　贾氏　男桂振　任氏　孙男德明　德旺施银八两　李门王氏　侄男桂雄　张氏　渠氏　孙男德高施银八两　李忠山　李忠常　男桂林　桂□　桂元　桂成施银八两

程家庄扶梁人王世宽　康氏　王氏　男加富　加发施银四两

贺家塔村扶梁人李玘厚　高氏　田氏　男兴吉　王氏施银二两四钱

下社村扶梁人马门王氏　男成发　王氏　久发　王氏　庞氏　孙男希泰　李氏　希平　王氏　希富　希真　希贵施银二两四钱

程家庄村扶梁人王世涌　马氏　男加旺施银一两二钱

程家庄金妆圣像人王世振　马氏　男加积　加德施银一十二两

大清嘉庆十四年岁次己巳孟冬念二日谷旦吉立

本寺住持僧人具全　门徒（阙文）　性明　（阙文）

善友马（阙文）

丹青张成　王学成

阴阳马开广　宁□治

石匠段荣贵

木匠梁成德

泥匠康玉昌

瓦匠郝□□

一五三　东岳驾前制提炉凤扇碑记

清嘉庆十五年（1810）刊。

碑高54厘米，宽104厘米。

现存于晋城市泽州县高都镇东岳庙。

【碑文】

东岳驾前制提炉凤扇碑记

东岳天齐仁圣大帝者，掌人世之善恶，权幽府之总司，锡福降灾，威灵赫濯，固昭人耳目间也。普天之下，其谁不尊而敬之？吾镇东庙，古祀天齐大帝，每年三月念（廿）八日，恭逢圣诞之辰，合镇赛社迎神，游巡一方，所有旗伞什伍，固皆俱备，独至轿扇等夫之衣帽，则破坏而不堪，甚至驾前提炉凤扇，更缺焉而无有，神虽不必藉此以为荣，问之吾等敬神之忱，宁无憾乎？今大魁等各发诚心，倡为善果，其一时好善乐施者，幸皆慨解囊橐，共勷厥事。于是旧者新之，缺者补之。自兹会事齐全，庶不至有亵于神矣。斯实以伸吾等敬神之诚心云尔，敢云邀福乎哉？

国子监监生门大魁撰并书

凡众善士捐资芳名开列於左

马长寿施银十两　晋随恒施银七两　马长年施银六两　门大魁施银四两　税局马体端　门大川　常成　原希宪各银三两　常振施钱二千　晋永富　王崐　源兴号　晋裕　马通祥各银二两　门体泰　李珏　通兴号　原德纯　晋秀　门寿兰　常永贵　晋锯　刘青藜　玉茗斋各银一两五钱　晋习温　邢愁各钱一千　王廷佑　赵天吉　卢浩　原宗怀　门大成　三顺号　原应礼　原希武　李洪　原宗光　乔廉　李文智　田清　任朝樑　旺顺馆　门天福各银一两

以上共捐银八十三两钱四千整

申九银四两四钱四分

凡一切物件开列於后

铜提炉四鐏银八两六钱三分

南木杆四根银六两二钱二分

砵缎绣袋四个银五两零七分

月白绉巾四条银三两二钱

铜链十六条银一两

宝蓝缨络穗四付银三两七钱三分

洋青地龙凤扇四把银十九两五钱一分

苏至家一应费用银六两三钱五分

黄号衣十四件银十二两九钱八分

月白绫小袄一件银二两七钱

凉帽台十四顶银三两八钱五分

针工并伙食银二两九钱七分

敬神并零星银二两三钱

杏介绫八尺八寸银九钱三分

以上共使银七十九两四钱四分

门天福使银一两　言明每年三月念八日管理物件

所余之银勒石敬神使讫

维首马长年　门大成　门大魁　门大川　马长寿　常成

玉工和生安

住持僧如祥

公议此物不许出借　如违者罚纹银十两

大清嘉庆十五年岁次庚午端月之吉公勒

一五四　关帝庙创建碑志

清嘉庆十五年（1810）刊。

碑高 288 厘米，宽 109 厘米，厚 23 厘米。

现存于临汾市翼城县西闫镇曹公村四圣宫。

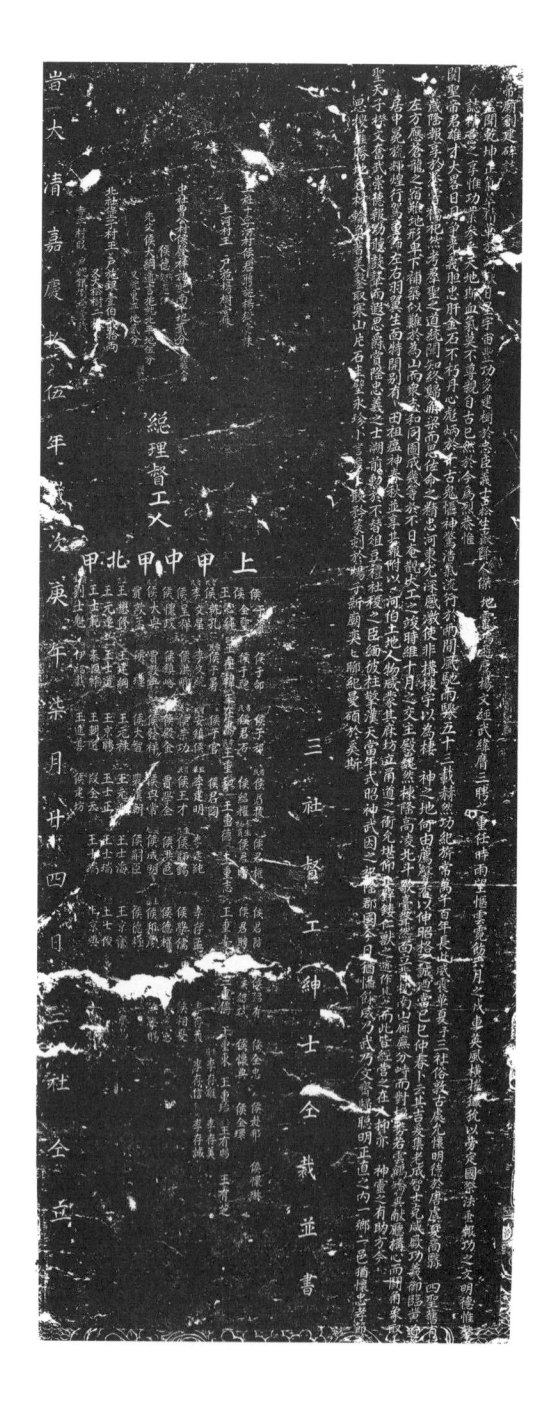

【碑文】

关帝庙创建碑志

　　盖闻乾坤正气，萃精华於河岳日星；宇宙丰功，多建树於忠臣义士。嵩生岳降，人杰地灵，鸿飞鹰扬，文经武纬。膺三聘之重任，时雨望慊云霓；饬六月之戎车，英风横摧狎狁。以劳定国，祭法垂报功之文；明德惟馨，□□（周书）志精意之享。惟功业参乎天地，斯血气莫不尊亲。自古已然，於今为烈。恭惟关圣帝君，雄才大略，日月争光，义胆忠肝，金石不朽。丹心彪炳於千古，鬼慑神惊；浩气流行於两间，风驰雨骤。五十三载，赫然功纪旂常；万千百年，长此威震华夏。予三社俗敦古处，允怀明德於唐虞夏商；翳四圣旧有□□，岁隆报享於烝尝祫祀。然考群圣之道统，闻知终归解梁；而思佐命之精忠，河东尤深感激。使非构栋宇，以为栖神之地，何由荐馨香，以伸昭格之诚？乃当己巳仲春，卜云其吉，爰集老成智士，克咸厥功。羲御临黄道之祥，左方应苍龙之宿，虽地形卑下，补筑似难於为山，而众志和同，图成几等於不日。奄观大工之竣，时维十月之交。主殿巍然栋隆，高凌北斗；歌台耸然面立，背枕南山。廊庑分峙而对楹，势若云鹤矫翼；献厅构心而斗角，象取太极居中。冕旒辉煌，行驾重饰，左右羽翼，生面特开。别有田祖、瘟神，春秋并享其报；附以河伯、土地，人物咸蒙其庥。坊立甬道之冲，允堪仰止；壁镂仁兽之迹，作其之而。此皆经营之在人，抑亦神灵之有助。方今圣天子揆文奋武，崇德报功。听鼓鼙而返思，爵赏隆忠义之士；溯前勋於不替，俎豆礼社稷之臣。缅彼柱擎汉天，当年式昭神武；因之祀隆郡国，今日犹慑余威。乃武乃文，齐归聪明正直之内；一乡一邑，犹怀忠孝节义之思。搜罗圣地名材，轮奂著美；凿取寒山片石，圭璧永珍。小言詹詹，敢矜篆刻於杨子；新庙奕奕，聊纪曼硕於奚斯。

　　三社督工绅士仝裁并书

上社十字河村侯君聘施杨树一株　上河村王户施杨树一株　中社曹公村侯发祥施就南平地二分　粮银入庙　侯德耀　侯德峻尊伊先父侯大纲遗言施就北平地五分又就东平地二分　粮银入庙　北社堡子村王户施银一百二十两　又大松树二株　寺平村段户施银八两一钱

总理督工人

上甲侯于资　侯于邠　侯于邢　耆民侯君拔　侯君权　侯君防　侯绍有　侯全忠　侯赴邦　侯怀琳　侯全鎏　侯于聪　耆民侯君石　侯绍耀　奉祀生员侯君赠　侯君聘　侯绍斌　侯怀典　侯全环　王心纯　耆民王在韩　王在东　耆民王重和　王重德　王重志　王重安　王重儒　王重东　王重珆　王有赐　王有芝　耆民侯执孔　耆民侯于暑　侯于官　侯君陶　耆民李文星　李文统　耆民安镇侯　监生李建民　李建纯　李存孟　李存义　生员李存雍　李存美　李存信　李存诚

中甲侯呈祥　侯洪卿　侯荣功　耆民侯王才　生员侯师锡　侯学儒　侯相夏　侯怀政　侯镇峪　侯殿金　贾学全　侯洪邑　侯德耀　贾述宪　耆民侯大兴　贾敦典　□民侯发祥　侯兴常　从九侯成明　生员侯邦彦　侯学赐　贾敦孟　侯琏　侯大智　裴汉朝　侯嗣臣　侯德极

北甲生员王懋修　王建纲　王元禄　王元兆　王士海　王京宠　孔广易　王元达　王士道　王京聘　王士正　王士瑞　王士俊　王士范　秦恒祚　王朝选　段全天　王士端　王京典　（阙文）　贡生刘士魁　伊绍载　王进善　侯建坊

时大清嘉庆十五年岁次庚午七月廿四日三社仝立

一五五　补修神殿并舞楼碑序

清嘉庆十七年（1812）刊。

碑高95厘米，宽46厘米，厚12.5厘米。

碑额书"永垂"。

现存于运城市垣曲县解峪乡乐尧村黑龙庙。

【碑文】

补修神殿并舞楼碑序

愚尝思之，神之於灵也，无时而不在，其应也，随处而皆通，况乎时雨之降，尤莫可测者也。余处古有龙王庙，所在之地名曰海子脖脐，登之则古迹怀山襄陵之势，宛然在目也。神之保佑一方，雨□□□，实有难以尽述者。余前后三社，敬之罔敢或懈焉。兹有众首人所补修神殿□间，舞楼一□，功□之后，命匠刊石，乃请叙於余。余□□褊浅，才识卑陋，安敢妄为指陈也哉？无□则只就其已然者□聊志之。自此以往，知神之感应一方也，愈见时雨若之灵验宜不爽矣。

作首人

丁南旺施银二钱五分　张玉中施银二钱　李尚材施银二钱　赵全壁施银三钱　王法魁施银三钱　文赐官施银三钱　文万年施银一钱五分　皇恩张善载施银一钱五分　耆宾王景思施银三钱　张效载施银□钱　王维功施银□钱　张□□施银□钱五分　李景□施银□钱　马堂蛟施银□钱　张法元施银□钱　王步清施银□钱

处士文赐宝薰沐敬撰并书

时大清嘉庆十七年十一月吉旦立石

一五六　合村公议打井之事

清嘉庆十七年（1812）刊。

现存于晋城市泽州县柳树口镇司家河村三教堂。

【碑文】

合村公议打井之事

　　大清国山西泽州府凤台县移凤乡建福都大泽里司家河，合村公仪（议）打井之事。司添惠施井口地一个，古路一条，施粮在内，地住人交纳，永无后还。

　　司添惠钱一千文　司添顺钱一千三百文　司添春钱二千二百文　司添义钱二千文　田金省钱一千八百文　许添宽钱一千五百文　毋成富钱一千三百文　司添兴钱一千三百文　司正官钱一千文　司正轩钱七百文　司正汤钱七百文　毋成林钱六百文　司添朝钱六百文　田金成钱五百文　许添好钱五百文　司添亮钱四百文　许喜法钱四百文　田金立钱二百文　田羊成钱二百文

　　川井风见梅先生

　　捉笔司添义

　　玉工陈广汤

　　神戏三台　打井共使钱一十八千二百文

　　更人口用水

　　大清嘉庆十七年十一月廿七日立

一五七　重修真泽宫后殿碑记

清嘉庆十八年（1813）刊。

碑高 255 厘米，宽 110 厘米，厚 30 厘米。

现存于长治市壶关县树掌镇神郊村真泽宫。

【碑文】

重修真泽宫后殿碑记

且夫物本乎天，人本乎祖。本之所系，甚大也，何独至于神而疑之？粤若真泽宫后殿为乐公（乐）母所栖止，自嘉庆四年五月间大雨滂沱，庙宇倾圮。乡民祈福者，恻然有返本之思。金曰：此殿不修，是忘本也。夫祖有功，宗有德，荣先祀者，犹隆其报，况二仙真人之功德，由唐历宋以迄于今，救灾解难，润泽生民，代有灵应。尤宜推其功德所自出，以永血食於千秋也。自嘉庆十二年募化积金，鸠工庀材。至嘉庆十七年丹楹刻桷，轮奂一新。重修正殿五间，两旁耳楼六间，东西厅各七间。其众善士崇本之意，乌可湮没而不传。遂率笔而为之志。

例授征仕郎甲子科副榜候选儒学教谕山西泽州府陵川县都长寿撰

壶关县儒学生员丁毓元书

壶关县正堂程捐银三十两

程老太太捐银十两

壶关县捕厅赖捐银十两

长治县桑梓镇银一百两　铜行　敬成会各银十两

西火牛卜臣　临县祥盛号　祥兴号各钱一千

缙生号　鸣盛号　培义号　□永清　徐太顺　常广增　玉协盛　张新盛　三兴号各钱五百

横水镇合盛号　郭文吉　翔盛号　杨可太各钱一千

河顺集东盛号　三太号各钱一千

德隆号　祥聚号　成兴号各钱五百

水冶镇生生店　配□号　文顺号　发兴号　东益昌　益盛号　东宏盛　天顺号

三聚号　恒昌号各钱一千

同益昌　新合号　□顺号　恒太号　蔚兴号各钱五百

油行钱五千

西环盛　太和号　兴盛号　广源号　复兴号　和盛号　永兴号　公议号　王晋泰　永愈堂　全盛号各钱三百

曲沟镇玉字店　西义和　西文盛　公盛号　耀盛号　同太号　东文盛　北环盛　环盛店　昇泰店各钱五百

府城村钱七千

汤阴县万益号钱三千

盐店　吉亨当　恒昌号　同盛号　三义号　新盛号　索正心各钱一千

万全号　王殿安　广太号　珍盛号　顺成号　贡合号　万盛号　万全堂各钱五百

福盛号　合盛号　永顺号各钱二百

宜沟驿白增店　文盛号　京兴号各钱二千

大兴号　瑞盛号　新盛号　百川号　万发当各钱一千五

五福号　裕庆号各钱一千

万兴坊　信成号　祥瑞号　三和号　玉盛号　玉成号各钱五百

菜园集祥生号　信成号　敬胜当　义兴号各钱一千

万义□记　协义号各钱二千

全义号　大成号　明盛号　复聚号　崑盛号各钱五百

永槐堂　杨义盛　新兴号各钱二百

□□镇懋盛号钱二千

万福号　全盛店　复盛号　义顺号　鼎盛号　公义号各钱一千五

金华楼　万盛号　元兴号　源裕号　全盛号　元隆号　正心号　聚盛号　永益号　兴瑞号　全兴号　公顺号　亨裕号　三元号　德和号　兴太号　发祥号　蕴太号各钱一千

广兴号　隆益号　永聚号　益兴号各钱五百

屯子镇魁盛号钱二千

鸣盛号　复聚号　永聚号　万盛号　人和号　福兴号　合兴号　同盛号　玉顺号　同太号　兴隆号　中兴号各钱五百

五福号　大昇当各钱一千五

濬县仁义号　义兴号各钱二千五

洪兴号　永和号各钱一千五

通顺号　魁隆号各钱一千

德和号　步德号　广顺号　广太号　广和号　统聚号各钱五百

王角湾三太号钱二千

南凹盖保峰钱十千

社首赵大凤　盖永适　冯秉初　冯文豹　丁锡伦　杨永宽　张世彦　李文瑞　杨安全　赵日钦　牛射斗　杨林昇　冯贵茂　赵发有　丁锡行　赵日□　李得义

道人赵景安　赵景相　王仁梓　原仁孝

工头丁进旺　郭嵩

石匠赵世柏　盖永仁　赵珌　盖永会

木匠李文瑞　王有仓　牛东成

画匠赵九峰　赵子义　赵馀新

玉工赵德乾刊石

大清嘉庆十八年岁次癸酉桃月下浣之吉

一五八 神命整理祀事志

清嘉庆十八年（1813）刊。

碑高 119 厘米，宽 39.5 厘米，厚 19.5 厘米。

碑额（阳）书"整理祀事"，碑额（阴）书"万善同归"。

现存于晋城市高平市团池乡故关村炎帝行宫。

神命整理祀事志

上党古黎正古士撰

本村信士申従先書

员誌予爾誌神功也炎帝上廟之西北相距二里許古闗村有黄花觀萬帝行宮歴年久遠其祀事物件殘缺不備或為人所不及知或為人所不能為今於五月十三日飯後神示詳永增補廟前有黄砂仰戈麼大闗鳳脈俞置為社因歴年西北錫以許修理勿得損壞復永村之東西北錫以神所命誠為戈村之福社萬世所庇賴永安發名曰貴祖両麼改名為七星崗只許修理勿得損壞復永村之東西北錫以神所命誠為戈村之福社萬世所庇賴永安

造舌耕赦鄉衆呫諾不辝喟廻云叟神之姓名列於碑幽

一言哉器為指陳以誌不朽云壇補者之姓名列於碑幽

大清嘉慶拾捌年歳次癸酉七月　日　三石玉工張天福刊

[右碑阴：捐资名单，略]

【碑阳】

神命整理祀事志

上党古黎王吉士撰

本村信士申从先书

曷志乎，尔志神功也。炎帝上庙之西北相距二里许古关村有黄花观为帝行宫，历年久远，其祀事物件残缺不备，或为人所不及知，或为人所不能为。今兹五月十三日，忽传神马，详示增补。庙前有黄砂印一处，大关风脉，命置为社田。历囗灰锥为界，共发银十四两零，改名七星冈，只许修理，勿得损坏。复於村之东西北，锡以灵名曰贵旺冈、挡风陵、黄罗镇。凡神所命，诚为一村之福祉，万世所庇赖。余适舌耕於兹乡，众嘱为序，余不辞鄙陋，云鬼神之为德其盛矣乎，安敢妄增一言哉。略为指陈，以志不朽云。

增补者之姓名列於碑阴

大清嘉庆十八年岁次癸酉七月朔三日立石

玉工张天恒刊

【碑阴】

申居敬青袍二件　申治国绸衣二件　申学弼龙背三幅　赵茂章金带三条　申国昌扁额一悬　贡生申增业坐椅四对　申治邦布帘三挂　申治国施银五两　申国栋绿袍一件　申广业绸衣一件　申国宝棉衣三件　赵逢吉黄伞一柄　申永清衣箱一对　申宽业蓝布二匹　申国典竹帘三挂　赵逢时施银五两　申致财黄袍一件　申致栋绸衣二件　李运世绸裙三条　申永山绣铠一件　庠生申国英纱灯二对　赵龙章喜布五匹　赵颜广施银十两　申学杰施银三两　申永年青袍一件施银一两　郭元贞金带二条龙背二幅　赵俊章金盔二顶背箭二付　申昭绣铠一件　赵魁章纱灯一对蓝布一匹　申承先纱灯一对棉布二匹　申致祥袍银五两　申逍施银二两

香首总理八名　申永清　申永年　贡生申增业　申昭　申国英　赵茂章　申起元　赵龙章

香首十六　赵天木　申学邵　赵显珮　申学孔　赵宗太　申一德　申学贤　赵勷平　三合义　申治国　赵俊章　赵魁章　申学弼　申居敬　申广业　郭普

外办申贵玉　申起枝　赵普　申荣

社首廿一　申万虎　申致财　申资业　申治邦　申学邵　申璧　程吉茂　郭天庆　申起枝　赵金聚　赵逢时　赵显珮　申贵玉　申学贤　申致均　赵龙章　贡生申增业　申永金　申宽业　王永财　赵□□

神马一名　申起太

七星冈涧下杨树一株，永远禁止，不得砍伐。

住持僧人通玉

一五九　重修化悲岩永静寺碑记

清嘉庆十八年（1813）刊。

碑高181厘米，宽53厘米，厚9.5厘米。

碑额书"碑记"。

现存于朔州市山阴县后所乡辛立庄化悲岩寺。

【碑阳】

重修化悲岩永静寺碑记

秉天地刚健之气，崛为蜿蜒，亘万古而永镇不朽者，其山乎。顾天下之山□□有传有不传，即传而仅系□人之登眺无凭依，是山以为功德於民之神，峻岭已耳，幽谷已耳，奚足与？於不朽之大宇宙有三不朽，而功德居其二，德以懋功，功以丕德，功德丕懋，而其神传，而为神所□依之地传，而仰精爽，凛拜祝，垩壁丹檐，出功德资，以绵神之功德之人亦莫不与之俱传。晋地表里山河，而山则恒岳称尊，由恒而西曰夏屋，曰覆宿，□胜名镇代北，而宿之阴有崭然阻峭，嶔然隐秀，岈壁深涧，攒麓而□□磴於半腰者，则所称化悲岩。是岩际洞开石穴成，窈然而深或敞然而□，洞石不事图绘，而□□交错，自极美观，盖神工鬼斧天造地设之奇，有非人力之所能者。北洞祀有玉帝、天妃、恒岳诸神，南洞祀有释迦、大士、地藏诸佛，夫佛之教以慈悲化世，岩名化悲，其以是欤。而人之崇其祀者，则以天妃、恒岳为主，考诸碑碣，盖建自元至正时，而重修於前明，暨我朝顺治年间迄今又百余年矣。风雨飘零，鸟鼠蹙泥，剥□□而倾颓剧焉。时庙祝修心苦修人也，□触心□，纠信善而信善乐从，募资财而资财乐捐，盖土之人惧亵神灵而佥谋修，而葺之也久矣。爰詹吉□春之三月，鸠工庀材，因旧□而筑院基一所，广袤可十丈余，高可五丈余。新建关圣、三官数祀，乐楼三楹，禅院一所。旧者、新损者，益一切砖石土木工匠之费不下二千余金，而襄事赞功不六月，而巍乎焕乎，遂获告竣之美。夫岩之为地，虽奥幽奇辟，为岳神所凭依，而道险费繁，程功岂易易哉？而观成之速有如是人之力欤？抑神之灵欤？神之精爽遍满宇宙，神所赫耀人斯奉也，奉之至斯敬之至，而爱之至爱敬之至，斯视神居不啻如己居而所以修举废坠，盖惟恐不速矣，谓人之力，即神之灵也可矣。况岳洞中雷灵水涓滴，其细维甚，而天旱求雨，祷而取之，则沛然霈足奇验之功德，实有不朽者乎？恒之神居北岳坎方，坎者，水也，其凭依是地，而出云降雨，□施恩泽于兹土焉，权司之显□者□也。然莫为之前，虽美弗彰；莫为之后，虽盛不传。有诸信善及庙祝之功德，而神之功德乃传矣。神之功德传，而人之功德不并传哉，然而人之功德实神之功德之所为也。馨香俎豆，亿万斯年，亦惟常敬神之功德於不朽而已矣。

  代州儒学廪膳生员孙九皋撰

  崞县理城村刻字石匠郭兴廷　郭玉廷　郭德斌

  山阴县胡疃村刻字匠杨文喜

  大清嘉庆十八年十一月初一日敬立

【碑阴】

  重修化悲岩永静寺共碑六面，合州县村庄二百有余处，共众善人名二千零八十四位，共捐布施钱二千吊零六万零九十文。

  一将自起工以至完工前后宫殿费用逐一开列於后

  买椽檩柱栈飞角搁木板共买价钱一百九十八千零九十二文

  砖瓦寿钱六万六千二百文

  铁器钱一万五千四百四十文

  石灰钱一万一千四百五十文

  绳子钱五千五百二十文

  莜麦尖麦尖钱四千七百九十文

  水钱七千六百五十五文

  石炭钱一万三千零一十文

  席子钱一万四千七百七十文

  木炭钱二千零九十三文

  柴钱一万五千四百一十八文

  人工钱八万七千三百五十二文

干草钱五百八十四文

脚口口百七十一千五百八十文

香纸炮钱二千零三十文

杂项钱四万二千八百一十一文

醋菜钱一万零八百文

油烛钱一万六千一百八十五文

家居钱二万一千一百文

利市钱一万一千三百文

壮宝藏钱六千六百四十八文

靠匠钱一万一千一百二十文

出外盘用钱一万八千文

开光用麦子钱四万零一百一十文

白米钱六千四百文

干菜钱一万一千八百六十文

羊钱一万三千三百五十文

开光设供香油纸糠杂项钱二万六千四百四十四文

开光碎小钱一十七百五十文

戏六期钱一万九千口百文

公食盘用钱一十文

住持裁衣服钱六千九百七十文

字工价钱一万四千文

买碑价钱一万四千文

磨碑工钱六千文

请碑上庙工价钱二万二千文

火食钱一百二十二千七百一十文

匠人工价布施开后

石匠郭维廷　郭官廷　郭兴廷　郭玉廷　杨文喜　郝丕全另加日工钱一万八千一百六十文　郭德文　郭德全　郭德斌　郭德锦修庙院工钱一百二十五千文　施钱一万文

塑匠王增慧　子永万工钱二百一十五千九百文　施钱一万整

木匠郭海工钱二万零八百六十文

泥匠杨文喜　王生有　李明和工钱七万五千文　施钱三千六百文　另加日工钱六千二百二十文

木匠郭孝　张官成工钱五万一千七百文　施钱二千四百文

泥匠戴天元工钱二万六千四百二十五文　施钱一千五百文　王善功工钱二万一千文

木匠马日光　马春光工钱一万四千五百文

（阙文）七百六十五文

四月初三日动工，八月十五日开光，十一月初一日完工。

苏家庄苏恭弼书

吉立

一六〇　移修圣母诸神庙记

清嘉庆十八年（1813）刊。

碑高171厘米，宽72厘米，厚12厘米。

碑额书"永垂百代"。

现存于吕梁市离石区后瓦村古坤庙。

【碑文】

移修圣母诸神庙记

　　天□修寺建塔之事，劳民伤财，余每有所不喜，谓视弗见，听弗闻，鬼神之道，诚幽杳难凭者也。然未有者，固不可以创作。而已成者，宁可听其湮没哉？州治城东北后瓦窑坡村有圣母庙，以及三官、关夫子、文昌、财神、龙王诸神，创自有明景泰年间。历年以来，生齿日繁，人民奠安，兼之□□岁稔，五谷丰登，悉赖神力以为之维持保护也。世远年延，代有修葺，皆历历可考者也。迨至乾隆四十七年，增其旧制，新修砖窑五孔，塑神像於内，两廊乐楼皆焕然一新。嘉庆十一年，忽然山崩土压，正殿两廊皆杳无踪迹，止留乐楼一所。当此之时，不特本村人等忧闷不悦，即过斯境者，其谁不欷歔长叹哉？数年来，报赛之典亦废而不举。十四年，合村公议，卜地於此，先建砖窑五孔，以为住持安歇之地。越明年，上建楼阁九间，安置神□两廊六间。又将乐楼、钟鼓楼移修在此，共费金一千五百有余。工程告竣，嘱余作文以志之。余尝书舍此村，即在旧庙道室之院也，不辞固陋，敢叙其颠末，而为之记。至於庙貌巍峨，殿宇辉煌，皆略而不叙，省文也。

儒学生员云山崔作霖沐手撰并书

功德主

吴卧山　男士吉　士庆　孙成喜儿施钱一百□十千

吴臣　男士有　士运　孙老虎儿　喜保儿　福保儿　眼明儿施钱一百零六千

李华　男常孝　常忠　孙刘保儿　福保儿施钱一百五十二千

马永锡　弟永安　侄洁　浩　孙世祯　世栋施钱一百□十千

乡耆吴清　男武生士奎　士元　孙芝　兰　曾孙乡成施钱一百五十二千

吴唐　男信合儿施钱三十千

经理

吴金　男士全　孙信长施钱二十千

张治福施钱二十七千

武生吴进福　男武生士明　士聪　士智孙连喜施钱二十九千

马承元　男孔荣　孙亨通施钱四十千

李应　男振荣　孙保元儿　二孩儿施钱七十七千

张稳清　张稳山　张稳海　张稳岭　男铁贵儿　小福儿　信元儿　心元儿　保探儿　跟元儿　孙德保施钱四十千

李有　男常温　孙管大儿施钱三十四千

王乃文　男於爵　於位　孙蟒儿　□儿　福喜儿施钱二十七千

吴开镜　男德辅　德相

吴宽周施钱十四千

生员安永兴　男鋭　铭　孙如岗　卧岗施钱二十千

吴生禄　男名山　佐山　登山　孙福哥施钱二十千

吴生荣　男玉选施钱二十四千

吴云山　男士树　士林　孙大有施钱二十千

李崇　男起荣　联荣　孙福儿施钱二十六千

高烈　男成喜　孙探儿施钱十二千

李凤　男□荣　世荣　广荣　孙黑驴　大将　小将　大居施钱七千四百

宋勇　男世明　世有施钱十二千

任曰圣施钱七千

吴门李氏　男士果　孙升哥施钱八千

木匠王朴

泥匠张喜财

丹青南鹤皋

石匠郭汝功

大清嘉庆十八年岁次癸酉十一月吉旦立

住持道正司道正张礼庆　徒道正司吴智恭　张智安　王智清　许智宁　法孙李信定　冯信宝　胡信德　乔信亨　刘信元　冯信连　曾孙　刘嘉福　贺嘉栋　牛嘉桐　堂师侄赵智禄　侄孙武信升　从堂侄穆智通　侄孙王信成